"复旦通识"丛书编委会名单

编委会主任：吴晓明

编委会成员（按姓名拼音排序）：

    陈明明 陈　焱 陈引驰 范康年 傅　华

    黄　洋 刘　欣 曲卫国 石　磊 汤其群

    童　兵 汪源源 王德峰 王志强 吴泉水

    熊庆年 杨　继

主　　　编：孙向晨

执 行 主 编：任军锋

日本史的路标

要 素 和 真 相

冯玮 著

生活·讀書·新知 三联书店

Copyright © 2022 by SDX Joint Publishing Company.
All Rights Reserved.

本作品版权由生活·读书·新知三联书店所有。
未经许可，不得翻印。

图书在版编目(CIP)数据

日本史的路标:要素和真相/冯玮著. —北京：
生活·读书·新知三联书店，2022.6
（复旦通识丛书）
ISBN 978-7-108-07188-0

Ⅰ.①日… Ⅱ.①冯… Ⅲ.①日本-历史-通俗读物
Ⅳ.①K313.09

中国版本图书馆 CIP 数据核字(2021)第 114513 号

责任编辑	韩瑞华
封面设计	赵晓冉
出版发行	生活·讀書·新知 三联书店
	（北京市东城区美术馆东街 22 号）
邮 编	100010
印 刷	常熟市文化印刷有限公司
排 版	南京前锦排版服务有限公司
版 次	2022 年 6 月第 1 版
	2022 年 6 月第 1 次印刷
开 本	635 毫米×965 毫米 1/16 印张 22.25
字 数	240 千字
定 价	78.00 元

总　序

进入新世纪,"通识教育"在中国大学方兴未艾,生机勃勃,这无疑是中国大学教育自我更新的新起点。"通识教育"旨在关心人格的修养、公民的责任、知识的贯通、全球的视野,进而为新世纪中国文化传统的接续与光大承担起自身的责任。

通识教育是教育自我反思的产物,它要摆脱"概论"式"知识传授"的积习,要摆脱教学与育人脱节的怪圈;它要努力将课堂与书院构建成教师与学生之间的学术-生活共同体,培养学生的学术想象力、理论贯通力、思考的能力以及实行的能力,为学生的终身学习奠定扎实的基础。

"通识教育"须与专业教育相辅相成,它需要教师具备相当的专业学术积累,同时要求教师能够自觉地克服专业视野本身的局限,这无疑对教师的知识结构、理论视野、教学方法以及学术修养都提出了巨大的挑战。因而"通识教育"在中国同时也是教师自我挑战与成长的过程。

在通识教育改革的探索中,复旦大学率先在国内的大学中提出"通识教育"的设想与方案。2005年成立"复旦学院"至今,逐步形成了以五大"住宿书院"与七大模块"核心课程"为代表的复旦通识教育模式,并以此为载体全面构建了复旦通识教育体系。我们的目标日趋清晰,我们的行动路线更加务实。

"复旦通识"丛书正是我们推进复旦乃至整个中国通识教育的重要组成部分。通过复旦的创新探索以及国内外各高校的经验积累,我们要努力为中国的通识教育开创自身的传统,确立自身的标尺,践行自身的道路,同时也需要借鉴世界文明传统中的优秀成果。丛书初步拟定分三大系列:

"读本系列":它是教师在核心课程教学基础上的独立著述,是服务于教学工作的学术著作;它绝不是普及性的概论式读物,而是注重思想性与理论高度的论著。读本围绕教学内容,并在教学基础上发散出去,既有聚焦的深度,又有视野的广度;有知识,更有关怀。读本可作为核心课程教学过程中的参考用书,也将成为好学之士进入相关领域的路线图。通过这个系列,教师的教学成果得以逐渐积累,课程内涵得以不断升华,从而真正实现教学与科研的结合。

"译介系列":它重在译介域外那些将通识教育纳入世界文明统序中考察的标志性著述。译著重视论题的历史脉络,强调理论视野与现实关切;其论题不会只限于通识教育,不会就观念谈观念,就方法谈方法,而是在广泛的知识背景下深入对某一专题的认识,包括对通识本身的理解。大学教育,尤其是通识教育,承载着一个文明的传统赓续与精神形塑,它存亡继绝又返本开新。通过针对性的译介工作,希望能够为中国通识教育提供更宽广的思想脉络和更扎实的现实感,进而更加明确中国通识教育的历史使命和伟大目标。

"论丛系列":通识教育既需要大学管理者的决策推动,又需要教师的持续努力,更需要学生的积极投入。通识教育背后的根本动力是大学管理者、大学教师与大学生们对通识教育的重要性及其使命的高度认同和思想共识。大学通识教育的实践者们既是行动者,也是思想者。他们的思考永远是最鲜活的,其中既有老校长们对于通识教育高瞻远瞩的观念梳理、问题诊断以及愿景展望,也有广大教师针对具体课程脚踏实地的反思与总结,更有学者对高等教育以及通识教育领域精深细致的研究。

我们希冀这一丛书能够帮助中国大学通识教育实践进一步凝聚共识,明确方向,扎实推进。日月光华,旦复旦兮,愿"复旦通识"丛书不断推陈出新。是为序。

"复旦通识"丛书编委会

目　录

序　言 ... 1

一、"国家四要素"溯源 ... 1
   1. 国土的由来　... 2
   2. 国民的由来　... 7
   3. 政权的由来　... 14
   4. 主权的归属　... 19

二、儒佛道：文化三支柱 ... 25
   1. "真名"和"假名" ... 26
   2. 儒教经历"改革" ... 30
   3. 佛教独创二宗 ... 34
   4. 独步于世的神道 ... 40

三、大和魂之禅宗和武士道 ... 47
   1. 禅宗宗旨"十六字诀" ... 48
   2. 禅和日本人的价值观 ... 52

  3. 武士道的历史和象征 ... 57
  4. 武士道的源泉和精神 ... 62

四、日本"风俗"志 ... 69
  1. 从"奴婢宿"到"新宿" ... 70
  2. "不伦是日本的文化" ... 79
  3. "野郎"变"牛郎" ... 84
  4. 日本文学"好色"赋 ... 89

五、战国时代的路标 ... 97
  1. "应仁之乱" ... 98
  2. "天下布武" ... 103
  3. "本能寺之变" ... 110
  4. "桃山时代" ... 115

六、江户时代风云录 ... 123
  1. "关原合战" ... 124
  2. "元和偃武" ... 130
  3. "幕藩体制" ... 136
  4. "樱田门外之变" ... 142

七、"其命维新"的真相 ... 149
　　1. 1862：划时代的年份 ... 150
　　2. 萨长结盟，联手倒幕 ... 156
　　3. "千年政治史第一人" ... 161
　　4. 定制·改元·迁都·变法 ... 167

八、"耀皇威于海外" ... 175
　　1. "修约"和"缔约" ... 176
　　2. "国家意识"的膨胀 ... 182
　　3. "征韩论"引发的冲突 ... 188
　　4. "日清战争"和"战后经营" ... 196

九、"加入列强俱乐部" ... 205
　　1. 日俄的"满韩交换" ... 206
　　2. "皇国兴废在此一战" ... 212
　　3. 日俄战争"三功臣" ... 218
　　4. "满铁"和关东军的由来 ... 225

十、日本对华扩张路线图 ... 233
　　1. "大正年代之天佑" ... 234

2. 对"华盛顿体系"的隐忍 … 240
　　3. "兵营国家"的构建 … 246
　　4. 从"皇姑屯"到"卢沟桥" … 253

十一、太平洋战争的引爆 … 261
　　1. "别了国联，协作之路山穷水尽" … 262
　　2. "缔结日德意三国协定" … 268
　　3. 日美和谈的破裂 … 274
　　4. "攀登新高山·1208" … 279

十二、从"新高山"跌入太平洋 … 287
　　1. "七生报国，效忠天皇" … 288
　　2. "小男孩"和"胖子" … 294
　　3. "天皇地位未定" … 301
　　4. 墓碑上的"战争总结" … 306

十三、战前战后的"断裂"和"连续" … 315
　　1. 天皇走下"神坛" … 316
　　2. 《永田町权力的兴亡》 … 322
　　3. 经济大国"遗传密码" … 330
　　4. 日本外交的"主轴" … 335

序　言

被称为"中国知日第一人"的戴季陶,在《日本论》中写道,"'中国'这个题目,日本人也不晓得放在解剖台上,解剖了几千百次"。"日本"这个题目,中国人是否同样也放在解剖台上,进行过一次次"解剖"呢?答案或许并不能令我们自豪。基于这一认识,尽管我自知学力不逮,但仍勉力而为,撰写了这本拙作,并将题目定为《日本史的路标——要素和真相》。我学力不逮,难以将"日本"这个题目放在"手术台"上进行"解剖"。但我想对引起日本转变的一些重要的人和事进行论述,所以我将书名定为《日本史的路标——要素和真相》。因为,正如人生的旅途虽然漫长,但产生至关重要影响的往往就是几件事或几次转折。人生如此,国家和民族的命运同样如此。

著名旅日华裔作家陈舜臣在《日本人与中国人》一书中写道,"中国人是树立路标的民族,而日本人是循着路标前进的民族"。日本人确实是"循着路标前进的民族"。但毋庸赘言,日本人遵循的并不始终是中国人树立的"路标"。日本的民族精神即和魂的本质,是"以强者为师,与强者为伍"。武士道精神的基本原则,是"尚力"的原则。因此,斯宾塞的社会达尔文主义很容易被日本人接受。这也是日本在历史上曾走上歧途的重要文化因素。

日本就在中国"隔壁"。中日两国关系常被形容为"一衣带水"。但是,大多数中国人对这个"隔壁邻居",不仅知之甚少,而且很多认知都是错误的。例如,"日本"国名是如何产生的,很多论著和教科书有清晰记述。但实际上中国的史籍对这个问题,存在完全相悖的记载。日本学者对"日本"国名的由来,也进行了以世纪计的考证,迄今仍未达成共识。我撰写这本书,就是想通过论述日本史的一个个"路标",揭示日本人的思维逻辑和行为准则,寻找他们变化中的不变和不变中的变化的辩证规律。日本著名社会学家中根千枝指出,"日本文化不存在完全独自的框子、形体和骨架。可以说日本接近于没有骨骼的类似于海参那样的生物,原则上不表现出一个明显的形体,经常变化形体"。

虽然日本也属于由汉字、儒教、佛教、律令制构成的文化圈,日本所有这些要素均传自中国,但都"形似而神不似"。日本独特的拼音文字"假名"(日文写作"仮名"),"假"意为"借用","名"意为"字"。"假名"相对于"真名"即汉字。中国儒教的核心是"仁",日本儒教的核心是"忠"。日本佛教13宗56派,6世纪后逐渐传自中国,但最具有日本佛教典型特征的日莲宗和净土真宗则是日本独创的。日本吸收了中国的律令制,但律令制的两大要素科举制和宦官制在日本是不存在的——日本没有秀才,也没有太监。为什么各种文化元素到了日本都会变异?

在历史上,日本多次"变形",而促成这种变形的往往是强大的外力。不过,这种变形经常是主动的而非被动的。中国相关学术论著和教科书,一直将"和魂洋才"和"中体西用"视为对偶,但我认为这是明显的讹误。所谓"中体",就是以汉字为元素,以"儒释道"三足鼎立为根本的中国文化。中国对中国文化始终努力维护,强调"道之大原出于天,天不变,道亦不变"。一些西方汉学家指出,虽然中国经历了一次次改朝换代和社会变革,但撼动中国文化根基的颠覆性变革从未发生。这种说法不无道理。例如,中国汉字的原始形态——甲骨文,迄今依然清晰可辨。但是日本人从来不知道什么东西是必须强力维护的。"和魂"本身就意味着变化。按照日本著名作家和评论家井上靖的说法,"如果说我们日本民族有智慧的话,那就是能把外国传入的东西以不明显的形式变成自己的东西"。例如,在古代,通过663年白村江之战(又称"白江之战"),日本领教了唐朝的实力,之后便认真拜中国为师。在近代,通过1863年萨英战争,萨摩藩(鹿儿岛县)领教了英国坚船利炮的威力,随即派19人秘密赴英留学。这些人的雕像今天就矗立在鹿儿岛车站前广场,其中有明治时期曾担任外务大臣的寺岛宗则、文部大臣森有礼、理财专家五代友厚等。日本取得甲午战争和日俄战争胜利的主要原因是什么?应该如何定位这两场战争在日本史上的意义?从第一次世界大战到第二次世界大战,日本内政外交究竟发生了什么变化?第二次世界大战爆发前,德国曾提出和日本结盟,日本为什么曾犹豫不决,半年开了70次"五相会议"仍拿不定主意,最后却很快同意建立日德意三国同盟?应该如何认识和评价日本的战后改革?从这一个个"路标"中,我们不难发现日本人思维方式和行为准则的基本特性。

撰写拙作的目的,是我希望凭借研究日本30年积累的书本知识,同时根据在日本生活多年的实际观察,以通俗的方式解读日本文化的要素和揭示历史事件的真相,帮助读者了解我们这个"一衣带水"的邻邦。当然,对于写惯所谓"学术专著"和"学术论文"的我来说,这并不是一项轻松的工作。因为,要写得"俗"或许不难,要写得"通"不易。因为,真正的"通"必须挤掉"水分",留下"干货"。但是,正如古希腊哲学家普鲁塔克所言,以轻松活泼的形式完成别人必须严肃认真才能完成的事,需要智慧。我缺乏这种智慧,但我希望获取这种智慧。依我的标准,本书呈现的形式算是活泼的,但我治学和写作的态度是严肃的。为撰此书,我虽谈不上呕心沥血、披肝沥胆,然而说"甘苦寸心知",问心无愧。

一

"国家四要素"溯源

1. 国土的由来

按照现代政治学理论，国土、国民、政权、主权，是"国家四要素"。这四个要素是日本作为一个国家走进历史的第一块路标。何况"日本"将推测的神武天皇登基日，即公元前660年2月11日，作为"建国纪念日"。因此，对日本"国家四要素"的论述必须从远古时代说起，尽管日本曾被认为真实且载入教科书的历史都显然是虚幻的。

4月1日，西方的愚人节。但是，2019年4月1日却是日本一个非常严肃和重要的日子。这一天，"初春令月，气淑风和"。日本根据《万叶集》中的这句诗，撰定日本"新年号"为"令和"。日本历史将进入新时代。

在中国，除个别特例，新皇帝登基后都会"改元"，即宣布新时代的开始。在中国，"年号"始于汉武帝刘彻，首次使用的年号是"建元"元年，即公元前140年。日本新天皇登基改元，学自中国。根据通行的说法，日本"年号制"的设立，始于645年"大化改新"。所谓"大化改新"，即孝德天皇"改元大化"并推行一系列改革。然而，当今日本史学家经过考证，对645年日本是否真的已开始使用"大化"作为年号，提出质疑。理由是，唯一有"大化"年号记载的是《帝王编年纪》中引用的"宇治桥断碑文"，其余所有文书、木简、金石文均记载日本正式使用年号始于"大宝元年"，即701年。在此之前均采用干支纪年。因此，"宇治桥断碑文"很可能是后世伪作。我提及这一学术疑点主要是想强调，经大众传媒广为传播的"知识"，很多都是错误的，至少存在争议，并非定论。

在日本新年号公布后，很多人纷纷指出，"令和"典出《万叶集》卷五《梅花歌卅二首并序》"初春令月，气淑风和"这句诗，但这句诗是张衡《归田赋》的"于是仲春令月，时和气清"的变用。不管这种"揭露"是否有理有据，有一点可以肯定，虽然此前日本年号全部出自中国典籍，选用《万叶集》作为撰定年号的出典似有显示"独立"的意向，但说是为了"去中国化"未免牵强。因为《万叶集》本身就是日本诗歌受中国诗歌影响的证明，而日本最初的假名"万叶假名"，顾名思义，就始于《万叶集》。要说"山寨"，那更是"正确的废话"。因为日本的"神代记"即"创世纪"，就是"山寨"中国创世神话"盘古开天地"。中国文化在日本文化中留下的印记，比比皆是，不胜枚举。

要说日本如何"山寨"中国的创世神话"盘古开天地"，得从712年说起。这一年，唐玄宗李隆基登基，唐朝开始进入鼎盛时期——"开元盛世"。但是，随后由于"安史之乱"，朋党争斗、宦官专权、藩镇割据这三大影响中国历史的"顽疾"日趋严重，唐朝开始趋于衰落。这一年，欧洲法兰克王国（后分为德意法三国）宫相查理·马特推行采邑改革，开始奠定封建制和骑士制基础，欧洲正式迈入中世纪。这一年，阿拉伯军队占领了西班牙大部，阿拉伯帝国开始走向鼎盛时期。也是在这一年，日本奈良时代，根据日本奈良时代第一位女天皇元明天皇的敕令，太安万侣主持编纂了《古事记》。《古事记》共分三卷，上卷开篇就是"神代记"，即上古诸神的故事；中卷和下卷叙述从初代天皇神武天皇到7世纪初推古天皇的故事，采取"纪传体"叙事。720年，根据天武天皇的敕令，舍人亲王主持编撰的日本第一本正史《日本书纪》问世。《日本书纪》开篇也是"神代记"，但下限到7世纪末持统天皇统治时代，共三十卷，以"编年体"叙事。《古事记》和《日本书纪》在日本合称"记纪"，是日本"经典中的经典"，但实际上这两本书存在明显区别。当时的日本，平假名和片假名都尚未普及，因此两部书都是用汉字写成的。不同的是，《古事记》主要面向国内读者，所以称自己的国家为"倭"或"大和"，没有"日本"这一名称。《日本书纪》则使用了"日本"这一名称，是以文字记录国家历史，意在宣示日本是独立国家，拥有国家主权。因此，在日本，《日本书纪》被视为日本正史之滥觞，是类似于中国二十四史的"六国史"之首。

中国的三国时期，吴国执掌祭祀礼仪的太常卿徐整的《三五历纪》，是中国"盘古开天地"的滥觞。

> 天地混沌如鸡子，盘古生其中。万八千岁，天地开辟，阳清为天，阴浊为地。盘古在其中，一日九变，神于天，圣于地。天日高一丈，地日厚一丈，盘古日长一丈。如此万八千岁，天数极高，地数极厚，盘古氏极长。故天去地九万里，后乃有三皇。

被视为最权威的"正史"的《日本书纪》，一开始是这样记述的：

> 古天地未剖，阴阳不分，混沌如鸡子。薄靡而为天，重浊而为

地。天先成而地后定,然后神圣生其中焉。于时天地之中生一物,状如苇芽,便化为神,号国常立尊。次,国狭槌尊;次,丰斟渟尊。凡三神矣,乾道独化,所以成此纯男。

按照这段记述,日本最初的神是从天地间"崩"出来的:天地间生出一物,形状像芦苇芽,并衍化为神。这个神就是第一代神,叫国常立尊。之后,他们又生出了二代神、三代神。这三代神都是"乾道独化"。按照中国传统观点,乾为阳,坤为阴。"乾道独化"就是男性的"单性繁殖",不是阴阳交媾的产物。然后,从第四代神即"神世四代"开始,男神哥哥和女神妹妹开始成双配对。最初的"日本"就是由第七代神兄妹兼夫妻创建的。

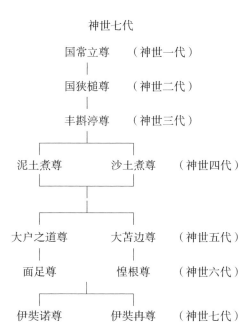

按照《古事记》和《日本书纪》的记述，当时地球上只有海洋，没有陆地。天上诸神让伊奘诺尊和伊奘冉尊兄妹创造陆地。于是，他俩便将琼矛往下一扔，然后将矛提起。这时，从矛尖上滴下来的水凝聚成了一个岛，叫"磤驭虑岛"。顺提一笔，那根他俩投下的琼矛，今天"依然"矗立在九州宫崎县和鹿儿岛县交界处的高千穗峰峰顶。男神伊奘诺尊和女神伊奘冉尊兄妹降临大地，通过交媾"生"下了"大八洲"。"大八洲"包括今天的四国、九州、本州岛等14个岛。所以"大八洲"也是日本的别名。生完"大八洲"后，男女二神又生了河神、海神等33个神。在生火神时，女神伊奘冉尊被烧伤，不久就死了。男神异常悲痛，前往黄泉国探望妻子。离开黄泉国后，男神伊奘诺尊心想："我曾经去了非常丑恶而污秽的地方，得清净一下我的身体。"于是，便用水洗脸、洗澡。洗左眼洗出了天照大神，就是后来的日本主神太阳神。洗右眼洗出了月读命，就是后来的月亮神。洗鼻孔洗出了素盏鸣尊，就是后来的海洋神。

以上所述，显然是无稽之谈。但日本是"神国"的思想自此发端后，在不断的渲染下历久不衰。明治维新后，"皇国史观"更是成为日本历史教学的核心内容。第二次世界大战时期日本的《寻常小学国史》，第一课就是"天照大神"。日本著名史学家网野善彦曾尖锐指出，"形成这一现实固然有深刻的根源，但是其直接的背景，就是明治以后政府将《古事记》和《日本书纪》的神话所描绘的日本'建国'历史，不加分析地作为史实，通过国家教育全面向国民灌输……不能不指出的是，'日本'建国的历史，依然是战后历史学的一个盲点"[1]。2000年5

---

[1] 网野善彦：《何为日本》，讲谈社，2001，第88—89页。

月 15 日,日本首相森喜朗在神道政治联盟国会议员恳谈会致辞时称:"日本是以天皇为中心的神的国家。"日本首相居然公开宣扬"皇国史观",可见其历史留痕之深。位于日本三重县伊势市的伊势神宫祭祀的主神,就是天照大神。每年年初,日本内阁成员都要前往祭拜。

必须强调的是,虽然日本的"创世纪"即"神代记"明显是"盘古开天地"的"山寨版";但是,日本天皇的历史地位和作用,如拙著后面所述,有明显差异。同时必须强调的是,虽然日本文化曾以中国文化为"楷模",但绝非"照单全收"。了解这一点,是"解剖'和魂'"的必要前提。

那么,日本列岛究竟是怎么形成的呢?科学研究证明,地球在远古地质年代曾发生"造山运动"。在距今至少 3 万年前,呈弧状南北走向的日本列岛的基本构架开始形成。但当时其南北两端均由大陆架和大陆断续相连。也就是说,当时的"日本"还不是"列岛"。在距今约 13 万至 12 万年前的"冰川期",随着冰雪的消融,海面开始上升,今天的日本列岛之间和列岛与别的国家之间被海峡相隔。列岛西南,有韩国和九州之间的对马海峡,水深不足 140 米;列岛东北的北海道岛和本州岛之间,有津轻海峡,水深约 140 米;列岛东北和俄罗斯之间,有宗谷海峡,水深约 40 米;在北海道北部和库页岛之间,有间宫海峡,水深约 40 米。正因为有这些海峡,原先和大陆相连的区域才成为"列岛"。也就是说,日本列岛不是由从天而降的神"生"出来的,而是因为地壳隆起而从水底下"长"出来的。

2. 国民的由来

在中国很多著述,甚至在历史教科书中都称,606 年,推古天皇致隋炀帝的国书中"东天皇敬白西皇帝"一句，是"天皇"一词的首次出现。也有说"天皇"一词是从中国传过去的，依据是《史记·秦始皇本纪》有："天皇、地皇、泰皇（指人皇）。"唐朝司马贞《三皇本纪》中的三皇之一，就是"天皇"。另据《唐会要》记载，唐高宗在670年改皇帝为"天皇"，等等。其实，关于"天皇"何时出现，早在1118年，日本就已开始考证，并称圣德太子取"天子"和"皇帝"字首，创制了"天皇"号。关于"天皇"号何时出现，以前日本学术界主要有始于推古天皇、持统天皇、天智天皇三种说法。也有学者指出，日本正式采用"天皇"称号，是天武天皇681年颁布《飞鸟净御原（律）令》时，但未被采信。1998年，奈良县飞鸟池工房遗址出土了一枚写着"天皇"字样的木简。同时出土的木简写有"丁丑年十二月三野国刀支评次米"。"丁丑年"是天武六年（677年）；"三野国"即"美浓国"（岐阜县南部）；"次"是郡国，"次米"是郡国奉献用于"新尝祭"的贡米。这是"天皇"号至迟在7世纪中叶已经出现的实物证明。总之，上述四位天皇均生卒于7世纪。无论采用哪种说法，"天皇"号在7世纪已经出现，当无疑义。

前面提到，伊奘诺尊在逃离"黄泉国"后，在洗涤左眼、右眼、鼻孔时，分别洗出了天照大神、月读命、素盏鸣尊。因为洗左眼洗出的女神光辉灿烂，因而伊奘诺尊给她取名天照大神，并让她管理众神居住地高天原。天照大神在高天原过着幸福生活，儿孙满堂。一天，她将孙子琼琼杵尊叫到跟前，让他去统治"大八洲"，并给了他三件宝物（一面八咫镜，一柄天丛云剑，一块八坂琼勾玉）作为权力的象征。今天，位于日本鹿儿岛雾岛市的雾岛神宫祭祀的主神，就是琼琼杵尊。

琼琼杵尊来到"大八洲"后，遇见了一个叫木花之开耶姬的美女，两人一见钟情，共享云雨之乐后子孙繁衍，有了山幸彦。一天，山幸彦

山幸彦和丰玉姬结缘处（龙宫神社·长崎）

爬到海神宫前的一棵桂树上，看到海神的女儿丰玉姬出来提水，丰玉姬也看到了水中倒映的山幸彦。回到海神宫后，丰玉姬将这件事告诉了父王海神。海神随即命属下将山幸彦传唤到宫里，发现这小伙子不错，便将女儿许配给了他。

　　在海神宫住了一段时间后，山幸彦回国了。一天，丰玉姬前来找他，说她已经怀孕而且快要生产了。山幸彦听说自己要当爹了，欣喜异常，便在海边建了一个产房，让丰玉姬生产。丰玉姬进产房时，要求丈夫山幸彦在她生孩子时不得偷窥。但是，山幸彦实在好奇，忍不住偷窥了一眼，发现妻子丰玉姬竟然变成了一条大鳄，不由得大叫了一声："啊!"刚刚生下孩子的丰玉姬听到叫声走出产房，非常愤怒，撇下刚生的孩子走了。丰玉姬生下的孩子后来由丰玉姬的妹妹玉依姬哺养长大,取名不合尊。不合尊长大后,娶了哺养他的奶妈和阿姨玉依姬,生了四个儿子,第四个儿子叫神日本盘余彦。

  盘余彦长大后,从九州的日向(宫崎县)出发东征,统一各国并建立大和政权,成为日本第一代天皇——神武天皇。神武天皇即位日换算成公历,是公元前660年2月11日。因此,日本便将这一天视为日本纪元的开始。1873年,明治政府废除农历改行公历,将这一天定为纪元节。1948年纪元节被废除。1966年2月11日,以前的"纪元节"被定为"建国纪念日",成为日本的"国庆节"。但是,这种说法遭到日本古代史权威学者井上光贞的明确否定。他指出:"公元前7世纪第一代天皇神武天皇东征并即位建立大和,显然不可能是信史。"①日本另一位权威学者津田左右吉经过详尽的考证提出,大和政权的真正创建者是270年至310年在位的应神天皇(第15代天皇)。② 近年有些学者提出,《古事记》和《日本书纪》关于大和统治者、约公元前148年至公元前29年在位的第10代天皇崇神天皇政迹的记述比较可信。因此,大和政权真正创建者是崇神天皇。③ 总之,众说纷纭,尚无定论。

  那么,天皇的子民是从哪里来的呢?那可是当代"日本国民"的祖先。在中日两国长期流传着一种说法,称现代日本人的祖先就是徐福带去的3 000童男童女,甚至有说徐福就是神武天皇。司马迁撰写的中国第一本纪传体通史《史记》,有关于徐福东渡的最初记载。据《史记》记载,徐福是齐国琅邪人,也就是今江苏赣榆人,博学多才,通晓医

---

① 井上光贞:《古代史研究的世界》,吉川弘文馆,1975,第138—139页。
② 津田左右吉:《神代史的研究》《古事记及日本书纪的研究》,岩波书店,1924;《日本上代史研究》,岩波书店,1930。
③ 武光诚:《邪马台国和大和朝廷》,平凡社,2004,第231页。

学、天文、航海等知识。

公元前219年,徐福向秦始皇上书,称海上有蓬莱、方丈、瀛洲三座神山,生长着能延年益寿、长生不老的仙药。一心想"万寿无疆"的秦始皇听了非常高兴,便命令徐福率领3000童男童女,带上各类工匠和五谷种子等前去探寻。

但是,徐福并没有获得仙药。为了免遭处罚,他谎称出海后碰到巨大的鲨鱼阻碍,无法继续航行,要求派射手同行,秦始皇答应了他的要求。于是,徐福再度率众出海,到了日本九州一个叫"平原广泽"的地方。他发现当地气候温暖、风光明媚、民众友善,便在那里自立为王,还教当地人农耕、捕鱼、捕鲸,再也没有返回中国。

日本史料也有关于徐福的记载,特别是《宫下富士古文书》有关徐福的记载最为详尽。这套古文书是山梨县富士吉田市一个叫宫下义孝的人的家传文书,完成于800年前。原始的古文书已经遗失,现存的古文书是宫下义孝的祖先重新抄写的,共20余万字,全部是汉字,是用毛笔抄写在宣纸上的。日本八家出版社曾投入巨资复印出版了300套,每套7卷,每卷540页,定价14万日元(折合人民币2万多元),还取了个很有卖点的书名:《神传富士古文献》。

这套古文书有徐福第7代孙秦福寿讲述的徐福的故事,说在日本第7代天皇孝灵天皇时,徐福到了日本列岛,先后抵达九州、四国、富士山,并将7个儿子改为日本姓氏,长子姓福冈、次子姓福岛、三子姓福山、四子姓福田等等,然后把他们分别派往7个地方。从此,徐福的子孙遍及日本各地,逐渐繁衍。据说,日本但凡姓秦或带有福、羽田等字的姓氏和地名,都与徐福的子孙,或者与徐福一起东渡日本的秦人的子孙有关。

徐福东渡是否真实无法确证，何况日本第 2 代天皇绥靖天皇至第 9 代天皇开化天皇，包括《古事记》《日本书纪》在内，均只有名字，没有事迹，被称为"欠史八代"。而且即便可信，在他去之前，日本列岛已经有人居住、生活。日本人之所以对徐福的故事津津乐道，实际是"攀附"心理使然。因为，古代蛮荒之地的日本和文明灿烂的中国，反差异常明显。但在"脱亚"风潮兴起后，日本人还会自认为是"徐福的后裔"吗？不会。为什么？因为和魂的重要特质就是"尊崇强者，鄙视弱者"。

那么，日本的先民是从哪里来的呢？1823 年，生活在日本的德国人西博尔德最先开始研究这个问题。之后，日本学者也开始"寻根"。他们的研究成果，大致可以被归纳为三种理论：一、人种交替论。很久以前，土著的绳文人的祖先被现代日本人的祖先驱逐出了日本，因而外来民族是日本人的祖先。二、混血论。绳文时代的土著居民进入弥生时代以后，和日本周边族群的人融合，逐渐成为现代日本人的祖先。三、演变论（又称连续论）。现代日本人的祖先是土著的绳文人经过长期进化逐渐形成的。①

不难发现，上述理论有一个共同缺陷，即仅仅回答了现代日本人的祖先是谁，没有回答现代日本人的祖先来自何方。直到 20 世纪末，这个问题才终于有了答案。

在日本成为列岛之前，有一批东南亚的原始人进入了当时还没有和大陆分离的"日本"。这批日本先民后来被称为"绳文人"。为什么叫绳文人？因为 1877 年美国动物学家摩斯对东京大森贝冢进行了考

---

① 埴原和郎：《日本人的形成》，载朝尾直宏等编《岩波讲座·日本通史》第 1 卷《日本列岛和人类社会》，岩波书店，1993，第 85 页。

一、"国家四要素"溯源

绳文陶器

弥生陶器

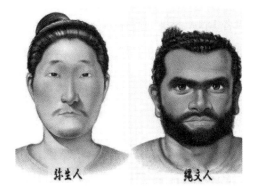

弥生人和绳文人

察，发现当地发掘出的陶器上有像用绳子勒出的一道道条纹，他称之为"Cord Marked Pottery"，谷田部良吉将其翻译为"索纹陶器"，白井光太郎又改译为"绳纹陶器"。第二次世界大战后，日本统一称之为"绳文陶器"，并将这一时代称为"绳文时代"。

之后，大约从公元前3世纪开始，不断有朝鲜半岛和大陆的移民进入日本列岛。由于公元前3世纪到3世纪在日本历史上属于弥生时代，因此这些移民被称为"弥生人"。"弥生时代"因考古学家有坂钼藏在今天东京大学工学馆所在的弥生町偶然发现的陶器而得名。

20世纪末，安田喜宪等30名日本考古学、历史学、生物学等各领域专家，对日本自北海道至九州岛13个县的711具男性遗骨和537具女性尸骨进行了DNA、骨骼、掌纹、指纹等检测，得出结论：本州岛西南部和九州岛北部的日本人具有"东北亚人"的特征，其他地区的日本人则具有"东南亚人"的特征。也就是说，日本人种具有"两重结构"。

1996年，中日两国学者组成了"（江南人骨）中日共同调查团"，对中国江苏省发掘出来的春秋至西汉时代的人类遗骨，以及差不多同期出土的日本北九州及山口县绳文至弥生时代的人类遗骨，进行了历时3年的对比研究。研究发现，两者DNA的排列顺序，有些部分竟然完全一致，从而证明中国人确实是一部分日本人的祖先。

3. 政权的由来

1996年，日本广播协会（NHK）《人类大学》栏目，播出了一期以"日本史再考"为主题的节目。有嘉宾提出，曾有一部分统治者决定的"日本国"国号，可以根据日本国民的总体意志进行改变。节目播出

一、"国家四要素"溯源

后,电视台收到了"如果讨厌日本,请从日本滚出去"的警告信。"日本国"国号是由"一部分统治者决定的"？这个问题无人能够回答。因为连国名"日本"从何而来,迄今仍是个"谜"。

日本古时叫"倭"。"倭"最早见载于先秦刘歆编纂的《山海经》:"盖国在钜燕南,倭北。倭属燕。"不过,那时候"倭"不是一个统一的国家,而是分为百余个国家。《论语》中认为,倭是"九夷之一"。公元前108年,汉武帝刘彻在朝鲜设立乐浪、临屯、玄菟、真番四郡。根据班固在《汉书·地理志》中的记载:"乐浪海中有倭人,分为百余国,以岁时来献见云。"百余国中最主要的国家是"邪马台"国。

邪马台国是"日本"的起源,作为邪马台国统治政权的大和政权,是由谁建立的呢？日本著名学者井上光贞指出:"第一代天皇神武天皇东征并即位建立大和,显然不可能是信史。"目前有史可查的是238年,邪马台国的国王卑弥呼派遣使者难升米谒见魏帝曹叡。魏帝曹叡赐予卑弥呼刻有"亲魏倭王"的紫绶金印一枚,还赐予包括铜镜百枚在内的礼物。约在4世纪,邪马台国统一了"百余国",建立了统一国家。但是,邪马台国究竟在何处？是在畿内,即奈良县中部的大和盆地,还是在九州地区？迄今依然没有定论。

早在18世纪的江户时代,日本学者已经开始了这场争论。当时日本的著名学者新井白石和本居宣长,对《三国志·魏志·倭人传》中关于倭人的记载,进行了细致的研究。前者提出,邪马台国在畿内。后者认为,邪马台国在九州。1910年,京都大学教授内藤湖南(又名内藤虎次郎)在《卑弥呼考》中提出了"畿内说"。同年,东京大学教授白鸟库吉在《倭女王卑弥呼考》中提出了"九州说"。20世纪20年代,京都大学教授喜田贞吉发表了《汉籍中所见的倭人纪事的解释》,折中了双方的意见,并使"畿内说"和"九州说"这场被称为"东大和京大之争"的学术争论暂告段落。1971年,位于奈良的橿原考古学研究所着手发掘位于奈良盆地东南隅三轮山西南方一个高坡上的遗址。经过20多年发掘,获得了许多重要发现:《古事记》和《日本书纪》记载的第10代天皇崇神天皇的瑞垣宫、第11代天皇垂仁天皇的珠城宫、第12代天皇景行天皇的日代宫遗址,均在其周围。诸多现象显示,缠向遗址是"大和政权"的发祥地,是天皇的"摇篮"。但是,1989年北九州佐贺县神埼町吉野里遗址的发现,为"九州说"提供了有力支持。当年2月23日,《朝日新闻》以《邪马台国时代的"国家"》《佐贺县吉野里最大规模的环濠集落发掘》等醒目标题,对此做了报道。1998年1月10日,日本考古学者在奈良县天理市黑塚古坟又发现了34面镜子。奈良大学

古坟时代石棺

校长、考古学家水野正好在《读卖新闻》上撰文指出,"三角缘神兽镜是卑弥呼受赐于中国皇帝以及搜集的镜子"。"邪马台国在什么地方,已清晰可见。"

这一发现顿时为"畿内说"注入了活力。但是,不少专家认为,"仅仅以关于三角缘神兽镜的看法为依据展开邪马台国争论,似很难得出正确的结论"。因此,邪马台国迄今依然是"海市蜃楼"。

日本列岛最初有百余国,既没有统一的日本,更没有"日本"国号。那么,"日本"国号是什么时候出现的呢?在《日本书纪》大化元年(645年)的记载中,有"日本天皇诏旨"一句。有学者认为,这是"日本"的首次出现。但《日本书纪》的内容,很多都写得云里雾里,一看就是瞎掰,根本无法确信。例如,称神武天皇活了 127 岁,怎么可能?也有学者认为,大和政权 681 年编纂的《飞鸟净御原(律)令》,才正式开始以"日本"为国号。正式对外使用,则是在 702 年日本使者向唐朝武则天递交的国书。直到现在,"日本"国号何时出现,仍没有定论。

那么,是谁将"倭"改为"日本"呢?唐朝的张守节在 723 年撰写的《史记正义》里提到:"倭国,武皇后改曰日本国。"根据《释日本纪》,在 904 年的一个讲座上,有人问讲师:"我们国家的国号日本,是唐朝起的,还是我国自己定的?"讲师答称:"是唐朝起的。"另据《日本书纪私记》记载,936 年,在一个关于《日本书纪》的讲座上,参议纪淑光向讲师提问:"为什么将'倭'改称'日本'?"讲师答称:"日本国,自大唐东去万余里,日出东方,升于扶余,故称日本。"2004 年在西安发现的遣唐使井真成的墓志铭,刻于唐玄宗开元二十二年(734 年),墓志铭称井真成的祖国"国号日本",说明"日本"这个国号最晚在 8 世纪初已经被大唐王朝正式接受。804 年 9 月 12 日,唐朝颁发给日本入唐求法僧最澄的

"过书"（通行证），就写着"日本国求法僧最澄"。最澄入唐求法，回国后成为日本天台宗创建者。

长期以来，由于认为"日本"这个国号是唐朝起的，因此早在江户时代后期，日本的国粹主义者就提出应修改日本国名。例如，佐藤忠满宣称，"日本"这个国名体现了日本的附属国性质，是一个侮辱性的称呼，应该抛弃；原封不动地接受日本这一唐朝人称呼我们国家的国号并用于和唐朝交往，实在令人非常厌恶。

但是，按照中国的史籍记载，是日本自己嫌弃"倭"这个名称不好听而改为"日本"，并不是由中国给取的名。例如，《旧唐书》是这样记载的："日本国者，倭国之别种也。以其国在日边，故以日本为名；或曰倭国自恶其名不雅，改为日本。"在《旧唐书》中，"倭国"和"日本"两种称呼都有。《新唐书》不再称倭国而只称"日本"。中国自《宋史》开始，不再有《倭人传》或《倭国传》，只有《日本传》。《宋史·日本传》有关于"倭"为何改为"日本"的说明："日本国者，本倭奴国也。自以其国近日所出，故以日本为名。或云恶其旧名，改之也。"

几个世纪以来，为了搞清楚"日本"这个国号究竟是怎么产生的，日本学者耗费了不少笔墨。1943年，日本建设社出版了井乃香术撰写的《日本国号论》。该书不仅对此前的学说史进行了综述，而且从学术的角度对《记纪》的记述提出了疑问。在皇国史观盛行的历史背景下，《日本国号论》的出版受到极大关注。战后，这一问题仍得到日本学者持续关注。坂田隆1993年出版的《日本的国号》一书，列举了13种关于"日本"国号由来的观点。1997年吉田孝的《日本的诞生》一书提出，之所以定国号为"日本"，是以太阳神信仰以及明确意识到在日本西面存在一个大陆大帝国为背景的。按照他的观点，认为"日本"国号由中国所起，与史实不符。日本著名史学家网野善彦则在《何为日本》一书中写道："毫无疑问,日本的国号按照字面理解,既非特定的地名,也非王朝创始者的人名,而是指这个国家在东方,并且将观察的视点置于中国大陆。我们可以从日本这一国名中看到,大和统治者一方面强烈意识到中国大陆大帝国的存在,另一方面则试图作为一个小帝国与它抗衡。"①

4. 主权的归属

如果问什么是日本国的象征?回答或许是樱花、富士山、相扑、武士……其实,对这个问题,1947年5月3日实施的《日本国宪法》第一章第一条第一句话,就是明确的答案:"天皇是日本国的象征。"日本天皇制大致分为以大化改新为开端的古代天皇制,以明治维新为开端的近代天皇制,以战后《日本国宪法》的颁布为开端的象征天皇制。实际上,天皇历来是"日本国的象征"。也就是说,对外代表国家。但是,日本的主权在战前和战后发生了质的变化。战前根据《大日本帝国宪法》的规定,"主权在君"。战后根据《日本国宪法》的规定,"主权在民"。

值得关注的是,日之丸、《君之代》、旭日旗这些"日本国的象征",均和天皇密切相关。长期以来,人们都认为"日之丸"和《君之代》是日本的国旗和国歌。然而,"日之丸"和《君之代》作为日本法定意义的国旗和国歌,直到1999年8月日本国会通过《国旗国歌法》,才正式确定。

---

① 网野善彦:《何为日本》,讲谈社,2001,第92页。

现在的日本国歌《君之代》是国歌的 3.0 版。"君"就是天皇。"日本国歌" 1.0 版由英国驻日大使馆护卫队军乐队队长约翰·威廉·芬顿谱曲。1869 年，即明治二年，约翰·芬顿听说日本居然连国歌都没有，便介绍了英国国歌 God Save the Queen（《天佑女王》），表示如果有人作词，他愿意谱曲。日本军乐队商量后，便请萨摩藩步兵队队长大山岩为"国歌"选择歌词。大山岩选取了萨摩琵琶曲《蓬莱山》，由约翰·芬顿谱曲。但这首候选"国歌"在 1876 年就被废弃。日本方面认为，旋律不够庄重。在今天的鹿儿岛"明治维新纪念馆"，可以听到这首乐曲。

国歌 2.0 版是日本人在英国人韦伯为男声合唱团谱写的旋律中，添加了作为歌词的《君之代》。由于歌词字数不足，所以追加了几行，弄得不伦不类，而且日本宫廷守旧派认为韦伯谱写的曲子太过西洋化，国歌 2.0 版也很快夭折。

国歌 3.0 版，就是今天正式作为日本国歌的《君之代》。《君之代》选自被誉为"诗圣"的纪贯之主持编纂的《古今和歌集》，歌词不长，"我皇御统传千代，一直传到八千代；直到小石变巨岩，直到巨岩长青苔。皇祚连绵兮久长，万世不变兮悠长；小石凝结成岩兮，更岩生绿苔之祥"。

1880 年 7 月，日本政府组织了一个 4 人班子为《君之代》谱曲，其中有陆军乐团指挥、海军乐团指挥、宫廷雅乐指挥林广守，还有一个是应邀到日本担任乐团辅导的德国人弗朗兹·埃克特。按照日本官方说法，国歌《君之代》由宫内省式部察乐师奥好义谱曲，德国人埃克特配和声。但为了顾及脸面，日本一直宣称《君之代》是林广守配的和声。

《君之代》的旋律有传自中国的雅乐和属于"和风"的《壹越调》的旋律，埃克特又加入了西洋韵律，所以《君之代》的旋律是和、汉、洋"三位一体"。1893年，《君之代》被编入国家纪念日必唱歌曲集《祝日大祭日唱歌》。

日本国旗"日之丸"正式名称叫"日章旗"，"章"意为"标记"。"日章旗"就是"作为太阳标记的旗帜"，同皇祖神天照大神有关。"日之丸"原先称"天皇旗"，自8世纪开始使用。日本现存最早的"日之丸"，收藏于山梨县盐山市的佛教寺院云峰寺，是11世纪初后冷泉天皇赐予武将源义光的"奖品"。12世纪初，武家政权的创建者源赖朝和平清盛互争雄长，双方的武士常常在军扇上画一个太阳图案以示自己是"正统"。15至16世纪，太阳旗被广泛用作军徽，对阵双方都以此标榜自己是代天皇讨伐"逆贼"。

"日之丸"在国际场合的正式使用，是19世纪50年代。1853年底，萨摩藩（鹿儿岛）藩主岛津齐彬建造了日本第一艘西洋式三桅蒸汽船"升平丸"，并在船上悬挂了"日之丸"。1854年，岛津齐彬将这艘船呈献给了幕府。1858年，即日本的安政五年，日本和美、英、俄、法、荷五国签署了通商条约，史称《安政五国条约》。翌年（1859年），德川幕府将"日之丸"定为日本的"御国总标"，即日本"国家的标志"。

日军的海军旗和陆军旗，即旭日旗，均以"日之丸"为"根本"。1870年，明治政府颁布《太政官布告》，将中间有一个太阳，周边有16道血红光芒线的旭日旗，定为"陆军御国旗"。光芒之所以16道，是因为天皇家族族徽是16瓣菊花。陆军的军旗又叫联队旗。对此，战时任参谋本部作战科长的陆军大佐服部卓四郎，在他的《大东亚战争全史》中有很好的解释："1874年1月23日，明治天皇亲自将军旗授予近

将"天皇旗"用作日本船标志的"升平丸"模型（1∶6复原）

卫步兵第一、第二联队。从那以后，凡陆军新编成的步兵和骑兵联队，都由天皇亲授军旗，将军旗作为部队团结的核心。"

第二次世界大战期间，盟军消灭日军数以百万计，但遗憾的是，没有缴获到一面日军联队旗。因为日军战斗条令规定，当面临全军覆没危险时，必须"奉烧"军旗。之所以称为"奉烧"，就是为了显示庄严和神圣。奉烧军旗有规定仪式：在护旗手的护卫下，旗手举旗登上高处，然后收卷起军旗交给部队最高指挥官，最高指挥官亲自将军旗放入奉烧台安置，并亲手将军旗点燃，直至军旗化为灰烬。整个过程，全体官兵都必须向军旗敬礼。

当然，在紧急状态下也顾不了什么"仪式"。在中国云南战场，日军奉烧了两面军旗。一面是在松山战役，另一面是在腾冲战役。在松

一、"国家四要素"溯源 23

山战役,日军第 113 联队"拉孟守备队"被中国远征军的部队包围,守备队正副队长金光惠次郎和真锅邦人将军旗奉烧,将有天皇菊花纹族徽的金属旗冠深深埋入地下。在腾冲战役,日军第 148 联队濒临绝境,联队长藏重康美大佐也被炸死,联队副官桑弘大尉奉命将军旗奉烧。对日军而言,军旗比生命宝贵。原关东军士兵、日本作家五味川纯平在《诺门罕》一书中这样写道:"听说第 64 联队被歼灭,关东军和第 6 军最担心的不是山县武光联队长等人死没死、怎么死的,他们最担心的是军旗是不是已经奉烧、有没有落入敌军手中。"

1889 年,明治政府颁布了《海军旗章条例》,规定海军旗为白底色,旗上印有旭日和 16 道光芒,32 个方向点象征舰船的罗盘。和陆军旗不同的是,海军旗的太阳靠近旗杆。

战时,日本陆军共有 444 面联队旗,除了在战场烧毁、随运兵船在海上沉没外,绝大多数联队旗是在战败后举行的"军旗奉烧"仪式中被烧毁的。1945 年 8 月 24 日,日本陆相、皇室成员东久迩宫稔彦王命令全军在 8 月 31 日统一奉烧军旗。目前仅存的一面联队旗是步兵 321 联队旗,它是由这个联队的联队长后藤四郎中佐通过一个叫"神道天行居"的宗教组织隐藏下来的,现保存于东京靖国神社的战争陈列馆"游就馆"。

1951 年 9 月《旧金山和约》签署后,日本结束了被占领期。1952 年 4 月 26 日,日本建立了海上警备队,以一面三色旗暂时代替"队旗",同时有奖募集队旗图案。最后,欧洲风格画家小川传四郎设计的图案被采用。他设计的图案为长方形,白底色上有 7 条深蓝色横线,中间为一朵樱花,花为红瓣、白蕊。

1952 年 7 月 31 日,日本颁布了《保安厅法》,建立了保安厅,海上警备队改为海上保安队。1954年3月,日本国会审议通过了《防卫厅设置法》和《自卫队法》,建立了"以防卫直接侵略和间接侵略为主要任务,必要时维持公共秩序"的陆海空自卫队。同年7月,防卫厅长官木村笃太郎决定重新为海上自卫队设计队旗。曾经担任海军大臣的原日本首相米内光政请他的亲属、画家米内穗丰设计草图。但是,米内穗丰认为:"旧海军旗非常出色地应用了黄金分割率,使其形状、日章大小和位置、光线的配置都恰到好处,无论哪个图案也不能与之相比。"将原日本帝国海军旗作为海上自卫队队旗,会不会遭到非议?防卫厅长官木村笃太郎带着这个问题,向首相吉田茂做了汇报。吉田茂表示:"在世界上,旧日本海军已无人不知,无人不晓,日本军舰无论驶向何处,人们一眼便可认出。况且,旧海军舰旗可以使海上自卫队继承旧海军的优良传统,誓死保卫岛国日本。"经吉田茂裁决,日本海上自卫队恢复使用了旧日本帝国海军的旗帜。1972年,根据防卫厅训令第3号,太阳放射出八道金色光芒的日本陆上自卫队队旗也获得采用。

二

儒佛道：文化三支柱

1. "真名"和"假名"

　　文化是一个民族最基本的特征,而语言文字则是探寻民族文化特征最好的线索。探询日本文化三支柱即儒佛道,首先有必要了解作为其载体的日本的文字。德国哲学家、语言学家威廉·冯·洪堡提出了"语言世界观"(Language Weltanschauung)理论:"人类对世界的认识和思维方式是由语言结构决定的。"另两位德裔美国学者萨丕尔和沃尔夫则提出了"萨丕尔-沃尔夫假说"(Sapir-Whorf-Hypothesis)。按照他们的假说,"一个民族的语言结构,决定该民族的文化结构"。确实,日本能够即时吸取外来文化,同时又较好地保留传统文化,和日语的特性显然不无关联。所以,了解作为日本文化基因和载体的语言文字非常必要。

　　日本独特的拼音文字是"假名"。假名就是相对于"真名"即汉字而言的"借用的字"。那么,日本是如何"借用"汉字的呢?

　　古代日本只有语言,没有文字。据日本史籍《古语拾遗》记载:"上古之世,未有文字。贵贱老少,口耳相传。前言往行,存而不忘。"就是说,古代日本人是靠口耳相传存留往事的。那么,日本语言是怎么产生的呢？早在江户时代,已有日本学者通过日语和周边民族语言的比较,调查了解日语语系、探究日语的源流。例如,新井白石和藤井贞干曾指出,日本语和朝鲜语相类似。明治以后,语言比较进一步展开,各种学说纷纷登场。综合学者们的研究可以发现,日语受来自北面和南面不同语言的影响,特别受到南方的泰米尔语系及北方的阿尔泰语系的影响。按照安本美典的说法,日语形成网络图也是一幅显示日本民族、日本文化起源的鸟瞰图。

汉字的传入,使日本获得了"一件呼风唤雨的法宝"。儒家、法家、名家、阴阳家……中国各个学派经年累月研究、提炼、争辩的各种问题的精髓,都以经典的形式汇集,供日本人选择。特别在7世纪以后,日本开始大量吸收中国文化,学习汉字不断趋向高潮。史料显示,"正仓院文书"也罢,"木简"也罢,当时"习书",即类似当今供摹写用的"描红本"的大量存在,就是最好的证明。而"习书"中大量《论语》和《千字文》,更是传递了儒家文化对日本的影响。

日本语言虽"来路不明",但日本文字"出身"于中国,则毋庸置疑。日文有四种书写方式:汉字、平假名、片假名、罗马字。在这四种书写方式中,最早出现的是汉字。日本现存最早的汉字,是和歌山县隅田八幡宫的一幅人物画像镜48字铭文,其中有"癸未年八月"几个字。383年、443年和503年均是癸未年,但据推算,443年说最有说服力。不过,当时日本人大都是文盲。按照日本著名学者、东京大学教授中村元的说法:"大约在1 400年前,汉文就传入了日本。但直到推谷朝(6世纪),只有一小群专家使用汉文,他们对当地的语言几乎没有什么影响。随着与中国直接交往的开始,以及隋唐文物制度的引进,学汉语和懂汉文的人数才大大增加。"毋庸置疑,在古代,中国安插"路标",

日本遵循"路标"。

汉字在日本的政治、经济、文化和社会生活中，占据着无可替代的重要位置。第二次世界大战以前，东京各大报纸上使用的汉字有 7 500 至 8 000 个。1946 年，日本文部省将"当用汉字"即常用汉字，减为 1 850 个，并对其中的 740 个汉字进行简化。之后，"当用汉字"进一步减少。1981 年 10 月，日本政府公布的"当用汉字"为 1 945 个。另据统计，今天日本报刊上使用的汉字有 4 000 至 5 000 个，在各类学术专著和论文中使用的汉字有 8 000 至 10 000 个。也就是说，即便在今天，汉字在日本仍是不可或缺的文化载体。

日本的"汉字"来自中国，但也有少量日本人自己创造的汉字。例如，日文中的"峠（山顶）、畑（旱地）、辻（十字路口）、凧（风筝）、匂（气味）、丼（盖浇饭）、鰍（泥鳅）"。

日本的"假名"是在吸收和借鉴汉字读音及书写方式的基础上形成的。首先形成的是"万叶假名"，之后是"片假名"。在中国魏晋南北朝时期，来自中国的"移民"见日本居然连文字都没有，于是便用汉字为日语注音。因为，在中国，用汉字为语言注音古已有之。例如，梵语"Amitābha"[ˌʌmiˈtɑːbə]汉字写作"阿弥陀佛"，就是用汉字为语言注音。中国人称这种注音为"假借"。5 世纪初，日本开始出现借用汉字为日语注音的文字即"假名"，并逐渐固定，形成了"万叶假名"。之所以称"万叶假名"，是因为收录了 4 世纪到 8 世纪共 4 500 首诗歌的《万叶集》，就是用这种假名写成的。万叶假名共有 88 个字。由于"万叶假名"依然用的是汉字，笔画烦琐，因此在 9 世纪初"片假名"开始形成。"片假名"就是对汉字楷书进行简化：只取汉字的偏旁。例如，"万叶假名"用"伊"为日语的 yi 注音，而片假名则只取"伊"的偏旁即单人旁。现在,片假名"イ",就读 yi。

那么,平假名又是怎么形成的呢？日本是个男权主义社会,妇女识文断字的很少。但是,贵族社会的妇女依然需要通过文字进行表达和交流。因此,在简化汉字草书的基础上,形成了平假名。由于平假名最初主要为妇女所用,又叫"女手",比较"阴柔",因此第二次世界大战前日本的官方文书都只用片假名,不用平假名。

近代以后,由于中国国力日趋衰退,日本着力削弱中国文化影响的动向更加强烈。1886 年,语言学家小岛一腾发表了《日本新字》一文,率先提出了"汉字全废论"。19 世纪末,评论家木村鹰太郎和历史学家重野安绎分别提出了"日本文字改良案"和"汉字限制论"。日本战败后,"汉字废止论"被重新提出。1945 年 11 月 12 日,《读卖新闻》发表社论,明确提出:"废除汉字,可以同时促进我们扫除头脑中存在的封建意识,奋起追求美国式干脆利落的效率。"但是,直到今天,日文依然无法"驱逐"汉字。为什么？因为汉字是表意而非表音文字,同音字很多,根本无法用假名取代。

实际上,近代以后,"假名"和"真名"的地位似乎发生了互换。正如汉语言学家王力教授所指出的,"现代汉语中的意译词语,大多数不是中国人自己创译的,而是采用日本人的原译"。也就是说,中国"假借"了大量日文中的汉字。就这个意义而言,日文中的大量词语成了"真名"。

例如,"革命"这个词,在中国《易经》里就有,"汤武革命,顺乎天而应乎人"。其含义是"改朝换代"。但将 revolution 翻译成"革命"的是日本人,然后从日本传入中国。当年民主革命先驱孙文在日本,化名"中山樵"进行活动。一天,他的下属陈少白拿了一张日文报纸给他看,只见上面有一行字:"支那革命党人孙文来日。"孙中山一看说,"革命这个词好啊,以后我们但言革命,勿言造反"。是啊,孙中山要"驱除鞑虏,恢复中华,创建合众政府",不就是要改朝换代吗?"革命"这个词多么贴切。直到临终,孙中山仍告诫他的同志:"革命尚未成功,同志仍需努力。"他的灵堂也以这一遗训作为挽联。但是,我们知道,revolution 的确切含义是推动社会或事物发生根本性变革和质的飞跃,并不仅仅是"改朝换代"。

再例如,"文明"这个词在《易经》里就有:"见龙在田,天下文明。"按照孔子后人孔颖达的诠释,文明意为"阳气在田,始生万物"。但是,最先将 civilization 翻译成"文明"的是今天头像依然印在一万日元上、被日本人誉为"国民教师"的福泽谕吉。他在《西洋事情》一书中进行了这项翻译。而 civilization 是指社会的发展进步。在现代汉语中,有大量日本人翻译的西方词汇,如将 science 译为"科学"、democracy 译为"民主"等等。中国晚清以后的西学,实际上就是"东学"。自然科学领域,将 mathematics、physics、chemistry 译为数学、物理、化学的是日本人。哲学社会科学领域,哲学、政治、货币、交易、债权、债务、卫生等,都是"假名"。我们生活中经常接触的一些单词,如检察、警察、公安局、派出所,以及洗脑、吐槽、宅男、达人、人气等,也是"假名"。中文里的这类"海归式"的"外来语",数不胜数。

2. 儒教经历"改革"

独步于世的日本天皇制有着浓厚的儒学色彩。自 9 世纪后半叶在位的第 56 代清和天皇"惟仁"开始,皇室男性都叫"×仁"。因为天

二、儒佛道：文化三支柱

皇至高无上，而"仁"是儒学的核心。除了"仁"字，天皇名字中另一个字也取自中国典籍，如：昭和天皇裕仁的"裕"字，典出《尚书》"裕乃以民宁"；明仁天皇的"明"字，包含《周易》"大人以继明照于四方"之义。天皇的年号也典出儒学经典，如："明治"二字，典出《易经》"圣人南面而听天下，向明而治"；"昭和"二字，典出《尚书》"百姓昭明，协和万邦"。

但是，儒教传入日本后发生了明显变化。日本著名学者森岛通夫在《日本为什么成功》一书中，将儒教在日本的嬗变称为"宗教改革"。另一位日本著名学者梅棹忠夫也在《77把钥匙：开启日本文化的奥秘》一书中指出，"日本的儒教和原来的儒教确有天壤之别"。为什么这么说？因为儒教在日本发生了根本性变化。江户时代，一位日本的儒学大师曾提出过这样一个问题：假如你的亲生父亲将你的养父杀了，你应该怎么办？在中国，这个问题的答案很简单：血浓于水，原谅亲生父亲。但是在日本，你应该采取的行动是杀死亲生父亲，然后将亲生父亲的头颅供奉到养父的坟前说："父亲，我已经为您报仇，您可以安息了。"

中国人自古重视死亡的丧葬礼仪，需要有人打理，因此在商朝逐渐产生了一种专门办理丧葬事务的专职人员。这些人精通当地的风俗文化和礼仪习惯，他们就是早期的儒，又称"术士"。东汉的许慎在《说文解字》中对"儒"有明确解释："儒，柔也，术士之称。"以后，"儒"逐渐演变为"读书人"的代名词。东汉的郑玄在《三礼目录》中写道："儒者，濡也。"意思是"儒"就是以道德浸润人心，以优柔安抚人心。

儒教是在什么时候传入日本的呢？《日本书纪》记载，大约在3世纪，因学者阿直岐的推荐，应神天皇邀请朝鲜半岛百济国的五经博士王仁访问日本，担任皇子菟道稚郎子的老师。于是，王仁便带去了《论语》和《千字文》(作为课本)。当然,真正的《千字文》是6世纪梁朝人周兴嗣所作,3世纪问世的《千字文》充其量只是一种"课本"。这段史实被视为儒教传入日本的正式开端。

7世纪初,推古天皇当政,摄政的圣德太子以儒教思想为指导推行改革。圣德太子改革最重要的举措有两项:一是制定官员等级制——"冠位十二阶",二是颁布规范社会秩序和官员行为的《宪法十七条》。

冠位十二阶将作为儒教基本道德标准的"德"置于第一位,然后依次是儒学强调的五常:仁、义、礼、智、信,就是将官员分为大德、小德、大仁、小仁、大礼、小礼、大信、小信、大义、小义、大智、小智共十二个等级。不同等级的官员戴不同颜色的冠——帽子,所以称"冠位十二阶"①。不同等级的官员不仅帽子的颜色不同,衣服的质地和颜色也不同。

圣德太子的另一项重要改革,是制订《宪法十七条》。《日本书纪》有《宪法十七条》全文,主要内容可以归纳为三个方面:第一,强调国家由君、臣、民构成,必须"以和为贵""上和下睦",即强调创建和谐社会。第二,《宪法十七条》虽然具有浓厚的儒学色彩,强调"以礼为本"即社会等级秩序,但并不排斥其他宗教和学说,如第二条规定"笃敬三宝",即必须尊崇佛教。第三,规定国家官僚必须具备的道德操守和必须服从的纪律,如:强调"勿收敛百姓",即不得掠夺老百姓;"不得圣贤,何以治国",即强调不得嫉妒贤能,任人唯亲。

虽然《宪法十七条》属于训诫,和当时偏重于惩罚的法律属于两个

---

① 冠位十二阶在大化三年(647年)改为十三阶;大化五年(649年)改为十九阶;天智三年(664年)改为二十六阶;天武十四年(685年)改为诸王以下十二阶、诸臣四十八阶;大宝元年(701年)改为亲王四阶、诸王十四阶、诸臣三十阶。

系统，但是对制定法律具有指导意义，是日本法令的起源。按照醍醐天皇下令编纂的法律法令集《弘仁格式》序言中的说法"国家制法自兹始焉"，即从此开始依法治国。

中国儒教的核心理念是仁。《论语》58章，"仁"字共出现了109次。孔子的弟子樊迟曾经问孔子："何谓仁？"孔子的回答是："爱人。"在中国，"仁"不仅是人际关系的道德准则，而且是政治伦理。孟子强调，君王必须行"仁政"，使民众安居乐业。如果违反这一政治伦理，民众有权驱逐和讨伐君主。但这种说教在日本被断然否定。神圣的天皇"万世一系"，岂能驱逐？

日本儒教的核心不是仁，而是忠。日本文化泰斗内藤湖南指出，"忠"在日语中的原意是"善"和"高"，和对父母、君主的态度无关。中国儒教强调的是以血缘为基础的"仁"，所谓"百善孝为先"，中国人历来强调孝道。"孝"在中国的儒家传统里非常重要，但日本的儒家并不强调"孝"，而是强调"忠"。当代美国著名社会学家罗伯特·贝拉在《德川宗教：现代日本的文化渊源》一书中说得很对："重要的是，这种忠诚是对自己集体的首领的忠诚，而不管首领人物是谁。这与其说是对人物本身的忠诚，不如说是对人物地位的忠诚。"

中国儒教也强调忠。例如，孔子强调"臣事君以忠"。但中国的"忠君"是"不欺君犯上"。但是在日本，"忠"是一个等级模式：普通武士和平民忠于自己的直接领主，领主忠于大名，大名忠于幕府将军，将军忠于天皇——尽管事实上经常并非如此；而且日本对忠的要求是必须随时准备奉献生命。

中国儒教传入日本时，日本各氏族同室操戈，相煎甚急，以"大义名分"为标榜，自诩代天皇行道成为常态。6世纪末推古天皇即位，圣德太子摄政并锐意改革。他主持制定的《宪法十七条》,虽然也提及"仁",但反复强调的则是"忠"。正因为以"忠"为核心,因此,如水户学派的大儒藤田东湖明确指出的,在中国的儒教学说中,有两条绝对不适用于日本:一是禅让,一是驱逐讨伐君主。

　　日本社会特有的"养子制度"是造成日本儒家特别强调"忠"的重要因素之一。家长如果认为家中的几个孩子都不能继承家业,可以到外面收养一个养子,让他继承家业。养子一旦进入养父的家族,就与原来的家族断绝联系。

　　京都大学有三位杰出的教授是亲兄弟,被称为"京大三杰",他们名字的最后一个字都是树。贝塚茂树,研究中国古代史,曾参与"年号"的制定;小川环树,研究中国文学;汤川秀树,研究物理,1949年获得诺贝尔物理学奖,是日本第一位诺贝尔奖获得者。

　　他们的父亲小川琢治也是京都大学教授,研究地学。为什么兄弟仨人不同姓?因为茂树和秀树过继给了贝塚和汤川家而改姓。虽然是亲兄弟,但彼此极少来往。因为他们代表三个不同家族,必须忠诚各自的家族。当代儒学研究代表人物、美国哈佛大学教授杜维明在他《体知儒学》一书中,专门举了这个例子说明中日儒学的差异。日本人对企业的忠诚,根源也在这里。按照神岛二郎在《近代日本的精神结构》一书中的说法,日本人在战后将以往对天皇的忠诚转向了对企业的忠诚。

3. 佛教独创二宗

　　"三宝"即佛、法、僧。"佛宝"是已经"得道"的诸佛。按照季羡林先生的解释,"不知道"的对立面就是"知道"。知道就是"大觉",佛就是"觉者"。"法"是诸佛的教法。"僧"是遵循教法认真修行的僧侣。佛教在中国的不断变化,对日本构成了持续的影响,但日本佛教有自身鲜明的逻辑和特征。

公元前10世纪,今天尼泊尔境内有一个迦毗罗卫国。这个国家的王子叫乔达摩·悉达多,属于释迦族,以"释迦牟尼"闻名于世。"牟尼"在梵语中是"圣人"的意思。"释迦牟尼"意为"释迦族的圣人"。他创建了佛教。"宗教"一词就出自佛教。"教"包括一切经典。教所研究的学问,称教理。"宗"是取教理的某一点进行修行。也就是说,"教"是整体,"宗"是局部。

在"释尊入灭"即释迦牟尼涅槃后,大约在公元前273到公元前232年,佛教开始向南北两个方向传播。从犍陀罗国(巴基斯坦)向北传播的这支,在进入中国后又传入朝鲜、日本等国。这一支叫"北传佛教",俗称"大乘佛教"。佛教用马车比喻普度众生的工具。"大乘",通俗理解,就是能够将众生送到彼岸去的"大马车"。按照梵文发音,大乘佛教读作"摩诃衍那"。从隋唐开始,中国取代印度成为世界佛教中心,而且大乘佛教的经典主要属汉文系统,所以这一支又称"汉传佛教"。向南面传播的一支从恒河流域传入僧伽罗国(斯里兰卡),然后传入了东南亚。南传佛教又称"上座部佛教",音译"希那衍那",常被称为"小乘佛教",以巴利文编纂经文。按照中国佛教协会前主席赵朴初居士的解释,大乘和小乘的分别主要在于大乘着重利他,强调普度众生;小乘着重自我修行,关注自我解脱。还有一支在7世纪从东印度传入中国西藏地区,这一支叫"藏传佛教",俗称"喇嘛教",经典属于藏文系统。

释尊入灭图

佛教何时传入中国,迄今没有定论,最普遍的说法是东汉永平十年(67年),汉明帝派使者前往西域广求佛像及经典,并迎请高僧到洛阳,在洛阳建了第一座官方的佛教寺庙白马寺,在白马寺完成了中国最早传译的佛典《四十二章经》。佛教传入日本的年份,一说是538年,一说是552年,也没有定论。但佛教刚传入日本就遭受厄运,却没有异议。

那一年,百济圣明王派遣使者带着一尊佛像到了日本。日本钦明

二、儒佛道：文化三支柱

天皇问他的大臣们是否应该接纳这个西面来的神？大臣苏我稻目当即表示："西面各国对佛举国礼拜，我国不应单独拒绝。"大臣物部尾舆马上表示反对，说："如果我国崇拜外来的神，必然会惹怒本国的神。"经过一番激烈争执后，最终钦明天皇允许苏我稻目以个人名义收纳这尊佛像。

苏我稻目从钦明天皇手中接过佛像后，供奉在自己的家里，天天顶礼膜拜。不料，没过多久，日本疫病流行，死了很多人。于是，反对供奉佛像的物部尾舆说，这番灾祸都是因为崇拜外来神，惹怒了本国神引起的。在征得了天皇敕许后，他带人跑到苏我稻目家里取出佛像，将佛像抛入了大阪的堀江。

但是，6世纪末推古天皇执政后，开始大兴佛教。据《日本书纪》记载，594年，推古天皇命令皇太子及大臣"兴隆三宝"。当时，在王宫所在地飞鸟（奈良高市郡），以佛教文化为中心的飞鸟文化日趋繁荣，最典型的标志就是寺院及佛像的不断问世。那些寺院和佛像显示出，中国魏晋南北朝时期的佛教文化对飞鸟文化有深刻影响。

飞鸟文化以后的白凤文化，即645年大化改新到710年迁都奈良，同样以佛教文化为核心。645年，刚刚登基的孝德天皇颁发了第二个兴隆佛教的诏书《正教崇启》，将佛教奉为国家意识形态的支柱，使佛教进入国家政治生活。诵读佛经，成为当时宫廷礼仪的一部分。例如，651年年末，按照孝德天皇的敕令，宫内邀集了2 000多名僧尼一起诵经。660年5月，宫内举行"仁王般若会"，请众僧侣一起诵读《仁王般若经》，祈祷佛主驱除灾害，护佑日本。另外根据《日本书纪》记载，674年，天武天皇敕令僧侣聚集川原寺（弘福寺），抄写数千卷《大藏经》。这一时期，由于历代天皇大力弘扬佛教，日本全国建起了很多寺院。根据《扶桑略记》记载,692年的调查统计显示,日本全国共建有寺院545所。作为佛教寺院必需品的雕像、壁画等,也争奇斗艳,留下不少传世经典。总体而言,白凤文化前期受中国六朝文化影响,后期受唐朝文化影响。

由于中国盛唐时代积极汲取异国文化,受中国影响,奈良时代(710—794年)的日本佛教文化也具有鲜明的"国际化"色彩,显示出印度、波斯、东南亚文化的特征。例如,东大寺正仓院的宝物就洋溢着西域文化的浓郁气息。奈良时代留存了不少佛教和与佛教传播相关的典籍。例如,日本经典《续日本纪》中对鉴真东渡有详细记载。同时,日本佛教共有13宗,"宗"的形成就是在奈良时代。

奈良时代的日本佛教有"南都六宗",即法相宗、华严宗、律宗、三论宗、成实宗、俱舍宗。不过,当时的宗几乎没有什么门户之见,大部分僧侣并不属于某个特定的宗,而是兼学六宗教义。平安时代(794—1192年),最澄和空海分别创建了日本天台宗和真言宗。日本佛教各宗开始形成独自的教学体系。镰仓时代(1192—1333年),日本佛教取得了空前发展。除了从中国传入的禅宗、净土宗、从净土宗派生的时宗,日莲和亲鸾分别创建了日本独有的日莲宗和净土真宗。

日莲提出了"立正安国论",强调只有树立正确的教学即"立正",才能"安国"。他指出,日本之所以连年遭受不幸,就是因为信仰了错误的宗教。日莲强调,"念佛无间,禅天魔,真言亡国,律国贼"。"念佛"指净土宗,因为净土宗强调"称名念佛"是获得拯救的唯一途径。按照日本净土宗创立者法然的说法,"往生之道,念佛为先"。意思是如果想前往彼岸世界,唯一正确的方法就是念诵"南无阿弥陀佛"。"无间"即地狱道的底层"无间道"。"念佛无间",就是净土宗,就是"无间道"。由刘德华、梁朝伟主演,获得金像奖和金马奖的警匪片《无间道》的名称,就来源于佛教,意思是当卧底将一直受良心煎熬,如同身处地狱底层。"禅天魔"的意思是禅宗是魔鬼。"真言亡国",顾名思义,如果不遏制真言宗的传播,将会亡国。"律国贼",意思是律宗是"国贼"。

净土真宗是从净土宗分化出来的一个宗派,创立者亲鸾不反对僧侣食肉娶妻,也不主张吃素斋。他倡导的理论主要有两个,一是宣扬"僧俗一如",二是宣扬"恶人正机说"。所谓"僧俗一如",就是亲鸾主张,僧也好,俗也罢,都是凡人。亲鸾宣称,观音菩萨教诲他,如果他能根据前世因缘结婚娶妻,观音菩萨将化身为如花似玉的少女和他成婚,他将一生富足,往生极乐净土。于是,亲鸾就遵循观音菩萨的教诲,和一个叫惠信的尼姑结了婚,生儿育女。所谓"恶人正机说",就是按照净土宗的观念,只有行善积德才能往生极乐净土。但亲鸾认为,善人也好,恶人也罢,所有人皆为凡人,终其一生无法抑制欲望、愤怒、嫉妒,而拯救恶人使之成佛是阿弥陀佛的根本愿望。所以,只需念诵"南无阿弥陀佛",恶人也可以往生极乐净土。

世界上的宗教,概括而言可分成三大类,一类是统治阶级的卫道士,一类是统治阶级的理性批判者,一类是脱离现实的遁世者。但是,日本的宗教几乎全都是第一类。今天,日本佛教之所以有独创的、强调"立正安国论"的日莲宗,日莲宗之所以拥有最多信徒,这是重要原因。正如东京大学教授中村元在《东方民族的思维方法》一书中所指出的:"国家主义是日本人价值观的核心。"[①]而"恶人正机说"对日本人

[①] 中村元著,林太、马小鹤译:《东方民族的思维方法》,浙江人民出版社,1989,第100页。

在战犯问题上的态度和立场,同样具有不可忽略的影响。

4. 独步于世的神道

中国文化的"三根支柱"是儒佛道,日本也是。但中国的道是道教,而日本的"道"是神道。神道也称神道教,是日本土著宗教,是一种泛神论宗教,主张万物有灵,神无所不在。神道不贯彻至高无上的主神握有生杀予夺之权的宗教精神,而是宣扬祖先崇拜和自然崇拜。除了强调清洁、遵循事物的自然规律等生活准则,神道没有需要人们特别遵守的清规戒律。

佛教传入日本以后,为了使供奉"番神"的宗教与土著宗教区别,日本人才为神道取名。720年问世的《日本书纪》"天皇信佛法,尊神道"这句话,是"神道"一词的首次出现。中国人称行善的为"神",称作恶的为"魔"。但日本的神道所祭拜的"神",不仅包括行善的神,也包括作恶的魔。

日本神道分三大类:一是教派神道,二是民俗神道,三是神社神道。1868年明治维新后,政府扶持神社神道,推行神道国教化政策,使神社神道"一枝独秀"。今天,日本全国共有82 000多个神社,平均1 500人有一座神社。现在所说的神道,一般指神社神道。

神社都有"社号"。社号分三类:1. 神社,占绝大多数,如靖国神社;2. 神宫,供奉皇室祖先,如主要供奉天照大神的伊势神宫、供奉第50代天皇桓武天皇和第121代天皇孝明天皇的平安神宫、供奉第122代天皇明治天皇的明治神宫;3. 大社,日本原先只有供奉"国中第一灵神"大国主神的出云大社,战后其他一些神社也开始称大社,如作为藤原家族守护神而建造的春日大社。

所有神社都有像牌坊一样的标志,叫"鸟居"。鸟居的历史比神社久远。关于鸟居的起源,《古事记》有一段记载,说天照大神因为讨厌她的弟弟须佐之男,住进了一个山洞,还用石头将洞口堵上,大地因此失去了阳光。天上的八百万神为了引诱她出来,建了一个高高的架子,将所有的公鸡都放到上面,让公鸡一起打鸣。天照大神听到这么多鸡叫,感到很奇怪,便推开石头探望。这时,躲在洞口的几个大力士趁机将她拉了出来。于是,阳光重新普照大地。那个架子就是最初的鸟居。按照日本《自由百科辞典》的说法,鸟居是仿效中国"华表"建立的。鸟居最初就写作"华表",而且不像牌坊,像牌坊一样的鸟居是在8世纪出现的。鸟居大都是红色的,因为在日本文化中红色有避邪的作用,象征强力的守护。除了红色,也有本色、白色、黄色等不同颜色。例如,出云大社的鸟居就是纯白色的。神社的鸟居不仅大小不一、颜色不一,而且数量不一、形状不一。鸟居数量最多的神社,是8世纪建成的京都伏见稻荷大社。在参拜的道路上,由信徒供奉的近千鸟居排成一列,号称"千本鸟居"。电影《艺伎回忆录》中有"千本鸟居"的镜头。稻荷神社供奉的是农业和商业神。伏见稻荷神社之所以鸟居特别多,就是因为希望五谷丰登和生意兴隆的人多,捐献的鸟居也多。在日本全国,稻荷神社共有30 000多座,伏见稻荷大社是总社。形状最具有特点的鸟居是位于广岛、初建于6世纪末的严岛神社,鸟居竖立在海上。严岛神社主要祭奉传说中的三位海洋女神。拥有最大鸟居的是位于岛根县出云市的"出云大社"。出云大社以"结姻缘"的神灵而闻名。另外,爱知县犬山市的桃太郎神社,鸟居呈一个桃子的形状,也很有特点。

鸟居是神和俗的分界线，进入鸟居就是进入了神的世界，所以必须先脱帽、整理衣冠、鞠躬，然后进入，并且不可以走在道路中间，而要走在两边，因为中间是神明通行的。穿过鸟居后，要用水屋的水洗手，先洗左手，再洗右手，然后用长柄的勺子舀点水放在手心漱口，以清除污浊。

去神社拜神也有捐钱的习俗，日本人称为"赛钱"。这种风俗源于向神明敬献大米，后来变成了献钱。在神社拜神必须"先付后拜"，即先捐钱，再许愿。日本也有"取谐音，图吉利"的习俗，所以捐钱的吉祥数是5元、45元和2 951元。在日语里，"5元"谐音"有缘"，所以要捐一个5元硬币；45元谐音"始终有缘"，要用4个10元硬币加1个5元硬币；2 951元谐音"福来"，一般用支票。许愿者要先把钱放进赛钱箱，摇一下铃，然后致礼行拜。各神社的礼法不一。例如，祭祀日本"学问神"菅原道真的天满宫的礼法是"二礼二拍手一礼"，即二鞠躬，拍两下手，双手合十表示感谢，再一鞠躬。在这过程中可以许愿。

神道和日本民众的生活有密切联系。日本人在出生30天以后到100天之内，都由父母抱着去参拜神社。日本每年11月15日是一个民俗节日，叫"七五三节"。这一天，3岁、5岁、7岁的孩子都会穿上和服，由父母带着到神社参拜，祈求健康成长。参拜结束后，父母通常都会给孩子们买像一根棍子一样的千岁糖。千岁糖装在一个画有仙鹤与乌龟的袋子里，寓意健康长寿。

七五三节形成于江户时代。江户时代有句谚语，译成中文是"孩子不到7岁，是神佛的子弟"，意思是孩子在7岁前，父母只是暂时代替神佛照顾孩子。七五三节产生于江户时代，和江户幕府的将军有关。当时，幕府将军德川家族到第三代将军德川家光这一代，已经失

二、儒佛道:文化三支柱

天满宫——京都菅原道真故居

日本"学问神"菅原道真墨宝

去了战国时代的粗犷与坚韧，德川家光又有同性恋的癖好，对女性比较反感。关于德川家光为什么对女人反感，有两种说法，一种说法是德川家光在小时候和一个小伙伴一起强奸了一名身份低贱的婢女，被他的母亲阿江发现，阿江处死了德川家光的那个小伙伴。德川家光为自己作为将军的继承人，竟然无力挽救朋友的生命而深感内疚，发誓以后不再碰女人。大河剧《葵·德川三代》就持这种说法。第二种说法是，因为母亲阿江的严格管教，使少年德川家光的逆反心理不断被刺激、强化，从而对女人产生厌恶和排斥心理。不管哪种说法靠谱，总之，德川家光不喜欢女人是确实的。我曾看过日本 NHK 播出的关于德川家光有同性恋倾向的纪录片，只是我认为，称德川家光是同性恋不太确切，因为他在 20 岁娶了公卿鹰司信房的女儿、比他大两岁的鹰司孝子。因此确切地说，德川家光属于双性恋。德川家光 37 岁时有了第一个儿子，41 岁时有了第二个儿子。由于第一个儿子体弱多病，德川家光便将希望寄托在第二个儿子身上，在他 5 岁时便选了个吉日设宴庆贺，祈祷他顺利长大成人。这个吉日是 11 月 15 日，也是七五三节的由来。

9 世纪后，随着佛教向各地渗透，而且朝廷推行依靠佛教镇护国家的政策，各地的造寺、造佛趋向兴隆。佛教传播者认识到，为了使佛教向封闭的乡村渗透，有必要使佛教同传统的神道结合。因此，"神佛融合"的趋向日渐显著。所谓神佛融合，就是将日本本土的信仰和佛教折中而形成的新的信仰系统。神佛融合开始于民间，主要表现为僧侣豪强等在神社内修建佛教寺庙，那种佛教寺庙叫神宫寺。很多神社都供奉起地藏菩萨。日本的神也被冠以佛的称号。例如武家的守护神"八幡神"被称为"八幡大菩萨"，其他神也都获得了佛和菩萨的称号，并且被剃去头发，变成"和尚"，称"权现"。例如，信奉净土宗的日本德川幕府的创建者德川家康临死前留下遗嘱，要求天皇赐予神号，天皇便封德川家康"东照大权现"。

日本神道是以祭祀、祈祷为特征的宗教。日本是一个典型的集团社会，和神道相关的各种"祭"，即日本的民俗节日或庆典，是培养集团意识的重要活动。日本人常常集体参与各自地域的"祭"，这些节日庆典有的通过对性的崇拜显示对生命力的崇拜。按照已故日本著名作家三岛由纪夫的说法，"祭是一种人类与永恒世界的庸俗交配。这种交配只有通过如'祭'这种以敬神为名的淫荡活动才能进行"。

三

大和魂之禅宗和武士道

1. 禅宗宗旨"十六字诀"

按照铃木大拙在《禅与日本文化》中的说法,"禅就存在于市井平民最平凡无奇的生活当中,让人们在住行坐卧当中体会生命的实相"。"禅"是梵语"禅那"(dhyana)的缩略语,意思是"静坐冥思",由佛教始祖释迦牟尼创立。据传,释迦牟尼在菩提树下静坐冥思49日,终于达到大彻大悟的境界,这个静坐冥思的过程就是"禅"。6世纪前半叶,菩提达摩将禅传入中国,因而他被奉为中国"禅宗"始祖。印度的"禅"只是强调"静心",没有知的层面的展开,让人很难产生共鸣,更不包含体验;而在中国和日本发展起来的禅宗,与其有明显差别。佛教天台宗、华严宗、禅宗是中国独立创建的三大宗,尤以禅宗最具中国特色。

为什么要创建禅宗?因为菩提达摩认为,佛教在发展过程中被层层叠叠附加了很多东西,应该将这些东西剥去,使人们直接见到佛陀原有的根本精神——"般若"(智慧)和"慈悲"。

唐朝时,禅宗传到了第5代。第5代祖弘忍法师为了挑选传人,便要求他的徒弟们各写一首诗,谁写得好,就立他为禅祖6代。弘忍法师的得意门生神秀,半夜起来在墙上题了一首诗:"身是菩提树,心如明镜台;时时勤拂拭,勿使惹尘埃。"但是,弘忍法师见了这首诗以后,没有做任何表示。第二天晚上,一个叫慧能的小和尚也请人在墙壁上题了一首诗:"菩提本无树,明镜亦非台,本来无一物,何处惹尘埃?"弘忍法师见了这首诗,一愣。当得知这首诗是慧能写的以后,便用禅杖在慧能头上敲了三下。慧能心领神会,半夜三更时分去了弘忍法师的禅房。法师将衣钵传授给他,对慧能说:"你现在去南方隐居,等到机缘成熟再出来弘扬大法。"后来,池州崔使君问弘忍:"为什么弟子500,唯独将袈裟传给慧能?"弘忍回答道:"499人都了解佛法,唯有慧能例外。他是一个不能以普通标准去衡量的人,所以我把袈裟传给他。"慧能在深山里隐居了多年。一天,慧能来到广东一个寺院门口。寺院里悬挂着幡(一种长条形的旗帜),和尚们在争论,"是幡在动,还是风在动"? 慧能走上前去说,"既不是幡在动,也不是风在动,而是你们的心在动"。这就是"风幡心动"的故事。

中国的禅宗在五祖弘忍以后,形成了"南顿北渐"两种风格。"南顿"由慧能在南方开创,强调"顿悟"。"北渐"由慧能在北方推广,强调"渐修"。关于两者的区别,禅学大师南怀瑾先生有一个形象的比喻:一根竹子里有一只虫,如果它是一节咬一个洞,一节咬一个洞,咬了几十个洞才爬到顶端,叫"渐修";如果它是横着咬一个洞,然后一顺溜爬到顶端,叫"顿悟"。

禅宗在7世纪后半叶传入日本。在孝德天皇在位的白凤年间(650—654年),遣唐僧道昭和尚在唐朝学习法相宗的同时,又向慧满禅师学习了禅宗。但是,禅宗在日本真正兴隆是在12世纪,即中国宋代。当时禅宗在日本形成了三个流派:第一个流派是临济宗。1187年,日本僧侣荣西回国后,融合了禅宗、真言宗、天台宗,创建了临济宗。临济宗关注诸如"万物归一，一归何处"之类进退两难的问题。这种问题叫"公案"，所以临济宗又称"公案禅"。第二个流派是曹洞宗，由荣西的弟子道元于1223年创建。曹洞宗强调"一言不发，只管打坐"即潜心修行，所以又称"默照禅"。第三个流派是黄檗宗，由隐元和尚在1654年左右创建。隐元本是临济宗的僧侣，因受临济宗僧侣排挤而在京都黄檗山另立山门，修建了万福寺，挂出"黄檗宗"的招牌，并逐渐和临济宗分道扬镳。两者最显著的差别是，黄檗宗吸纳了净土宗的思想，主张坐禅时心中默念"南无阿弥陀佛"。

禅宗虽然是佛教一宗，但不主张俯首帖耳于经典。禅宗还认为，佛、菩萨等偶像只不过是木材、石料、金属的合成。禅宗甚至认为那些虔诚的祭拜行为，都是多余的。禅是一种人间精神，相信本来的清静、本来的善，因而努力使人的心灵自由无碍，排斥任何使人想起外部权威的事情。有人问禅师："禅是什么？"回答是"平常心"。铃木大拙认为，这个回答简明扼要。

禅宗的宗旨是十六字诀："不立文字，教外别传，直指人心，见性成佛。"

"不立文字，教外别传"的"教外别传"，是因为释迦牟尼用言语文字授法，叫"教内之法"。不用语言文字，直接以佛心印于他者之心，叫"教外之法"。对教内讲求"以声传心"，对"教外"讲求"以心传心"。"不立文字，教外别传"，意思是不靠佛经和语言文字，而是靠习禅者自身的感悟去体会。"不立文字，教外别传"，就是强调自己领悟，自己体验，急中生智。即使需要语言文字，也只是将语言文字视为买卖东西时使用的货币。人不能为了防寒而穿货币，为了充饥而吃货币。货币要获得实际价值，必须换成实用的物品。

三、大和魂之禅宗和武士道

法演禅师曾经讲过的一个故事,能帮我们很好地理解这一禅宗的精髓。

有个小偷的儿子见父亲逐渐老了,心想如果父亲以后没法再干这一行了,自己怎么生活?于是,他向父亲提出,也要学晚上如何去人家里偷东西。父亲爽快地答应了。一天夜里,父亲带他偷偷溜进一个大户人家家里,打开一个很大的衣橱,让儿子进去取东西。儿子刚进去,父亲就把衣橱锁上了,并跑到院子里大喊:"有小偷!有小偷!"喊完就溜出院子回家去了。大户人家的人听到喊声都出来搜寻,但没发现小偷。他们以为小偷已经溜走了,便各自回屋去了。再说儿子被锁在衣橱里又气又恼,心想,父亲这是演的哪一出?不管怎么说,得赶紧设法脱身。于是,他灵机一动,想出了一个办法:弄出老鼠啃东西的声音,让人将衣橱打开。果然,这家女用人听到声音,以为老鼠在啃东西,便提着灯笼将衣橱打开了。说时迟,那时快,还没等她查看究竟,儿子就推开女用人,飞跑出了院子。"小偷跑了!小偷跑了!"听到叫喊,院子里的人纷纷追了出去。儿子情急之下跑到一口井边,抱起一块大石头扔到井里。追赶的人以为他跳井了,便打道回府。

回到家里,儿子正要抱怨,父亲就对儿子说:"你先说一下是怎么逃出来的吧。"听完了儿子的叙述,父亲对他说:"儿子,你已经掌握秘诀了。"因为父亲按照禅的原理只是给儿子指出一条路,儿子能否循着这条路达到目标完全在于他自身的造化。正如树木开花结果,需要靠其自身的能量,外在的力量充其量只能起催化作用。

"直指人心,见性成佛"有三个关键词:心、性、佛。这里的"心"不是心脏的心,而是指"性"。性就是心,心就是佛。也就是说,心、性、佛是同一的,是思想和感觉的最深层。按照禅学理论,佛法不是仅仅通过学习就能了解的,不是讨论的对象,即便熟读百部经书也未必能真正了解,也不能成佛。因为,佛法是深不可测的。"佛就是你自己的心,不假外求。"即便大字不识几个,但只要真正见到自己的本性,就能成佛。禅不是哲学,不是建立在逻辑基础上的,而是建立在心理基础上的。

铃木大拙在他的《禅与日本文化》一书中,讲述的一个故事,能帮助我们了解什么叫"直指人心,见性成佛"。有个人在桥上问一个禅僧,河有多深?禅僧二话不说,抓住这个人就要将他扔到湍急的河流中去,那人吓得大惊失色。禅僧为什么要那么做?因为按照禅的观念,河有多深,是应该用自己的身体这把尺子去丈量的,不是别人能够用语言告诉他的。禅注重亲身体验,否则不可能获得真知。这就好比是面对泉水,如果要解渴,必须舀水喝,不是了解关于泉水的知识。

2. 禅和日本人的价值观

20世纪80年代,有一部日本动画片在中国热映,叫《聪明的一休》。这部电影,特别是它的主题曲《小机灵的歌》,是70后、80后童年的记忆。不过,很多人不知道,一休不仅确有其人,而且还是后小松天皇的儿子。但由于一休的母亲是室町幕府第三代将军足利义满的仇人,因此足利义满逼迫后小松天皇将一休赶出宫廷,到京都安国寺出家,不让他有后代。没想到,一休因此成了非常著名的禅师。

一天,有人问一休:"禅师,您的法号为什么叫一休呢?"一休反问他:"你老婆天天和你吵架,像只母老虎,你是否想休妻?你做官要逢迎拍马,感到心情不爽,是否想休官?生活中有不少烦恼事,但千休万休,不如一休。一休万事休。"

上述对话,显示了日本禅宗的基本思想:"一在万之中,万在一之中。"例如,大海的波浪就具有这种特点。海水是"一",波浪是"万"。之所以有两种名称,只是因为它们的形式不同。海水在波浪中,波浪也在海水中。海水就是波浪,波浪就是海水。同样道理,参禅的境界就是人与自然的融合。著名禅师清原惟信说:"未参禅时,见山是山,见水是水。刚参禅时,见山不是山,见水不是水。参悟之后,见山还是山,见水还是水。"意思是说,未参禅时,见山是山,见水是水,是按照常识去认识山水。刚参禅时,见山不是山,见水不是水,是因为山水融入了自然,与万物合一。参悟之后,见山还是山,见水还是水,是因为人与自然融为一体。辛弃疾的《贺新郎·甚矣吾衰矣》中有这么一句诗,"我见青山多妩媚,料青山见我应如是",就是这种境界的写照。当达到这种境界的时候,主观和客观、主体和客体的差异就消失了。因为两者合二为一了:主观就是客观,主体就是客体,反之亦然。

日本艺术有两个关键词:一是"侘",二是"寂"。"侘"字的会意是"人在宅中",即陋室与俗世隔离所带来的孤独而又自在的美感,即本义是"贫困"和"孤独",最早是指山林隐士的生活。16世纪,千利休汲取了禅宗里的空寂、无我之意,将其引入茶道。禅宗主张在生活中安贫守拙,不追求华丽,满足于从后院菜地里采摘的一叠蔬菜,满足于聆听潇潇春雨的寂静。禅宗不欣赏生活表面存在的复杂,注重在"自然"中安顿心灵。受禅宗影响,日本艺术有一个显著特征,即对"一"的重视。例如,通过一叶小舟在海上漂游,让人感到海的浩渺和广阔;借助荒凉原野上一片积雪中微微探头的小草,显示生命的律动和春天的来临;通过一棵歪斜的竹子表现风的强劲,或者一只瑟缩在枯枝上的小鸟表现萧飒的秋色。

"寂"的本义是纯朴自然，本色本貌。"寂"并不代表原始，而是要求对自然有真切的感受。只有这样，才能感悟艺术家笔下的云朵、小溪、树木、波涛都栩栩如生，才会有现实感；才能面对显示淳朴自然之美的"枯山水庭院"，产生如临陡峭山崖、如闻惊涛拍岸的大自然美感。日本流传着一个关于千利休的轶事。一天，千利休走进庭院，见整个庭院被打扫得非常干净，于是他故意摇下了一片树叶。虽然只是一片树叶，但使整个庭院回归自然，不再有被清扫过的明显痕迹。因此，日本的传统建筑物，尤其是禅宗的寺院，大都保留着木材的本色。

　　日本艺术的另一个显著特征，是非对称性。日本佛教寺院的设计就明确显示了这一特征。日本的寺院，虽然山门、法堂、佛殿等主要建筑物是在一条直线上建立的，但其他建筑物不是作为主线的两翼排列的，而是顺应地势、分散建成的。非对称性也是日本建筑的特色，不仅是寺院。

　　颇具日本文学艺术特征的俳句，也深受禅宗影响。俳句是日本的一种古典短诗，源于中国古代汉诗的绝句体诗，由"五-七-五"共十七字音组成。被称为"俳圣"的松尾芭蕉有一首《古池塘》，被称为俳句中的经典："闲寂古池旁，青蛙跃入水中央，悄然一声响。"古池塘是静的，青蛙是动的。青蛙跃入水中的声音，使人意识到整个环境的静谧。动与静，瞬间和永恒，被巧妙地结合在一起。俳句就是这样，以很少的语言和笔触表达内容和情感。铃木大拙认为，"俳句是日本的天才宣泄自己艺术冲动的出口，是最妥当、最有趣、最有活力的诗歌形式"。"俳句是用日本人的心灵和语言才能完成的诗歌形式，而禅在俳句的发展过程中，尽了自己卓越的天职。"

　　禅宗和茶道的结合，即"禅茶一味"，更显示日本文化的特征。禅宗和茶道为什么有这种缘分？因为，两者几乎同时进入日本。临济宗的创建者荣西在将禅宗传回日本的同时，还带回了茶种，写了一本《吃茶养生记》，并且将自己制作的茶和这本书送给了镰仓幕府将军源实朝。不过，虽然荣西在中国的禅宗寺院里看到过茶道的做法，但他本人从来没有教授过茶道的做法。半个世纪以后，是另一位谥号为"大应国师"的禅僧南浦绍明，将茶道的做法带到了日本。但日本茶道的初创者，是一休的弟子村田珠光。再后来，被称为日本"茶圣"的禅师千利休对茶道进行了改良，使日本茶道最终形成。

日本的茶道有一整套系统的礼仪，需要安排在特定的时间、特定的场所，遵循特定的程序，但概括而言，主要包括两个方面：一是"茶数奇"，即人和物的关系；二是"茶寄合"，就是人和人的关系。因为受中国的影响，日本茶道最初对中国的器物情有独钟。从 15 世纪开始，质朴无华、显示自然美的器物日益受到青睐，最终形成了崇尚幽雅恬静的日本式茶道风格。迄今为止，崇尚自然美仍是日本美学最核心的要素，构成日本独特的艺术哲学。

人和人的关系则突出强调"和、敬、清、寂"四个字。这四个要素是推崇情同手足、秩序井然的生活，这种生活不仅是禅寺的生活，也是日本人推崇的价值规范，是日本人的意识中最初的训令。当然，人和人的关系也离不开物。

大"和"民族非常注重"和"。7 世纪初圣德太子制定的《宪法十七条》，第一条起首就是"以和为贵"。美国的日本研究专家本格指出，表意文字"和"是和谐的意思，这是日本民族最高价值规范。茶道强调的"和"，不仅指内在的感情，而且指外在的显示，如茶室的布置、光线、音响、香气，都以柔和为标准。

"敬"，原本是宗教精神。因为在神圣面前，人应感到自己的渺小卑微。但是，禅宗倡导的"敬"极具特征。禅僧为了在寒夜中取暖，可以将佛像烧毁，可以毁掉贵重的遗产。因为抛弃一切对视觉具有诱惑力的虚饰的东西，是禅宗的真理。但是，禅僧对在暴风雨中沾满了泥土的小草却充满敬意，并将未经修饰的野花奉献给佛陀。

"清"就是清洁。清洁是茶道的精神构成，也是日本神道所强调的要素。与茶道有关的一切，包括场所和器物，都注重清洁。在茶室外，潺潺流动的清水，可用以洗手。如果没有，那么在茶室内，必定有为客人准备的清水钵用以洗手。在武士道的经典《叶隐》中也这样写道："茶道之本意，清六根之为也。"被视为茶道经典之一的《南方录》写道，茶道的目的，是在尘俗的世界建立一方清洁无垢的净土，一时汇聚在一起喝茶的人，要在这里创造理想的社会。因此，茶道强调"一座建立，一期一会"。"一座建立"，就是人们相聚一起喝茶，形成"一座"；所谓"一期一会"，意思是相聚一起喝茶的人们，即便是彼此非常熟悉的亲朋好友，也要将此次聚会视为人生只此一次机缘。人生无常，如同茶的泡沫转瞬即逝，因此要格外珍惜。

"寂"在梵语中不仅意味"寂静""平和"，而且经常用来指"死亡"和"涅槃"，在茶道中则表示"单纯""贫乏""孤独"。一休的弟子珠光在讲授茶道精神的时候，经常讲中国唐代诗人郑谷为齐己改诗的故事。齐己写了两句诗："前村深雪里，昨夜数枝开。"郑谷建议将"数枝"改为"一枝"。在皑皑白雪的山村里，一枝梅花傲霜斗雪，凌寒开放，这就是茶道要表现的意境和美感：一种静谧孤独的美，一种原始单纯的美。

概而言之，主宾"一座建立"对饮是为"和"，举止恬淡悠闲是为"敬"，保持自我的觉知是为"清"，在默默饮茶中时间流逝是为"寂"。

今天,日本有 30 多个茶道流派,但最主要的流派是千利休的子孙创立并承袭的"三千家":表千家流、里千家流、武者小路千家流。

3. 武士道的历史和象征

"武士"最早产生于中国春秋时代,原先是指宫廷卫士。据《旧唐书》记载:"天宝十一载(752 年)改诸卫士为武士。"从唐代开始,日本全方位学习中国,"武士"一词传入日本,"武士"一词初见于日本史籍是在日本奈良时代的宝龟二年(771 年)。不过,当时日本一般将武士写作"侍"。

8 世纪末至 9 世纪初,即平安时代早期,是武士开始形成阶段。当时,桓武天皇为将大和朝廷的势力范围扩张至本州岛东北部,派遣军队对当地的虾夷人进行讨伐。但是讨伐军缺乏士气和纪律,难以战胜当地骁勇的土著虾夷人,朝廷便向地方豪族求助。于是,弓马娴熟者很快成为天皇扩张势力范围的御用工具。这些人就是武士的雏形。至 9 世纪中叶,一些地方领主开始建立保卫自己的私人武装,并利用其扩张势力。这种以宗族和主从关系为基础的私人武装,逐渐发展成一种制度化的专业军事组织,其首领是朝廷赐封的"征夷大将军",简称"将军"。至 10 世纪,朝廷无力镇压地方势力的叛乱,不得不借助各地的这股军事力量,从而使之得到了中央政府的承认,成为日本的特权统治阶级。按佐佐木润之介等日本史学名家的说法:"武士由此诞生。"[①]

[①] 佐佐木润之介等:《概论日本历史》,吉川弘文馆,2006,第 42 页。

不过,"武士"一词在 10 世纪以前虽已出现,但并无非常确切指向。同样含义的词语还有"兵""侍""武者"等。直至 12 世纪才被统一称为"武士",而助成统一的就是武家政权的建立。在日本近 700 年的时间里,天皇只是一尊"偶像",真正的统治权由幕府将军掌控。天皇为何大权旁落?追根溯源就一个字:穷。不信?看完这一节,你就会明白。日本历史上有很多天皇因为孙儿孙女众多,开销太大,无奈将部分孙儿孙女降为臣籍。例如,桓武、仁明、文德、光孝天皇均赐一些皇孙"平"姓,其中势力最大的是桓武平氏。日本历史上第一个军事独裁者平清盛,就属于桓武平氏。仁明、文德、清和、阳成、光孝、宇多、醍醐、村上天皇等则赐予部分皇孙"源"姓,其中势力最大的是清和源氏。武家政权创建者源赖朝,就是清和源氏的后裔。

825 年,第 50 代天皇桓武天皇赐皇孙高栋亲王"平"姓。9 世纪末,朝廷将平高望的侄子平高望派赴上总国(千叶县中南部)任"上总介"。当时的国司分四个等级:守、介、掾、目,"上总介"即上总国的"二把手"。上总国地处坂东(关东),邻近"虾夷"(东北地区),"凶徒结党,群盗满山",因此平高望的主要任务是平叛。四年任期届满后,平高望被留驻当地维持治安。清河源氏的始祖是清和天皇的孙子经基王,源氏始祖就是"源经基"。

1159 年,平治元年,日本发生了源氏和平氏争权夺利的"平治之乱"。当时,源氏家族首领源义朝,趁平氏家族首领平清盛前往熊野神社参拜离开京都,拘禁了后白河天皇和二条上皇。平清盛得到急报后赶回京都,源义朝慌忙逃到尾张(名古屋),被下属杀死。源义朝的儿子源赖朝被平清盛流放至伊豆。"平治之乱"形成了以军事实力决定政权归属的政治构图,按日本史籍《愚管抄》的说法,日本从此开始进

三、大和魂之禅宗和武士道

入"武者之世"。

1180年8月17日是伊豆三岛大社祭礼,被流放到伊豆的源赖朝趁这天官衙放松戒备,率领其岳父北条时政聚集的军队,踏上了复仇之旅。当年10月,源赖朝和平清盛在富士川展开决战,取得了胜利,随后于12月20日在镰仓建立了"镰仓御所",成为"镰仓殿"。1181年,平清盛病殁。两年后,朝廷颁布《寿永宣旨》,承认源赖朝的关东政权——镰仓御所。1192年,后鸟羽天皇宣旨,赐封源赖朝为"征夷大将军"。源赖朝因此成为日本历史上第一位"幕府将军"。不过,当时并没有"幕府"一词。"幕府"是江户时代以后才出现的名词,正如古代并没有"天皇制"一词,那是在1932年共产国际告知日本共产党"当前任务"的一份文件中首次出现的。

镰仓御所同时建立了与朝廷并行的组织体系,制定了"最初的武家法典"。1232年8月27日,镰仓幕府公布了《御成败式目》(因公布于贞永元年,史称《贞永式目》),共51条。"成败"意为"处分","式目"意为"法规或法律条文"。《贞永式目》是武家法,是武士所必须遵守的行为准则,并不取代律令即"公家法"。按《贞永式目》的领衔制定者北条泰时的说法:"彼者(公家法)海内龟镜,是者(武家法)关东鸿宝。"

武士兴起时,最初依存的是公家文化。武家文化是在吸收、借鉴公家文化(朝廷文化)的基础上逐渐形成的,在武家据统治地位的镰仓幕府初期,并不具有独自的武家文化。在镰仓幕府建立初期,为了"对外"和公家交涉、"对内"统驭御家人,镰仓幕府创建者源赖朝录用了诸多或没落于战乱或失望于生活的"公家"下级文人。这些原来的朝廷文人不仅对草创期的幕府对外交往和制度创设做出了重要贡献,而且在强化幕府政治的礼仪方面扮演了重要角色。尤其值得关注的是,虽然武士长期生活在农村,但是幕府在举行"年中行事"即每年定期举行的各种祭祀时,如《吾妻镜》所描述的,几乎没有沿袭任何农耕礼仪和乡情民俗传统,而是以宫廷礼仪为蓝本。也就是说,镰仓幕府最初试图通过摄取公家礼仪以显示威严,维护威望。

幕府和朝廷分庭抗礼后,开始形成独自的礼仪和技能。镰仓幕府最具有自身特点的"行事",是幕府将军参拜作为其守护神的鹤冈八幡宫。同时,由于武士的特征主要体现于武勇和武艺,因此弓马技能首先得到重视。镰仓幕府在鹤冈八幡宫每年举行大大小小的"行事"时,均让武士显示弓马技能。

武士有两样东西是身份的象征,一是刀,二是家纹。"刀"在日本远古石器时代就已出现。随着锻冶技术的发展,日本刀的制作工艺不断提高,经反复锻打而制成的日本刀,既有值得观赏的柔美,又有实战的坚硬和锋利,被称为"百炼的名刀"。"刀是武士的灵魂。"刀和武士的生命密切相关,是忠诚和自我牺牲的象征。武士的刀有两重任务:一是破坏,即斩除一切和刀的主人意志相悖的势力。二是保护,即保护一切正义和进步的力量。这种保护同样通过破坏来实现。因为只有惩恶,才能扬善。这时候,刀是"生"的体现。武士死的时候,刀被放在床边;生孩子的时候,刀被放在孩子的屋里。工匠在铸刀的时候,会在周边拉上一个"神圈"以防止恶魔进入,然后举行祓禊仪式,以祈求神灵的帮助。如此制作的刀因为有神灵的参与,也就能使武士与神灵进行交流。所以,当说"刀是武士的灵魂"时,不仅意味着刀是忠诚和自我牺牲的象征,而且铸入了神的庇护和宗教的情感。刀不仅是兵器,而且是艺术品。如同一幅画,描绘形态只需要技艺,但描绘神韵则需要思想。

家纹的全称是"家族纹章",也称家徽,出现于平安时代,最初是宫廷贵族的专属品。特别是被称为"五摄家",即有资格担任摄政的近卫家、九条家、二条家、一条家、鹰司家,以家纹炫耀,后被武士采用。在平安时代末期的"源平合战",即源赖朝和平清盛决战时期,势力划分相对单纯。在野的源氏使用白旗,将白旗确定为本族嫡流的专用旗帜,以象征纯洁,据说神灵将会附着其上。在朝的平氏使用赤旗,以象征热烈。"军记物语"的代表作《平家物语》有这么一句:"平家所用皆为赤旗,红光映日闪耀。源家则大旗俱白,风吹作响,蔚为壮观,甚鼓其士气。"

"源平争乱"后,家纹迅速传布,其起点似有偶然。一次,源赖朝在夺取天下的过程中,路过下野国宇都宫,佐竹隆义赶来会合。佐竹隆义是河内源氏的后裔,也使用白旗,但曾一度投靠平家阵营。源赖朝虽然有点瞧不起他,但既然为效忠远道而来,终不能申饬。经反复考虑,源赖朝将一把绘有一轮明月的"军配"赐给佐竹隆义,让他将上面的图案绘在军旗上。这就是武士家纹的起源。有此先例,源氏一族纷纷仿效,在白旗上绘以纹样,以区别于宗家御旗,从而使旗纹成为家纹。例如,织田信长的家纹是五瓣木瓜纹。

不过,日本当权者虽颁布过"带刀禁止令",但从未颁布过"家纹禁止令",所以后来家纹逐渐为一般商人、职工、农民所拥有。江户时代以后,随着商品经济的发展,"家纹"作为"商标"迅速增加。今天,据统计,日本家纹有约12 000种,超过历史上任何时期。

武士道大致经历了三个阶段。第一阶段是镰仓时代的"封建武士道",有两大支柱:"御家人制"和"庄园制",其特征概括而言就是"御家人"——将军的武士效忠领主和庄园主,领主和庄园主保障武士生活。

第二阶段是江户时代的"儒家武士道",要求武士不仅对主公忠心耿耿,还要"文武双全",不仅会打仗,还会治理国家。1615 年 7 月德川幕府颁布的《武家诸法度》共 13 条,第一条即明文规定:"左文右武,古之法也,不可不兼备焉。"①第三阶段是明治维新以后的"新武士道"。"新武士道"的核心要素,就是将以前对各自封建领主的忠诚,全部统一为对天皇的忠诚。也就是说,"忠诚"是贯穿三个阶段的关键词。

4. 武士道的源泉和精神

在江户时代中期的 1716 年,长期归隐山林的武士山本常朝,给另一个叫田代阵基的武士讲述了 1 300 个武士的故事。山本常朝口若悬河,滔滔不绝,田代阵基不动如山,频频记录。最终,田代阵基的记录成了一本书,叫《叶隐闻书》。"叶隐"的意思是"武士如花,隐于叶下,花儿苟延不败,终遇知音,欣然花落有期"。通俗地说,就是做人要低调。这和中国人欣赏的"万绿丛中一点红",有云泥之别。日语中,"闻"就是听,"书"就是写。"闻书"就是听写。在被誉为"武士道的圣经"的《叶隐闻书》中,有一句提纲挈领的话:"武士道者,死之谓也。"这句话将武士精神提升到如何对待生死的哲学高度,因为如何生、怎么死是人生终极问题。"武士道,如同它的象征——樱花,是日本土生土长的花朵。"有人以为,樱花是日本的国花,这显然错了。日本人喜欢樱花,主要因为樱花是武士的象征。日本有一句名言"花当为樱花,人应做武士",并将武士的死称为"樱花凋谢"。因为樱花的特性是绚丽

---

① (日)历史学研究会编:《日本史史料·3·近世》,岩波书店,2006,第 68—70 页。

三、大和魂之禅宗和武士道

而迅疾地盛开,静寂而倏然地凋谢。

武士道的核心问题,就是生死问题。江户时代的大道寺友山在《武道初心集》里写道:"对于武士而言,最为重要的思想,即从元旦清晨到除夕的最后一刻,日日夜夜都必须考虑到的,就是死的观念。"被称为"中国知日第一人"的戴季陶,在《日本论》一书中写道"他们举国称颂的武士道,概括而言就是两个词:一个是切腹,一个是复仇。切腹是自杀,复仇是杀人",都和死亡有关。

存在主义创始人、德国哲学家海德格尔(Martin Heidegger)对人如何面对无法避免的死亡,给出了他的终极答案:生命意义上的倒计时法——"向死而生"。按照他的解释,死是过程,亡是结果。人存在的每时每刻都是在"死"的过程中,都在走向"亡"。事实上,"向死而生"也是武士的死亡观,即如何死(生)得有尊严,亡得有价值。这个问题是武士道的终极问题,是武士道价值规范的枢纽。但追根溯源,儒佛道是武士道的根源。

新渡户稻造的头像之所以能够被印在 5 000 日元上,主要就是因为他在 1900 年出版了一本用英文写的书——《武士道——日本人的精神分析》,帮助西方人走进日本人的精神世界,了解日本人的价值规范,"架起了一座连接东西方的桥梁"。新渡户稻造在《武士道》中写道:"如果严格从伦理教义讨论,孔子思想是武士道最丰富的来源。"曾经参与对日政策制定并担任美国驻日本大使的赖肖尔,在《日本人》一书中写道"一亿日本人都是儒教徒"。儒教又被称为孔教,其最核心的思想是强调"仁"。在《论语》中,"仁"字一共出现了 109 次。但是,儒教传到日本以后却发生了明显变化。日本著名学者梅棹忠夫在《77 把钥匙:开启日本文化的奥秘》一书中写道:"日本儒教和原始儒教确实有天壤之别。"日本著名学者森岛通夫在《日本为什么成功》一书中则将儒教在日本的变化称作"宗教改革"。

那么,儒教在日本究竟发生了什么变化呢？概括而言,中国儒教强调"仁",而日本儒教强调"忠"。美国文化人类学家鲁思·本尼迪克特在《菊与刀》中说得没错,"中国的伦理学把'仁'作为检验一切人际关系的试金石。但是,中国伦理学的这一前提,日本从未接受"。中国儒教强调"仁义礼智信",日本儒教强调"仁义礼勇诚"。"诚"和"信"是同义词,而"智"和"勇"则是"反义词"。

明治以前,武士须忠于主君;明治以后,则须忠于天皇。这是明治以后形成的"新武士道"的基本要求。第二次世界大战期间,日本神风特攻队员出征前的宣誓,第一句就是"我们七生报国,效忠天皇"。新渡户稻造在《武士道——日本人的精神分析》中也写道:"在武士道的观念中,国家是先于个人的,个人天生是国家的一分子,因此他必须为国家,或为国家的合法统治者赴汤蹈火在所不辞。"

明治维新以后,天皇睦仁颁布了两份非常重要的敕谕。所谓"敕谕",就是皇帝颁发的诏书。两份诏书,一份针对军人,叫《军人敕谕》;一份针对民众,叫《教育敕语》。这两份敕谕的核心内容,就是宣扬儒教的"忠君爱国"。在日本东京的皇居前面,有一尊14世纪的著名武士楠木正成骑在马上的雕像。这尊雕像就是在《军人敕谕》和《教育敕语》颁布后树立的。楠木正成是忠君的楷模,被称为"智仁勇兼备的良将"。1336年,楠木正成和他的弟弟楠木正季为了保护天皇奋勇拼杀,击退了敌人16次冲锋,最后筋疲力尽,走进一个神社。哥哥楠木正成问弟弟楠木正季:"我们接下来该怎么办？"弟弟回答说:"愿与兄长七生报国,效忠天皇。"但是,众寡悬殊,兄弟俩不可能打败一大批冲上前

三、大和魂之禅宗和武士道

东京皇居前广场的楠木正成雕像

来的敌军，只能互相刺杀而死。第二次世界大战临近结束时，"七生报国，效忠天皇"成了神风特攻队员宣誓的誓词。

佛教对武士道最显著的影响，就是强调世间万事万物始终是变化的，不存在恒常不变的事物。尤其是美好的事物，往往是不长久的。这种观念，在佛教中叫"无常观"。按照佛教的观念，生命是无穷无尽、绵延不绝的，如同奔腾不息的江河。死亡并不是生命的消失，而只是走出此生的一扇门，进入新生的另一扇门。

在日本古代，教授剑法和枪术的老师往往被称为"和尚"。这种称呼有个出典：奈良有个和尚，很多人都向他学习枪术和剑法，久而久之，和尚就成了教授剑法和枪术的老师。在日本，修炼剑道的大房间被称作"道场"。"道场"原本是佛教修行学道的场所，后来也泛指诵经礼拜仪式。练习剑道的场所也称"道场"，可见佛教和武士的关联。

在世界各国，佛教都是强调慈悲为怀的宗教，从来不是好战的宗教；但在日本，曾留行一句话，"天台属于官家，真言属于公卿，禅宗属于武士，净土属于平民"。为什么说"禅宗属于武士"？因为武士阶级是在镰仓时代开始活跃于日本社会政治舞台的，没有公卿贵族高门权势做背景，必须依靠自身努力才能成功。强调依靠自身的禅宗，符合他们的心理。因为禅宗比佛教其他宗派更强调"心外无物"，一切都要靠自身的努力。禅宗清苦的生活方式也有助于武士磨炼武德，遵循刻苦、严格的生活秩序。具体而言，主要有三方面原因：

第一，禅宗在道德和哲学两方面支持武士。道德方面，是因为禅是强调意志的宗教，一旦确定前进方向，绝不能退缩。（武士切腹自杀衣服压在膝下。）哲学方面，禅宗不讨论"灵魂不灭"，但力图将人从生死的羁绊中，从生的忧虑和死的恐惧中解放出来，要求人们以同样坦然的态度面对生和死。日本战国时代有一个笃信禅宗的著名武将，叫上杉谦信，他训诫他的属下："一心想活命的人会死亡，舍生忘死的人能生存。贪生怕死，就是没有武士的心胆。"这句话显示了禅宗和武士道精神的内在联系。

第二，禅的修行强调单纯、直接，这种倾向和强调驱除杂念、专心致志、心无旁骛、勇往直前的战斗精神是高度一致的。什么叫单纯和直接？例如，别人跟你说话，你马上回答，就是单纯、直接。如果你要思考后再回答，就是不单纯、不直接。按照禅宗观念，单纯、直接是"佛陀的智慧"。这种智慧是"天赋智慧"。按照这种智慧的命令行动，人就是神，就是佛。不单纯、不直接，充其量只是具有寻常智慧的人。武士在战斗中需要不需要单纯、直接？答案当然是肯定的。因为，如果有思考，心就会偏向身体的某个部位。心不应被固定在某个部位，就像人不应被束缚在某个地方失去自由一样。只有不受束缚，才能全力以赴。高野宏正在《剑道与剑道史》一书中写道,是剑道中技术以外最重要的事情,是自由地驱使技术的精神要素,达到"无我、无念、无想"的心境,就是拥有不被任何思想束缚的自由心境,发挥与生俱来的能力。

第三,禅和日本武士阶级有历史的联系。禅宗是在平安时代末期由荣西传入日本的。但当时日本的贵族排斥禅宗,禅宗是在幕府所在地镰仓、在武家政权的庇护下发展起来的。镰仓也因此成为禅宗修行的根据地。禅的绘画和书法的"刚毅果断",和平安时代天台、真言宗的绘画和书法的"文雅优美"形成了鲜明对比,得到了武士的欣赏。

中国文化也是由儒佛道三根支柱支撑的,但中国的道是道教,日本的道是神道。正如新渡户稻造所指出的,神道补充了佛教所缺失的元素,使武士道得到极大的丰富。因为,"神道的教义包含了日本人民族情感生活的两个主要特点——爱国与忠君"。神道对自然的崇拜,使人们对自己生存的土地产生了深深的热爱。神道宣扬天皇是神的后裔,使日本人相信敬祖就是敬奉天皇。

以儒佛道为源泉的武士道,有几个关键词。第一是在武士道的形成发展过程中始终一贯的"拱心石"——忠诚。第二个关键词是"名誉"。著名法国社会学家涂尔干在《论自杀》一书中写道:"每个民族都有其独特的自杀方式。"切腹是日本武士最具有象征性的自杀方式,也是日本民族独特的自杀方式。按照武士的观念,唯其如此,方能显示勇敢和刚毅,是维护自尊和名誉的最终形式。武士对名誉极度敏感。按照新渡户稻造的说法,"在武士眼中,与荣誉相比,生命本身是没有价值的"[①]。江户时代,"切腹"成为刑罚的一种,对于一些罪不容赦的

---

① 新渡户稻造:《武士道》,载《日本四书》,线装书局,2006,第232页。

武士让其自行了断，就是允许罪犯维护武士的名誉。切腹自杀有特定的仪式，要穿没有家徽的白色或浅黄色和服，要将衣服压在膝盖下。因为武士即便死去也必须往前冲，而不是往后仰。要有"介错"（助刑人）。"介错"在必要时，例如受刑人过于痛苦，难以完成规定程序时，给受刑人一刀。因此，有的"切腹"实际上是"斩首"。之所以称"切腹"，只是为了维护武士的名誉。武士切腹自杀，要用一把叫"胁差"的短刀刺入自己的左腹部，横着往右拉，然后再拔出来切入上腹部，从上向下拉，形成一个"十"字。这种残忍的自杀方式，需要怎样的勇气？因此，"勇气"也是武士道特别推崇的精神，是武士道的第三个关键词。而显示"勇气"的同时，还需要忍耐，忍受常人难以忍受的痛苦。武士道的第四个关键词是"诚信"。武士道一向把诚信当作重要的道德信条，人如果不讲诚信，就不能算人。所谓"人道不立，武道难行"，有武士道精神的前提是首先做一个堂堂正正的人。武士道的第五个关键词是"义"，即发自内心的责任感。被称为"义士"是崇高的荣誉。

四

日本"风俗"志

1. 从"奴婢宿"到"新宿"

"风俗"是特定区域内人们共同遵守的习俗。"风"是自然环境对人们生活的影响,"俗"是人文环境对人们生活的影响。所谓"百里不同风,千里不同俗",就是指风俗因地而异。但是,日本将色情场所称为"风俗店",可见"风俗"在日本社会文化中占有重要地位。不了解日本"风俗",不可能真正了解日本人。日本武士道精神强调"坚忍",但同时日本人也很注重肉体"享乐"。那是同一枚"硬币"的两面。

日本最初的"风俗从业人员"叫"游女"。关于游女的起源,有不同说法。"日本民俗学之父"柳田国男提出,"游女原初就是巫女"。但泷川政次郎在《游女的历史》中提出,"日本游女的元祖,是来自朝鲜半岛的朝鲜漂泊民白丁族"。

相比"游女"来源的不确定,日本"游廓"的起源却很明确。718年,即奈良时代,相关部门在平城京(奈良)建造佛教寺院"元兴寺"时,在寺院附近为工匠建了一个"奴婢宿"。这个"奴婢宿",就是最早的"风俗店"。

四、日本"风俗"志

复原的平城京（奈良）朱雀门

平城京朱雀门复原图

9世纪,即平安时代,"游女"开始定居于京都、大阪一带的交通要道。她们撑着小船在河上游弋招揽生意,看见大船便主动靠近,很受达官显贵欢迎。"游女"的队伍也因此不断壮大。有名为"卖艺",实为"卖身",表演歌舞时没有音乐伴奏只是打节拍的游女——白拍子;有服务于旅馆(宿场)的"宿场女";有四处漂泊的"傀儡女";有单独经营的"一匹狼";等等。尤其值得注意的是,据《平家物语》《源平盛衰记》《太平记》等史籍记述,当时已有不少至战场以卖身挣钱的"军妓"。军队将领为了提升士气,经常召集军妓劳军。这些军妓就是"慰安妇"的原型。

1192年镰仓幕府建立后,据了解当时社会的重要史料《吾妻镜》记载,幕府将军源赖朝任命源义成担任"游君别当"——负责处理裁断与妓女相关的纠纷案的长官。不过,"游君别当"仅负责断案,不负责对妓女进行组织化管理,也不负责向妓女征税。也就是说,"公娼制"还没有真正建立。镰仓时代还新增了被称为"长者"的高级妓女。"长者"原意为"富豪",今天中文称"富豪排行榜",日语叫"长者番付"。当时很多达官显贵出行,常住在富豪家里,富豪常以美貌游女甚至自己的女儿招待。久而久之,"长者"就成了"高级女招待"的代名词。

室町时代,京都的街头和神社寺庙前,"游女屋"开始鳞次栉比。1392年,官府批准京都七条附近的"倾城町"为"游廊"。1528年,室町幕府设立了"倾城局",不仅负责处理与"游女"有关的一切诉讼,同时负责对"游女"的管理,如颁发官许鉴札(经营执照),向"游女"征税。若"游女"偷税漏税,则罚没财产,从而标志公娼制在日本正式建立。当时风俗业之发达,在很多文人的论著中都有记述,例如,著名的禅僧一休宗纯在《狂云集》中,开篇即描述和抨击了当时风俗业的"盛景":

"如今街坊上,十间店铺有四五间为娼楼。"

17世纪初,江户幕府创建者德川家康在施政大纲《成宪百条》中,对风俗业的管理提出了明确规定,强调:"设游廓虽非良策,但若加以严禁,则不义之大失将日显。"也就是说,德川家康认为,对"游廓"只能加强管理,不能严格禁绝,只能疏,不能堵。元和三年,即1617年3月,江户幕府颁布了《游廓管理令》,通称"元和五条",规定:1. 游廓只能设于幕府规定的地区。2. 游廓只准白天营业,客人滞留不得超过一昼夜。3. 游女不可穿着奢华。4. 游女町管理者享受其他町管理者同等待遇。5. 如发现形迹可疑者必须向官方举报。之后,幕府又连续颁布了几个取缔暗娼的法令,将"游女"完全置于政府控制之下。

当时,最著名的游廓是吉原。住在江户的男人有两个愿望,一是去伊势神宫参拜,二是去吉原玩乐。吉原之所以成为当时最大、最著名的"风俗店一条街",主要是因为幕府统治者认为,风俗店散在各处不便管理,而且容易滋生犯罪,因此决定将它们集中到一个地方。在颁布"元和五条"的1617年,幕府将今天东京人形町一块长宽各约220米的四方形湿地用以建游廓。由于这块湿地芦苇丛生,因此被称为"葭原"("葭"意为"初生的芦苇")。在日语里,因为"葭"和"吉"同音,都读"よし"。有人提出,叫"吉原"比较好,所以"葭原"改称"吉原"。

当时的"吉原"处在偏僻地段,但是随着江户人口的增加和商业的繁荣,吉原逐渐成了中心地段。幕府担心武士成为吉原的常客,于是决定将吉原迁到郊外即今天东京的浅草。这个地块的面积是原先的1.5倍,并允许夜间经营。所以,人们将原先的吉原称为"老吉原",称迁址后的吉原为"新吉原"。通常所说的吉原指"新吉原"。

吉原

日本最著名的游廊"吉原"一角

四、日本"风俗"志

虽然幕府施行"公娼制度"并划定区域,非规定区域不得经营"游女屋",但私娼屡禁不绝。集中在"风吕屋"(澡堂)里的私娼称"汤女",活跃于宿场的叫"饭盛女"。为了取缔私自卖淫,幕府颁布了在交通命脉东海道的"宿场町"禁止卖淫的"游女禁止令",但因收效甚微,后来只得默认每个"宿场"可以有两个"饭盛女"。

虽然按照幕府规定,除了吉原以外,江户其他地方不得经营"游女屋",但能大把来钱的行当总有人冒险投入。结果,除了吉原,还有被并称为"四宿"的东海道上的四个"宿场",即品川、新宿、千住、板桥,也成为事实上的"游廓"。这四个地区今天都是东京著名的"红灯区",其中最著名的就是新宿。新宿原先是德川家康赏赐给信州高远城的城主内藤清成的封地。内藤清成最初是德川家康的"小姓"①。内藤清成聪明机灵,德川家康很是喜欢,让他给自己的第三个儿子、后来的第二代将军德川秀忠当"傅役",也就是师傅。据说,德川家康决定用"跑马圈地"的方式,赏赐一块领地给内藤清成。在进入江户城的那天,德川家康将内藤清成叫到跟前,对他说,"你骑上这匹白马绕一圈,圈内的土地全部给你"。于是,内藤清成便骑上白马,北到大久保、西到代代木、南到千驮谷、东到四谷,绕了一大圈,生生把那匹白马给累死了。德川家康没有食言,将内藤清成圈下的土地全部赏赐给了他。内藤将其中一部分用作宿场,因为是"新的宿场",简称"内藤新宿",后来简化成"新宿",这就是"新宿"的由来。当年进出江户城的武士商人等,一般都要在新宿歇一晚,第二天早上通过关卡。面对这种情况,"新宿"

---

① "小姓"是大名诸侯的近侍和专门担任君王勤务的青少年。这一称谓出现于室町时代,1650年德川第三代将军德川家光执政时,正式成为职务名称。

的管家便想出了一个生财之道：让女孩子提供"陪宿"服务。"陪宿女"即刻"招蜂引蝶"，引得客人纷至沓来。歌舞伎作为一种高档娱乐，在那里广受欢迎。表演区域成了"歌舞伎町"。然而吉原和新宿歌舞伎町在当时声名不佳，被称为"两大邪恶场所"。但是，辱骂和恐吓岂能阻碍"风俗文化"的发展。结果，二者相互影响，相得益彰，推动日本"风俗文化"不断发展，并使这两个地方逐渐成为江户文化的中枢。吉原的"殉情"故事成为歌舞伎的素材；吉原的"游女"成了流行服饰的"引领者"，她们的和服、手帕、扇子、小饰品等影响了歌舞伎演员，并进而为日本良家妇女仿效。新宿歌舞伎町从此逐渐发展成日本首屈一指的"风俗店一条街"。新宿歌舞伎町，就是从那时候开始发展起来的。

进入明治时代以后，明治政府以"文明开化""世风一新"为标榜。明治元年即1868年的11月，明治新政府颁布了《卖淫女取缔令》，禁止私自卖淫，但公娼依然允许合法存在。以"吉原"为例，明治后期曾有人做过调查统计，从晚上8点至9点共有约1 900人出入吉原，其中包括很多未成年人。为了防止性病蔓延，1876年日本制定了娼妓梅毒检查规则。

那么，私娼在明治时代是否因此绝迹呢？也没有。当时，人们将私娼集中的地区称为"纲目八目"，意思是"眼开眼闭"。从明治时代就有人提出废除娼妓制度的建议，并形成群众性运动，这场运动一直持续到昭和时代，但根本无效。

20世纪初，赴海外卖淫的日本女性超过2万人，其中有不少前往南洋地区。20世纪70年代末、80年代初在中国热映的电影《望乡》，就是以此为背景的。这些妓女被称为第一代海外妓女，她们带血的

"卖身钱"对日本的富国强兵政策起了刺激推动作用。随着日本军队占领南洋,原先在这里的妓女加上随军"慰安妇",使日本妓女的数量空前膨胀。日本政府认为,她们服务于所谓的"圣战",是值得"感恩"的。这也是日本政府迄今始终否认强征"慰安妇"的重要原因。总之,在战争时期,日本政府公开允许卖淫,最典型的例子就是建立"慰安所",招募或强征"慰安妇"。

战后,情况开始发生变化。在美军进驻后,由于美军官兵染上了性病,盟军总部发布公告,禁止卖淫。但是,"公娼废而私娼兴"并因此导致性病流行。据粗略统计,1947年日本全国性病患者为40万人左右,而前一年1946年是24万人。于是,1948年7月,日本政府颁布了《风俗营业管理法》和《性病预防法》,允许在东京原先的"游廓地区"共17个地方经营"特殊吃茶店",默认卖淫。

但是,"废娼"呼声依然强烈。作为回应,1956年5月21日,日本政府颁布了《卖春防止法》,1958年4月1日全面实施。至此,历史悠久的"公娼制"在名义上寿终正寝,全国39 000间各种名目的"妓院"的灯火熄灭了,12万名娼妓离开了那里。1985年,日本政府公布了一个新的法律——《风俗营业法》,对"风俗店"的营业时间、劳动条件、营业条件等做了具体规定,试图通过风俗业的合法化,断绝黑社会组织的资金来源,同时也提高日本风俗业从业人员的社会地位。传统风俗业因此发展成了一种"表演性、游戏性"服务,其功效主要是"让人欣赏"、用规定好的服务程式让客人获得满足,而不是"让人去做",即使做也不许越过"最后一线"。尤其是按摩业,把自己称为"健康业"或"保健业"。肥皂浴室、性感按摩、性感沙龙、夜总会、电话俱乐部、化妆俱乐部、综合美容等,从事真正性交易的只有肥皂浴室等一两种,其他都是表演和服务性的。也就是说，"风俗店"可以合法经营，但须遵守《风俗营业法》。2013年2月，日本神奈川县警方以在该县横须贺市无证经营"牛郎店"、涉嫌违反《风俗营业法》为由，当场逮捕了前首相小泉纯一郎的侄子小泉力也。另外，日本《卖春防止法》第3条规定"任何人都不能卖春，或成为卖春的对象（即买春）"，但处理方式主要是"训示"而非"处罚"。因为按照日本立法思想，卖春的人是弱者，是应该受保护的对象。与之形成明显对比的是，《卖春防止法》有12个条文明确规定：凡唆使、引诱、斡旋、欺骗、胁迫等9种方式迫使他人卖春，均将予以"刑事处分"。由此可见，"自愿"与否非常关键。

2008年日本《每日新闻》有一则报道，内容是美国对从事性服务的外籍女子做了一次调查统计，结果显示，日本竟然是世界头号妓女出口国，世界各地基本都能看到日本妓女。一般来说，出口妓女大都是不发达国家所为，作为发达国家的日本，妓女出口量世界第一，怎么也让世人大吃一惊。其实，日本不仅妓女出口量第一，色情产业也是世界第一。之所以存在这种情况，不是因为日本人穷，而是因为日本有着非同一般的性文化，正是这种性文化催生了日本社会文化这种独特的现象。

今天在日本，特别在大的车站附近，都有"风俗业一条街"，这足以说明日本国民对色情行业的接受和包容程度。前日本国会议员大胁雅子指出，这是因为日本一直属于传统的男性支配型社会，男女不平等的社会结构使日本社会特别能容忍色情业的存在。但我认为，历史悠久的日本性风俗对大和民族的"性观念"和价值取向的影响也起了关键作用。无论是政府层面还是民间层面，日本对"娼妓文化"都抱着相当"宽容"的态度，正是在这种社会氛围中，日本的风俗业历久不衰。

为了在2020年东京奥运会期间吸引外国游客,日本政府还准备修改"风俗业"相关法律法规,总的原则是放松规制,为舞厅和夜总会等"松绑"。

2. "不伦是日本的文化"

日本人称婚外恋为"不伦"。日本著名作家渡边淳一表示,"不伦是日本的文化,丰富着日本人的感情生活"。1998年,日本明星石田纯一在婚外恋被曝光后,面对电视镜头公开宣称"不伦也是文化"。

婚外恋的前提是婚姻。646年大化改新后,大和政权制定了"男女之法",规定"户籍"均根据"父系"记载。但史料显示,当时夫妻大都居住在妻子的娘家,直至10世纪初即平安时代,女儿"娶女婿"仍是基本婚姻形态。之后,随着父系社会的确立,日本婚姻形态开始发生划时代变化,女性均以某种形式隶属于父亲、丈夫或作为其主人的男性。"夫方居住婚"逐渐占据主流,夫妻关系开始趋向于稳固,并因此产生了"通奸"概念。例如,951年问世的《后撰和歌集》第1300首,就有一句"阴历十月初,发现妻密男(みそかおとこ)"。"密男",用今天的话说,就是"姘头"。《今昔物语集》中还有一男子发现妻子有"密男"而将"密男"杀死的故事。这则故事说明,当时日本男子已将妻子视为私有物,不容他人"共享"。

1192年镰仓幕府建立、日本进入武家政权时代后,武士的妻子更被视为私有物。特别在进入江户时代即17世纪以后,扰乱社会秩序的"不义密通",遭到严厉禁止和惩罚。《元禄御法式》规定:"与主人的妻子或师傅的妻子私通者,男女均处以死刑。促成这种私通者也处以死刑。"就是说,不仅"奸夫淫妇"当死,而且"皮条客"同罪。

进入明治时代以后,1870年12月新政府颁布了最初的刑法典《新律纲领》,依然定有"通奸罪"。这是否符合"文明开化"要求?《读卖新闻》和《每日新闻》的前身《东京日日新报》等报纸,就此展开了热烈讨论。最终,主张用法律手段禁止"通奸"以维护一夫一妻制的意见,占据上风。1880年,日本颁布了第一部效法西方制定的刑法典,也有"通奸罪"。但是,由于父家长制的确立,"通奸罪"的适用,男女是不平等的。1912年,日本轰动整个社会的诗人北原白秋"通奸事件",对此有很好诠释。北原白秋才华横溢,被作家石川啄木称为"当今唯一的诗人"。所谓"天下才子必风流",26岁的有妇之夫北原白秋也未能摆脱这一"魔咒",与他的邻居、《中央新闻》社会部摄影师松下长平23岁的妻子松下俊子"通奸"而获罪入狱。当时,很多人为北原白秋鸣冤叫屈。因为松下长平不仅对俊子施行"冷暴力",而且经常将情人带回家中。俊子非常苦恼,经常向北原白秋倾诉苦衷,引起北原的同情。这种同情,最后发展为"爱情"。但是,这种爱情属于"私情"乃至"奸情",很快被松下长平察觉。松下长平向法院提起诉讼,北原白秋即刻被拘捕。按照日本刑法,已婚的男性与未婚的女性发生恋情,不构成通奸罪;而已婚的女性不管与已婚还是未婚的男性发生恋情,只要该女性的丈夫亲自提起诉讼("亲诉"),则男女双方均构成通奸罪。

在1912年9月号的《朱栾》杂志上,北原白秋做了如下陈述:"作为奇耻大辱的通奸案的一方被告,上月6日,我接受了第一次审判,我被铐上手铐,和她一起,同其他犯盗窃、杀人、伪造印鉴罪的囚徒一起被押上囚车,送往市谷拘留所。在那里,我作为'387号'囚徒,被关在第8监房第13监室。"

四、日本"风俗"志

尽管北原白秋在交付了罚金之后被免于刑事处分,尽管"北原白秋通奸事件"在他的诗人生涯中投下了浓重的阴影,尽管这种"以儆效尤"的处罚必然有威慑作用,但是也给社会留下了一个问号,引起人们的议论和思考:对通奸即婚外恋情,是否应该不问情由地进行刑事处罚?对"通奸"的处置是否应该男女有别?

1946年底,在东京日比谷公会堂,NHK(日本放送协会)举行了是否应删除刑法通奸罪条款的广播讨论会。会上,京都大学教授、法学家泷川幸辰等力主废除通奸罪。理由是:刑法中的通奸罪对女性是不公平的。但是,女权主义代表人物平冢雷鸟等则表示反对。她们认为,日本尚不具备使妇女因通奸罪的废除而获得解放并能够自立的社会条件。最终,法律偏向"通奸废除论者"。1947年,根据第二次世界大战后制定的《日本国宪法》"尊重基本人权"的原则,日本当局在修订刑法典时,删除了通奸罪,理由是:国家用法律处罚通奸行为,是对公民基本人权的侵犯。

然而,令"通奸罪废除论者"始料未及的是,在这以后,日本离婚率激增,而导致离婚率激增的最主要原因就是婚外恋被归入道德而非法律范畴。为此,泷川幸辰于1952年春发表了题为《通奸和日本人》的文章,对自己以前认为"通奸是道德问题,法律不应干涉"的观点表示"深刻忏悔"。

在日本文学艺术作品中,以"不伦"为主题的作品之所以比比皆是,就是因为现实生活有着取之不尽、用之不竭的"源泉"。1979年,女作家森瑶子发表了"战后日本第一部主妇偷情小说"《情事》,引起社会极大反响。因为小说反映了女性主导型的不伦,正日益成为普遍的社会现象。这种现象和以往无异于一夫多妻翻版的丈夫寻花问柳、妻子默默忍受的"不伦",具有根本差异。1983年1月20日,福冈市FKB每日放送开播了一档题为《妻子走向婚外恋时》的节目,请妻子们谈论婚外恋的体验。节目开始仅20分钟,10台电话机全部鸣响。在总共打进电话的56名妻子中,有46名妻子毫无愧意羞涩地叙述了自己的婚外恋体验。同年3月30日,《西日本新闻》登载了她们令人瞠目的内心独白。1983年2月21日,KBC九州朝日放送连续3天播放了《妻子们的叛乱》特集,其中介绍了埼玉医科大学副教授田村正晃以4 000名妻子为对象进行的问卷调查,结果显示,婚后与丈夫以外的2名以上男性发生过性关系的占33.3%,与1名男性发生过性关系的占48.7%,两者合计达82%。以此为背景,1985年秋TBS电视台播出的以"妻子偷情"为主题的电视连续剧《星期五的妻子们》产生了轰动效应。这部电视剧,成为日本社会"不伦文化"的真实写照和女性主导型"不伦"的醒目标签。

开始于80年代的"妻子们的思秋期",正值日本经济迅速增长。从1982年开始,日本的纯资产储备额逐年递增,1985年更是从1984年的700亿美元一跃而为居世界首位的1 200亿美元。1987年,另外两项显示经济实力的指标"贸易顺差"和"外汇储备",日本也达到了世界第一。"达成三冠王"被日本人引以为荣。

然而,正如斋藤茂男在报告文学集《妻子们的思秋期》序言中写道的:"工薪阶层的丈夫作为'社畜',一心只想攀升,使妻子们日感寂寞不满。她们对丈夫们毫不怀疑、尽心竭力构筑起来的现代资本主义社会形态发出了疑问,她们用心灵和肉体的表现开始向男人们发出某种呼唤。"

进入1990年代后,女性对"不伦"似乎依然"渴望"。1991年9月,

四、日本"风俗"志

日本女性杂志发表了一篇题为《结婚后还想恋爱》的专题报道,并以婚龄7年以上、平均年龄32岁的职业女性为对象,进行问卷调查。结果显示,有68%的女性对"除了丈夫,您是否喜欢过其他的男人"这个问题回答"是"。1996年,日本五大报纸之一的《日本经济新闻》连载了医学专业出身的作家渡边淳一的小说《失乐园》,在社会上引起轰动。值得关注的是,引起轰动的原因不是以"严肃"著称的《日本经济新闻》前所未有地刊载了充满露骨性描写的作品,而是作品叙述的某出版社调查部部长、53岁的久木祥一郎和某文化中心书法教师、37岁的松原凛子。这对已婚男女从邂逅,经过曲折相恋,最后牵手殉情的悲凄故事,拨动和震撼了无数与他们同时代男女"失乐园"的心。1997年,《失乐园》被拍摄成电视剧,由古谷一行和川岛直美领衔主演。再后来,《失乐园》又被拍成电影。演男一号久木祥一郎的,选定主演《援助交际》的役所广司。谁出演女一号松原凛子?经过民众投票,最后选定黑木瞳。除了她形象气质等符合人物要求外,还有一个重要原因:黑木瞳本身就有"出轨"经历。"失乐园"之所以成为"专有名词"并引起社会广泛关注,是因为它涉及了普遍存在的"婚外恋"这一日本社会问题,并再次向人们提出了这个古老但常新的问题——究竟应该如何看待"婚外恋"。男人也好,女人也罢,婚外恋究竟是能够找到"乐园",还是将失去"乐园"?

在日本影视作品中,婚外恋是历久不衰的主题。与电视连续剧《失乐园》几乎同时推出的"不伦"题材电视剧《义务和演技》,也很具有日本"不伦"文化的特征。该剧由日本著名演员佐野史郎和浅野裕子、黑木瞳和大浦龙宇一分别饰演两对夫妻。故事叙述了他们对婚外恋不同的观念和做法。佐野史郎和浅野裕子扮演的一对,妻子在外面偷情,但回家依然和丈夫非常亲热,她的丈夫知道那是"表演",起初不动声色,最后他们还是离婚了,但离婚后彼此仍和睦相处。全剧最后一个场景,就是前夫打电话给前妻,问:"你最近好吗?"前妻走在马路上,神采飞扬地说:"我很好,你呢?"由黑木瞳和大浦龙宇一演的一对,丈夫在外面出轨,妻子得知真相后为了维系婚姻关系忍辱负重。

2014年7月17日,日本富士电视台开始播出一部以主妇婚外情为主题的电视连续剧:《昼颜:工作日下午3点的恋人们》(简称《昼颜》),讲述了妻子送丈夫去公司上班、做完家务,在白天和其他男性坠入爱河的故事。这部电视剧使日语增添了一个新词语"平日昼颜妻"。《昼颜》中有一句经典台词:"真正的恋爱必须等到结婚以后才能体会。"这种认识,或许就是日本"不伦"文化最深厚的基础。

3. "野郎"变"牛郎"

娼和妓,今天已成同义语,但古时候卖身者为"娼",卖艺者为"妓",分别从事两种职业。日本名副其实的男娼,就是从江户时代的歌舞伎演员中产生的。当时,京都、大阪一带的"游女"以表演歌舞伎为幌子,从事卖淫活动。这种"挂羊头卖狗肉"的营生不久被德川幕府察觉。1629年,江户幕府颁布法律,禁止女性登台演戏。男扮女装的"若众歌舞伎"因此日趋繁荣。"若众"最初是佛教用语,"若"是年轻,"众"是"众多门徒"。"若众歌舞伎"的男演员叫"女形"。此后,男扮女装成为日本歌舞伎的传统并一直流传至今。不过,历史上的歌舞伎男演员和现在歌舞伎男演员的化妆存在明显差别。现代歌舞伎男演员的化妆都是浓墨重彩,但江户时代的歌舞伎男演员是不化妆的。因为他们的相貌非常重要,涂一脸油彩,面目全非,让人如何分辨美丑?

之后,"若众歌舞伎"逐渐分化,有的明面上是表演歌舞的伎,暗地里却是出卖肉体的妓。武士的老婆喜欢"若众歌舞伎"男演员,不就因为他们长得美吗?那好,我让他们丑一点。于是,幕府在1648年颁布法令,规定"若众歌舞伎"不仅必须穿着"朴素",而且必须将额前的头发剃掉,弄成一个被称为"野郎头"的发型。于是,"若众歌舞伎"成了"野郎歌舞伎"。

让"若众歌舞伎"演员剃"野郎头",和1652年发生的一件事有关。那年,江户奉行(相当于东京都知事)石谷将监设家宴招待客人。席间,客人们一个个无精打采。他感到奇怪,什么情况?于是就询问缘由。结果,客人回答说是没有"若众歌舞伎"作陪,非常无趣。客人们的话提醒了石谷将监,使他顿时注意到"若众歌舞伎"是个祸害。于是,他命令"若众歌舞伎"演员必须剃去额前的头发。因为沉迷于美少年的美色会扰乱风纪,弊端丛生。在《京童》中便对当时武士如何沉溺男色有记载:"欢愉如失魂。且有大名高家召入,以作酒宴对酌。"

虽然幕府当局想通过剃掉"若众歌舞伎"演员额前的头发,使美男变丑男,但他们想出各种办法"遮丑":有的用头巾裹住脑袋,有的将染过色的布放在剃掉头发的脑门上作为装饰。最常见的是用汗巾作为"钵卷"卷在头上。啥叫"钵卷"?日本男人喜欢在额头上缠一根布条,那就是"钵卷"。"钵卷"最初是农民防止额头上的汗水流到眼睛里而缠在额头上的。后来武士在格斗时,为了防止额头上的汗滴下来迷糊眼睛,也用来缠在额头上。有的"野郎"将三尺左右的布条缠在头上,登台表演时头巾在脑后翩翩起舞,显得飘逸潇洒、风流倜傥。"若众歌舞伎"著名演员水木辰之助首创的紫色头巾,更是以"野郎帽子"闻名。

"野郎帽子"最初是戴在前额的紫色头巾,后来变成了绢制的四角锤形,再后来一些"野郎"用一种叫作"缩缅"的材料制作成头巾,色彩更加接近紫色,更添风采。

最主要的变化,是"若众歌舞伎"变成"野郎歌舞伎"后,有的男演员干脆做起了皮肉生意,连"艺术表演"这块遮羞布都不要了。如果让这种"野郎"提供"服务",要先下订金,然后"野郎"会按照客人要求,到茶屋去提供"服务"。江户时代著名作家井原西鹤的《男色大鉴》,对此有生动具体的描述。

由于是做皮肉生意的,所以有没有表演才能根本无所谓。只要相貌好,即便啥都不会,也会被认为是"一流演员"。按照当时一本叫《野郎虫》的书里的评价,有的"野郎"跳舞像野猪游泳。一个叫"坂田市之丞"的"野郎",甚至连舞都不会跳,但由于年轻貌美,也被称为"太夫子"。"太夫"是游女的最高级别,"太夫子"就是"借鉴"游女的"级别"。

不过,"野郎"是一种蔑称,民间通常称他们"舞台子"或"色子"。压根儿不上舞台表演,专门出卖色相做皮肉生意的,有的被称为"荫间",有的被称为"飞子"。"荫间"指不登台,以出卖色相为业的"演员"。"飞子"则专门在各地游走"跑码头"。当时一本题为《人伦训蒙图汇》的书,对此有相当详细的描述。井原西鹤的《好色一代男》里,也有对"飞子"仁王堂的描述。

随着男娼的增多,相应的场所,如"荫间茶屋""若众茶屋""男儿茶屋",不断出现。根据18世纪七八十年代出版的《菊之园》记载,当时仅江户10家此类店铺就有230名男娼,店铺外面挂有男娼的名牌。根据《男色大鉴》等书籍记载,当时江户的浅草、目黑、大坂的道顿堀、京都的宫川町等，是男娼聚集地。男娼的年龄一般是 10 岁到 20 岁，被称为"竹笋"。之所以得此名号，就是因为老了就成啃不动、嚼不动、没法吃的"竹子"。

幕府将军"大奥"中的女性，是"野郎"的主要服务对象。她们有时在外出观赏歌舞伎后，请"野郎"或"荫间"一起去茶室喝茶，然后把他们扮成女性带回。由于"野郎"装扮成"女性"，因此并不引起特别注意，但也时有奸情败露的事发生。根据《春雨日记》记载，有一次，大奥的用人凑巧看到一个"荫间"站着小便，大吃一惊，狂呼乱喊。给将军戴"绿帽子"，将军当然很生气，后果当然很严重，那个"荫间"的下场，可想而知。

江户时代的元禄年间，也就是 17 世纪末，繁荣"娼"盛。但即便如此，江户的男娼最多时也只不过 230 人左右，在数量上和"游女"不可同日而语。从 19 世纪 20 年代的文政年间开始，男娼更是趋向于衰落。到 19 世纪 30 年代的天保年间，最"娼盛"的"荫间"集聚地"芳町"也仅剩下 2 家店、10 个人，"汤岛"和"神明"也分别减少到 22 人和 11 人。天保四年，即 1833 年出版的《疑问录》，有一句话反映了"荫间"的衰落："如今不及宝历时十分之一。"天保十三年即 1842 年，幕府颁布禁令，男娼随之在市井上基本消失。

到了战后，1965 年，一家叫"Night 东京"的"牛郎店"在"新宿歌舞伎町一番街"开张，"牛郎"以"ホスト"（英语 host 的日语外来语，中文通常译为"男公关"）的身份为女嘉宾提供服务。长期蛰伏的男娼再次公开登上历史舞台。必须指出的是，"牛郎店"在 20 世纪 60 年代产生并迅速发展，主要因为当时日本经济正处于高速发展期，而东京奥运会的举行更使繁荣的日本经济锦上添花，家庭主妇手里的钱多了，她们中有些人对流行的交谊舞产生了兴趣。但是,丈夫忙着赚钱,哪有时间陪太太跳舞？1971 年,一个叫爱田武的日本人发现,一些日本女人"想跳交谊舞,但老公没时间陪,所以想找个陪跳舞的男人"。他敏锐地感觉到这是个很好的商机,于是成立了一个专门陪女性开心的"牛郎"俱乐部,取名"爱俱乐部"。在这以后,"牛郎俱乐部"逐渐成为"时髦"。"爱俱乐部"现在的入场费是 5 000 日元(约合 300 元人民币),但在那里玩一个晚上,开销最高可能达到几百万日元。

"牛郎店"如雨后春笋出现后,相貌俊美的"牛郎"也受到青睐,成为时尚宠儿,有的成为时尚杂志的封面人物。一些影视作品也推波助澜,使"牛郎"产业顺风满帆。有一部叫《夜王》的 24 集电视连续剧,在这部电视剧中,松冈昌宏饰演的男主角的场辽介,原本是家乡的暴走族成员,后来到东京发展。可是,繁华的东京没有适合他的工作,几次碰壁后,他进了在新宿歌舞伎町首屈一指的"罗密欧"（按：那是家"牛郎店"）工作。最初,点他的人不多,他干得很不顺利。后来,一个叫加纳丽美的设计师每次到"罗密欧"都点的场辽介,并鼓励他,使他最终成为歌舞伎町最红的"夜王"。电视剧《夜王》每一集的故事都以辽介和女客人为中心展开,讲述他的成长史,其间穿插"牛郎"之间的明争暗斗,以及辽介和恩人加纳丽美催人泪下的诀别。整个电视剧所表达的中心思想非常明确：牛郎是治愈女性心灵创伤的职业,可以干得很燃、很专业、很有尊严,并不可耻。这反映了日本人在"风俗"方面的价值观。

实际上,作为市场经济高度发达的国家,"牛郎店"在日本的兴旺首先因为有社会需求。日本女性现在不愿结婚的越来越多,她们中有些就喜欢找"牛郎",那样既不用做家务照顾丈夫,也不用当妻子履行义务。一些结了婚的女人也会去"牛郎店"。特别是董事长或总经理等的阔太太，会将丈夫的钱用于自身享乐，她们"雅"一点会去学插花、茶道、书法、绘画，"俗"一点会包养情人或泡"牛郎店"。日本社会调查数据显示，对于寻欢作乐，日本人无论家庭还是社会，都对此相当宽容。有的"牛郎店"的女顾客表示："花点钱让一个男人娱乐自己，让自己开心，这有什么错？这难道不是两性平等的体现？"

今天，日本的相关法律法规对"牛郎店"既没有明令禁止，也没有正式允许，从而导致这个行业一直处在"灰色地带"。按日本法律规定，"牛郎"可以陪女客人喝酒、聊天、寻开心，可以"胡作非为"，但不能有进一步的性关系。只是"牛郎"及其服务对象是否真那么守规矩，得打上一个大大的问号。另一方面，虽然日本作为世界闻名的"性大国"，对女性提供性服务习以为常，但对男性从事性服务，尽管宽容，仍存在歧视。有些日本学者提出，"牛郎"存在破坏家庭的弊端，应该彻底取缔。

今天，"牛郎店"在日本依然红火。仅东京新宿歌舞伎町一番街，就有200多家"牛郎店"。数以千计的"牛郎"在那里靠迷人的笑容和强壮的身体，为他们的顾客服务。"牛郎店"历久不衰且兴旺发达，也反映当今日本社会的女性越来越独立，经济越来越自立。但是，她们的精神却越来越空虚孤立，她们进而认为下了班流连酒色夜店不应该是男人的专利。

4. 日本文学"好色"赋

日本文化人类学家祖父江孝男指出："在日本人的性意识中，具有讴歌性的享乐自然主义,以及覆盖在这种基础上的儒教的严格主义。即日本人的性意识具有两者共存的二元性特征。"①确实,在性享乐方面,日本"风俗"少有禁忌。他们认为,"性,本出于欲",性是人的生理本能,无可厚非。日本男人将对妻子的爱视为必须履行的"义务",将拈花惹草视为"消遣",认为那和道德、责任无关。在西方的创世神话中,上帝创造的亚当和夏娃"偷食禁果"是一种罪孽;但在日本的创世神话中,男女媾和却得到讴歌。

据统计,《古事记》中有35处直接提到性。不仅如此,包括天皇庆贺丰收的"大尝祭"在内,许多深受神道影响并传承至今的"祭",就是通过对性的崇拜表达对生命力的崇拜。这种崇拜构成了"祭"的重要内容,同时也构成了日本民俗文化的基础。日本人创造了各种"奇祭"并传承至今。按照已故日本著名作家三岛由纪夫的说法,"祭是一种人类与永恒世界的庸俗交配。这种交配只有通过如'祭'这种以敬神为名的淫荡活动才能进行"。

在奈良时代(710—794年),受中国诗文影响,和歌创作日趋兴旺,抒发私人恋情的歌不断问世,如《万叶集》第913首"黎明雾起,夕暮蛙喧,衣纽未解,独宿孤单",第915首"千鸟鸣,吉野河水声;我思君,无时或停",均反映了"万叶时代"的人们的自由和浪漫。

平安时代(794—1192年),和歌作为表现思想的载体,逐渐让位于不断崛起的日记、随笔和物语。10世纪70年代问世的《蜻蛉日记》,是以爱情为主题的"日记文学"的先驱,作者是当时最有权势的藤原家族的成员,以"藤原道纲的母亲"为名发表。"蜻蛉"意为"浮生",亦可理

---

① 石川弘义、野口武德编:《性》,弘文堂,1974,第85页。

解为"人生"。《蜻蛉日记》描述了作者与藤原兼家结婚20年的生活，倾诉了作为一名贵族妇女在一夫多妻制下所承受的精神痛苦，文笔细腻，情感动人。11世纪初登上"日记"文学舞台的《和泉式部日记》，则是一部用第三人称撰写的"日记"，叙述了作者与冷泉天皇的皇子敦道亲王的爱情生活。在这部"日记"中，作者以110首爱情赠答歌为中心，淋漓尽致地展示了奔放的情感和无所顾忌的恋爱心理，成为平安贵族妇女的精神侧影。

物语文学的形成也受中国六朝和隋唐传奇文学的影响，在产生之初就分为两大类。一类为虚构物语，将民间流传的故事经过虚构和润色形成完整的故事，具有传奇色彩。《竹取物语》是这类物语的代表。另一类是将和歌与散文融为一体，《伊势物语》是这一类型的代表。《伊势物语》由125个短篇汇集而成，每篇构成独立完整的故事，但主人公在原业平宫廷内外的恋爱经历贯穿始终。

物语文学的巅峰之作，是约在11世纪初问世的《源氏物语》。日本著名作家川端康成在获得诺贝尔文学奖发表获奖感言时表示，《源氏物语》是日本小说创作的巅峰之作，他本人的作品无法与之媲美。虽然此话是一种谦虚，但《源氏物语》在文学史上享有崇高地位，却是不争的事实。《源氏物语》共54回，历时70余年，所涉人物400多位。全书以源氏家族为中心，上半部写了源氏公子与众妃、侍女的大量风流韵事，后半部则以源氏公子之子薰君为主人公，铺陈了复杂纷繁、缠绵悱恻的男女爱情故事。作者紫式部对"男女相悦之事"毫不惜墨，将其描述为人间至极快乐，然后又演绎乐极生悲，让其凄然破灭，以显繁华落尽的悲哀，将日本文化的"物哀"特征演绎得淋漓尽致。作品的结局相当感人：薰君爱上了八亲王的大女儿公子，不料遭到拒绝。公子病逝后,他寻回外貌酷肖公子的八亲王的私生女浮舟,以慰藉对公子的思恋,弥补心灵的孤寂。可是,一天深夜,匂皇子潜入浮舟卧房,假冒薰君的声音占有了浮舟。尽管薰君仍对她一往情深,多次捎信以求一见,但均遭拒绝,终未如愿。浮舟处在薰君精神的、静谧的爱情和匂皇子感官性的、激越的爱情之间进退两难,最后毅然削发为尼。浮舟的困惑和痛苦,演绎了一幕精神和肉体分离的悲剧。作为日本文学登峰造极之作的《源氏物语》,通过精神失去肉体、肉体失去精神的犀利刻画,在日本爱的历史上宣告了明快健康的恋爱的式微和民族青春期的不再。

镰仓时代(1192—1333年),日本开始进入武家社会。由于武家的家世和身份远比爱情重要,婚姻是政治联姻,因此"自由恋爱"不断衰落。即便如此,"浪漫主义的爱情"依然得到讴歌。军记物语的代表作《平家物语》就是例证。《平家物语》不仅是描述战争的"军记物语"的经典,而且有对爱情的细腻描述。清纯可爱的女子同勇武刚毅的武士缠绵悱恻、如泣如诉的爱情故事,阴阳相济,在《平家物语》中比比皆是。日本文学的悲情传统,在《平家物语》中更是被表现得淋漓尽致。例如,其中有一个这样的故事:泷口时赖是高级武士齐藤茂赖的嫡子,而横笛则是建礼门院身份卑下的"杂司"。因此,齐藤茂赖严词告诫儿子泷口时赖,不得与横笛相爱。泷口时赖爱情难敌,父命难违,于19岁时出家当了和尚。对泷口时赖一往情深的横笛闻讯后,也遁入空门,削发为尼。在这篇作品中,我们不难感受"浪漫主义爱情"的传统表现。

江户时代井原西鹤的作品,更是对"浪漫主义爱情"进行了生动描述。井原西鹤的"好色物"不仅在他个人创作史上,而且在日本文学史上占有重要地位。论及日本爱情文学,他创作的《好色一代男》《好色一代女》不可不提。

《好色一代男》(1682年)共54回,是井原西鹤"好色物"的处女作,也是在日本文学史上开创"浮世草子"("浮世"意为"世间百态","草子"即"故事集")的划时代作品。《好色一代男》是在"灯火熄则恋情生"的情境中开始的:主人公世之介7岁时的一个夏夜,女侍熄灭灯火后,他让女侍靠近他,说:"你不知道恋爱是在黑暗中进行的吗?"此后,世之介历经风流,从妓院花魁到风流寡妇,从女佣到女巫,同各种女人都有过"亲密接触"。他也历经坎坷,甚至曾被投入监狱。但无论遭遇什么磨难,他好色本性始终不渝。在《好色一代男》中,作者设计了这样一个结尾:年过花甲的世之介怀揣一生积蓄,带着几位好友乘满载催情用品的"好色丸",去寻访天下好色之徒的理想国"女护岛"。该作品以世之介的好色一生为经,以地方风俗为纬,编织了一幅江户时代町人风俗的缩略图。

《好色一代女》(1686年)是《好色一代男》的对偶。作者通过老尼阿春的回忆,对"好色一代女"的心理和情感生活进行了细致入微的描述。阿春天生丽质,最初是个宫女。在宫闱充满色欲的环境中,过早地"知恋爱",与年轻的宫廷武士爱得如醉如痴,并因此而被逐出宫廷,沦落青楼,成为同行花魁。阿春一生好色,直至中年依然性情激越,经历丰富:她曾与有妇之夫偷情,与主家老爷同欢,与破戒僧人为妻,与花甲老人做爱。然而可悲的是,她一世未遇见能厮守终生的男人,最终投河自尽,在被救起后削发为尼。她的经历,不禁令人想起鱼玄机的千古名言:"易求无价宝,难得有心郎。"

除此之外,井原西鹤的《诸国故事》(1685年),也对情色有生动描述。该作品中有一篇《忍扇之长歌》,叙述了一对身份不同的未婚男女的爱情故事。虽然此类故事在那个时代属于"老生常谈",但唯其如此才更说明其具有典型意义:一个大名的侄女和身份低下的武士发生了恋情并一起私奔,在江户偏僻处过起了男耕女织的生活。半年后,这对情人被大名派出追查的人发现,男的当晚被斩首,女的则被带回大名府邸。大名将其关进一间屋子,令其自杀。但是等了很久也不见她有自杀的迹象,于是便派一名差役前往催促。这名差役对大名的侄女说:"因为你与人私奔,必须自裁,这是规定。"听了差役的话,该女子说:"我并不惜命,但我不认为我的所作所为有什么不义。自打出生后,我仅爱上过一个男人。我之所以思恋和爱慕他,是因为我们有缘。这,岂能说是不义?若是有夫之妇思恋别的男人,或丈夫死后又找男人,那才可以被称为不义。而我是没有爱上过别的男人的女人,我一生只爱一个男人,这难道也可以被认为不义吗?另外,彼此思恋,结为夫妻,这种例子自古就有,我哪有什么不义?"最后,该女子得免一死,出家当了尼姑。

在发表《诸国故事》翌年,井原西鹤发表了《好色五人女》。该作品通过五个独立短篇,勾勒了五个女人或无视身份差别私订终身,或为情所困为爱殉情,或不义密通私奔出逃的悲情故事。这些故事的内容虽不连贯,但均围绕"爱欲反抗压抑"这一主题展开。在这五个女性中,有三个是町人家的未婚少女:她们按照自己的意愿而不是"父母之命、媒妁之言",以积极主动的方式分别爱上了三位少年,在爱情上实现了精神和肉体的统一;但是,她们的爱情无法冲破已经高度固定强化的礼教壁垒,最终均结局悲惨。另两个是已婚女子:一个在和情人第一次幽会时即被丈夫撞见,虽然他俩当时还未及亲密,但"密通"原本有罪,因此该女子当即用刀刺入胸部自裁;另一个是商人的妻子,爱上了"手代"(伙计)茂右卫门,并在丈夫去江户做生意时,和这名伙计有了肌肤之亲。在发生了用她本人的话说"即便死也背负污名"的恋情后,俩人私奔他乡,但最终被抓回处死。

五

战国时代的路标

1. "应仁之乱"

日本著名史学家、"京都学派"代表内藤湖南认为,如果要了解今天的日本,必须了解始于"应仁之乱"的战国时代。因为这场内乱使日本发生了三方面的深刻变化:

第一,民众开始形成作为家族共同体的"家"。这种"家"和13世纪左右形成的贵族、武士等的"家"一样,将祭祀祖先以及家族的延续持久和繁荣作为最大的价值规范。这种"家"是村和町的胚胎。

第二,律令制、佛教和系统的中国文明,进一步渗入日本尚未开化的土著文化并与之结合,使日本文化日趋成熟。今天被视为日本传统文化的艺能,如歌舞伎、能乐等,大都是在这一时代成形的。

第三,具有国民国家性格的日本开始形成。除了北海道和冲绳,日本的疆域大致在此时定型。自此以后,日本开始全面脱离以中国为中心的东亚秩序和华夷秩序,作为一个独立国家登上世界历史舞台。

"应仁之乱"始于幕府内部的权力斗争。1464年12月,室町幕府第8代将军足利义政因为没有儿子,于是便让他已出家为僧的弟弟足利义寻还俗,将他收作养子以便继承将军职位。因为只有儿子才能继承将军职位,无论亲子还是养子。说起来,日本也重视"传宗接代",但和中国明显不同的是,日本人不太在乎是亲生还是过继的。既然弟弟成了儿子,没必要改姓,但得改个名字。于是,足利义寻改名足利义视,并被托付给"管领"细川胜元。① 孰料翌年11月,足利义政的正室日野富子生下了一个儿子,她坚持要让亲儿子继位,足利义政也有此意,便将儿子足利义尚托付给能与细川胜元抗衡的另一名"管领"山名持丰。细川和山名两大氏族的矛盾因此迅速激化,最终围绕将军继嗣问题大打出手,在应仁元年即1467年引爆"应仁之乱"。细川胜元和山名宗全分别拥立足利义视和足利义尚为将军,使日本形成了东西两个幕府。在细川胜元和山名宗全去世后,两家的后一代细川政元和山名政丰打得筋疲力尽,最后在1477年签署和约。由于当时年号已经从"应仁"变为"文明",因此这场历时11年的内乱又称"应仁·文明之乱"。最后,足利义政的亲儿子足利义尚成为室町幕府第9代将军,幕府重新复归一统。但是,支撑室町幕府政治的"大名联合体"因此崩溃,"守护领国制"迅速演变为"战国大名领国制"。因为"守护"也称"大名",他们管辖的"国"称"领国"或"分国",幕府将军可以将大名罢免并收回分国。当时幕府确定了一项原则:"守护在京。"这项规定表面上是让守护共同参与幕政管理,实际上是为了防止守护在自己的领国培植党羽,做大势力,取幕府而代之。由于"守护在京",因此其领国由"守护代"治理。战国时代之所以出现,就是因为应仁之乱爆发后,室町幕府的足利将军越来越难以管控各领国,守护纷纷返回自己的领国,"守护领国制"演变为"战国大名领国制"。正如井泽元彦所言,"战

---

① 管领是室町幕府时期地位仅次于将军的高官。室町幕府设有"三管领四职"。

国时代之所以出现,就是因为室町幕府的足利将军家族未能成功地驾驭诸大名"①。

战国时代的显著特征是群雄纷争,各领风骚。当时的日本,实力较强大的战国大名有"美浓的巨人"斋藤义龙、"东海之雄"今川义元、"甲斐之虎"武田信玄、"北陆守护神"上杉谦信、"濑户内智将"毛利元就,还有六角义贤、细川胜元、三好之长、朝仓孝景。他们之间进行了多次战役,但值得特书一笔的是发生在 1560 年的"桶狭间合战"。这场战役使尾张国(名古屋)一个根基浅薄的小领主织田信长脱颖而出。

织田信长的父亲织田信秀是尾张国守护斯波氏的守护代。织田信长是嫡长子,幼名吉法师。1546 年,12 岁的织田信长在古渡城行了武士的成人礼"元服礼"。1551 年 3 月,42 岁的织田信秀撒手尘寰,未满 20 岁的织田信长成了尾张国的实际统治者。

1560 年 5 月 12 日,被称为"东海之雄"的骏河(静冈)的守护今川义元率领 27 000 大军向尾张国挺进。织田信长获得了一个有关今川义元在桶狭间扎营布防的重要情报,并即刻紧紧抓住战机,挥师东进,冲向"桶狭间"。桶狭间,顾名思义,地势狭窄。今川义元在此安营扎寨,难以采取常用阵势,使"中军帐"居中受众军士保护,只能呈"一"字排开,几乎与道路平行。这种阵势为织田信长攻破"中军帐"创造了良机。于是,织田信长对今川义元的"中军帐"发动了决死突击。正在此时,天降暴雨。这场暴雨似乎是天意,不仅突如其来,而且持续时间仅10 分钟左右。织田信长率领军队乘风冒雨突进,顷刻攻入今川义元的

---

① 井泽元彦:《日本史集中讲义》,祥传社,2004,第 122—123 页。

"中军帐"。今川义元逃出营帐,在其直属武士"旗本"的保护下骑马后撤。① 由于道路泥泞,而且今川军呈一字排开,无法集结有生力量阻遏织田信长军队的突进,最终今川义元被织田信长的近臣服部春安、毛利良胜追上。服部春安用长枪刺入今川义元右腿,今川义元殊死反抗,砍断了服部春安的右腿,并在近身肉搏中咬断了毛利良胜的两根手指,但毛利良胜忍痛将今川义元斩首。织田信长军中见状大喊:"今川义元死了!"

眼见主公被斩首,今川义元属下的几个武士向织田信长军队阵营发起了自杀式攻击,最后全部战死。今川义元的军队见大势已去,匆忙退去。这一仗共杀死今川义元军队士卒约3 000人。织田信长检验过今川义元的首级后,命令将今川义元的首级、太刀、胁差以及随行的10名僧人一起,交今川义元的侧近送还今川义元的领国骏府(今天的静冈),今川义元的名刀"左文字之刀"则被织田信长收藏。之后,织田信长为今川义元的首级立了墓碑,供奉千部佛经祭祀。

据史料分析,织田信长之所以能取得桶狭间合战的胜利,主要有三方面原因。

第一,情报准确。织田信长的军队为什么能在连绵数里的军营中,准确袭击今川义元的"中军帐"?最合理的解释是,今川义元军中有内奸。据《松平记》记载,合战开始时,今川义元的侧近佐佐枭人正、一宫左卫门等人失踪,他们很可能是织田信长的奸细。另据《甲阳军鉴》记载,今川义元曾派遣一个叫户部新左卫门的间谍前往搜集织田

---

① 直属家臣。江户时代俸禄1万石及以上的为"大名",未满1万石的幕府直属武士称"旗本"。

"桶狭间合战古战场"遗址

信长方面的情报。织田信长将计就计,命令他的书记官模仿户部新左卫门的笔迹,伪造户部新左卫门暗通织田信长的信件,辗转送到今川义元的手中。今川义元信以为真,砍掉了户部新左卫门的首级。

第二,那场突降的暴雨,掩盖了马蹄声和喊杀声,使今川义元的"中军帐"遭到袭击时,连驻扎在不远处的军队也不知道"中军帐"遭到袭击,未能及时增援。而且因为大雨,镇守今川义元"中军帐"的队伍不能发射火枪,无法进行有效的阻击。

第三,织田信长没有遵循常规战法,而是出奇制胜。当时在日本,如果两军对阵,以正攻法为主,即两军在约定地点集结,双方士卒的背部都插有绘着家徽的战旗,呼喊口号,当面锣对面鼓进行交战。但织田信长自小放纵不羁,在今川军到来的时候,他卸下战旗等累赘,以布

五、战国时代的路标

包住马蹄,翻山越岭抄小路偷袭。这种战法与正规的武士战法迥然有异,被称为"野武士战法"。

今天,在桶狭间合战的古战场遗址,有今川义元和织田信长的两尊雕像,中间是一块镌刻着"近世之曙光"的石碑。也就是说,桶狭间合战是迎接近世即江户时代的黎明的曙光。

2. "天下布武"

桶狭间合战后,今川义元残部陆续聚集到德川家康麾下。织田信长遣使向德川家康提出停战结盟的建议,德川家康权衡利弊后接受了这一建议。1562 年,织田信长和德川家康在清州签署盟约,史称"清州会盟"。1564 年 3 月,织田信长又和武田信玄成为"亲家",11 月和上杉谦信交换誓约,并拉拢不久前去世的斋藤义龙的儿子斋藤兴龙手下的三员武将——被称为"美浓三人众"的稻叶良通、安藤守就、氏家直元,使斋藤兴龙面对内外夹攻只能开城投降。进入井口城后,织田信长将井口城改名"岐阜"。"岐阜"典出中国周文王立足岐山,最后欲君临天下。1567 年 11 月,织田信长听从妙心寺禅宗僧侣泽彦宗恩的意见,选择了以"天下布武"四个字为印文的马蹄形印章。如何理解"天下布武",学界有两种意见,一说决心用武力统一天下,一说以武家政权治理天下。总之,这些都彰显了织田信长的勃勃雄心。

1568 年 9 月,织田信长拥足利义昭赴京,驱逐了室町幕府第 14 代将军足利义荣。足利义荣意图反扑,但未待出师便染病归西。10 月,足利义昭成为室町幕府第 15 代将军。他为了笼络织田信长,让织田信长出任室町幕府的副将军或管领,但遭到织田信长拒绝。对织田信

天下布武

长的野心,足利义昭当然清楚,因此织田信长拒绝任命,令他甚为惶恐。一计不成,又生一计。他给织田信长写信,称织田信长是"御父织田弹正忠殿"。"御父"就是父亲,"弹正忠"是织田信长当时的官职,负责监察官员。另一方面,足利义昭以将军的身份大量分封旧臣和降伏的大名、豪族为畿内守护,扩张势力。

1570年,织田信长向足利义昭提出了五个条件,剥夺了将军的执政权、军事指挥权、恩赏权等最重要的权力:一、凡将军颁发的重要文件,必须由织田信长附属才能生效;二、废除以前室町幕府将军颁发的全部诏令;三、将军对属下的恩赏,均委托织田信长处理;四、天下政务,织田信长可以不经过将军自行处理;五、天下平定后,一切礼仪规章均由将军施行。织田信长还拉拢足利义昭的亲信明智光秀,并命令羽柴秀吉(丰臣秀吉)等足利义昭的家臣留在京都,监视足利义昭动向。1572年9月,织田信长又向足利义昭提出了《异见十七条》,谴责足利义昭贪婪卑鄙,对皇室不敬、对家臣不公;"元龟"年号不祥,灾厄颇多,而足利义昭不奉献改元费用,使朝廷无法改元。足利义昭为了对付织田信长,拉拢实力强劲的武田信玄、上杉谦信、毛利元就,因为织田信长也是他们的敌人。

1574年7月,足利义昭在宇治举兵,结果反被织田信长活捉。织田信长将足利义昭年仅2岁的儿子押作人质,将足利义昭流放到河内国若江城(大阪东部),派羽柴秀吉(丰臣秀吉)严密看管。至此,室町幕府正式谢幕。

但是,织田信长同时面对的劲敌还有石山本愿寺的一向宗势力,以及武田信玄、毛利辉元、上杉谦信。

一向宗自称"净土真宗",信徒中有在地领主,也有农民和商人,有宗教狂热和献身精神。1570年,以石山本愿寺为中心的一向宗势力,向织田信长发起挑战。为了平定叛乱,织田信长对一向宗在伊势长岛的势力和在北陆的势力大开杀戒。信徒投降并乘船退出要塞时,织田信长的军队无视原先约定,开炮轰击,将男女老幼全部杀害。福井县武生市出土的文字瓦上,有用黏土记录的关于这场杀戮的文字描述:织田信长的属下前田利家将1 000多信徒或绑在十字架上刺死,或扔进锅里煮死。

织田信长对其他佛教敌对势力也施以重拳。1576年,织田信长出动所有兵力对石山本愿寺发动攻击,本愿寺向各地门徒发出檄文,呼吁奋起应战,并和战国大名联手构建了彻底抗战的阵营。1580年,双方以接受正亲町天皇敕命的形式媾和,本愿寺一向宗门徒有组织的抵抗宣告终止。

武田晴信是清和源氏源义光的后代,和源赖朝沾亲带故,是甲斐(山梨县)守护武田信虎的嫡长子,幼名胜千代,通称太郎。1536年"元服"后,幕府将军足利义晴赐予他"晴"字,因此武田晴信成了他一生沿用的元服名。不过,武田晴信以武田信玄闻名。"信玄"二字取自他出家后的法号"德荣轩信玄"。武田信玄看似浪荡公子,成天吃喝嫖赌不理政事,于是家臣们暗中策划,想尽快让武田信玄上台,那样他们可以执掌实权。武田信玄的父亲武田信虎也不想让嫡长子武田信玄当继承人。然而,他们错了。武田信玄看似浪荡公子,其实"大智若愚"。1541年,21岁的武田信玄将想要废掉他的父亲驱赶到骏河(静冈县),自己担任了武田家的家督(家长)。从此,被誉为"战国第一兵法家"的武田信玄开始大展宏图。其用兵思想取自《孙子兵法》,可概括为四个字:风林火山——"疾如风,徐如林,侵掠如火,不动如山"。疾如风,就是在行军和撤退时,像飓风一样迅疾。徐如林,就是行军时像树林一样排列齐整,井然有序。侵掠如火,就是军队冲锋交战时,像燎原烈火势不可当。不动如山,就是部队安营扎寨时像山岳一样不可撼动。

1573年12月22日黄昏,织田和武田的军队在远江(静冈县)三方原展开"三方原合战"。武田信玄首先派300名投掷石块的"投石兵"冲锋,打乱敌阵,然后派著名的"甲州骑兵"出阵,瞬间打乱了联军阵脚。德川家康遁走滨松城(静冈县境内),打开四门,唱了一出"空城计"。武田信玄的儿子武田胜赖怕中埋伏,不敢冒进,铸成大错。

1573年5月,壮志未酬的武田信玄在回老家甲斐的途中病殁于信浓驹场(长野县境内),终年53岁,死因有食管癌、胃癌、肺结核等不同说法。临终前,武田信玄将儿子武田胜赖叫至枕边留下遗嘱:"我从三户小国奋起,令邻国他郡臣服,所获自当满足,唯未能使旌旗在帝都上空飘扬,心有不甘。因为此乃我最大心愿。若宿敌知我死讯,必定伺机蜂起。故你当三四年内秘不发丧,备战分国,赡养义兵,然后完成为父遗志攻入京城。"武田胜赖遵照父亲遗嘱,三年后才在甲斐的惠林寺为父亲举行了葬礼。

  1575年4月,武田胜赖率15 000将士从信浓(长野县)突入三河(爱知县),5月8日包围了从信浓通往东海道的战略要塞长筱城。接到来自长筱的急报,德川家康立即向织田信长求救,双方组成联军。5月21日拂晓,"长筱合战"开打并一直持续到第二天2点左右。最终,联军大获全胜,武田胜赖率5名骑马武士遁走甲斐。1582年,织田信长挥师讨伐武田胜赖。武田胜赖带着妻子儿女逃到天目山,后在山中去世,临终留下辞世歌:"朦胧之月云遮蔽。云渐散开,终于落西山。"关于武田胜赖的死因,有他杀、自杀和死于饥饿困乏等多种说法。总之,始于长筱合战的武田一族灭亡剧,这一天在天目山麓的田野悲壮谢幕。

  毛利氏原是今天广岛西部的安艺国的小诸侯。16世纪初,毛利家出了一位被称为"濑户内智将"的英明领袖毛利元就,他金戈铁马基本统一了日本中国地区西部后,将势力伸入四国和九州。毛利元就之所以强大,主要是因为拥有一支强大的水军。在奠定基业后,毛利元就本想传位给长子毛利隆元,但毛利隆元不幸早逝,于是毛利元就便立了孙子幸鹤丸作为接班人。在元服仪式上,幸鹤丸更名毛利辉元。"辉"字是拜领了室町幕府征夷大将军足利义辉的"辉"字。1571年7月6日,毛利元就去世,毛利辉元正式成为毛利家的家督,并得到两位才能非凡的叔父小早川隆景和吉川元春的辅佐。毛利氏和石山本愿寺一向宗是"战友"。后者被织田信长包围时,毛利辉元不仅派船为石山本愿寺运送粮草物资,而且派水军前往增援,并在1576年同织田信长的军队进行了著名的木津川口海战,一战就将织田水军打得几乎全军覆没。本愿寺的一向宗势力得到毛利军支援后,立刻发起反攻。织田军内外受困,纷纷后退。之后,织田信长下令建造了6艘巨大的新式战船,在1578年11月初的第二次木津川口海战中,大败毛利水军,血洗前仇,同时通过合纵连横动摇了毛利辉元在中国地区的统治,扭转了战局。

上杉谦信是越后(新潟县)"守护代"①长尾为景的幼子,乳名虎千代。18岁时离开春日山城,在林泉寺出家,受教于名僧天室光育禅师,法号谦信,后来继承了关东管领上杉的姓氏,因此以上杉谦信著名。上杉谦信有很强的军事统率能力,被誉为"越后之龙"和"军神"。著名日本史学家坂本太郎对上杉谦信的评价是,"在诸多战国武将中,上杉谦信无疑是最突出的一个。他的魅力不仅在于有天才的军事指挥才能,而且更多的来自他的人格。在杀戮无常的乱世,上杉谦信始终保持个人本色,重人伦、尚气节,实属难能可贵"。

经过和织田军几番拉锯战后,上杉谦信占据了优势。但是,1578年4月的一天,49岁的上杉谦信打算再次发兵东进时,突然在厕所因脑溢血暴卒。临终那年,他曾吟诗一首:"一期荣华一杯酒,四十九年一瞬间;不知生亦不知死,岁月仿佛如梦幻。"上杉谦信死后,他的两个养子上杉景胜和上杉景虎为争夺继承人地位豆萁相煎,爆发了"御馆之乱",上杉氏实力因此严重削弱。

---

① 根据室町幕府的"守护在京原则",守护(领主)须待在幕府参与幕政。实际上这是将军担心守护在自己的领地发展壮大,尾大不掉的举措。帮守护管理领国的就是守护代。

五、战国时代的路标

织田信长作为"天下人"的时代，史称"安土时代"，因安土城得名。1576年，织田信长封丹羽长秀为"普请奉行"①。也就是说，请丹羽长秀担任"总承包"，负责在近江国安土山上修筑宏伟城堡。历时三年建成的安土城，既是城的名字，也是时代的标志。织田信长纵横驰骋的时代，被称为"安土时代"。

安土城内分本丸、二丸，后面是长方形的天主台。一般的城，这个最高部位叫天守阁，但织田信长却称之为"天主台"。②之所以取这么个名称，是他自命为日本"天主"，并以这座城显示他君临天下的姿态。一个叫南化的和尚根据织田信长的要求，撰写了《江州安土山记》，对安土城有这样一番描绘："六十扶桑第一山，老松积翠白云间。宫高大似阿房殿，城险因于函谷关。若不唐虞治天下，必应梵释出人间。蓬莱三万里仙境，留与宽仁永保颜。"

1581年8月，织田信长意犹未尽，又在安土城外搞了一次大阅兵，盛况不亚于之前京都的那场阅兵式。织田信长显然踌躇满志。翌年2月14日夜，安土城东面天空突然呈现一片血色。耶稣会士路易斯·弗洛伊斯在他的《日本史》中这样描述："自东方开始，天空忽然变得非常亮。信长最高的塔（指安土天主台）的上方被映成了恐怖的红色。这一景况一直延续到清晨。红光的高度很低，离开二十里外就看不到了……"织田信长认为这是吉兆。果然，一个月后属下即向他奉上了武田胜赖的首级。但他没有料到，那也意味他的人生已是"落日

---

① 日文汉字"请"意为"承包"，"奉行"意为"长官"。
② 日本的"城"和中国的"城"一般由三部分构成：一是"二丸"，二是"本丸"，三是"天守阁"。城外有居住区和商业街，叫"城下町"。武士、工匠、商人都住在城下町。

余晖"。

3. "本能寺之变"

织田信长麾下有六大军团：泷川一益率领的东山道军团，柴田胜家率领的北陆道军团，神户信孝率领的南海道军团，丰臣秀吉率领的山阳道军团，明智光秀率领的山阴道军团，德川家康率领的东海道军团。使织田信长死于非命的"本能寺之变"，就是明智光秀发动的。直到今天为止，关于明智光秀反叛的原因，依然是众说纷纭，因此"本能寺之变"成为"日本史上最大的谜团"。

1582年春，丰臣秀吉率领大军杀入备中国（冈山县），包围了毛利辉元麾下的名将清水宗治守备的高松城，并掘开足守川水，隔绝高松与外界的联系。为了给高松城解围，毛利辉元亲率5万大军前往高松城。他的两位叔父吉川元春和小早川隆景也随行。丰臣秀吉接到报告后，当即写信向织田信长求援，称："毛利辉元亲率数万骑与我对阵，欲救高松，两阵距离约十町。"他还表示，织田信长此时如能亲率军队"合力"与之决战，则"将西国悉数归于幕下，如探囊取物"。织田信长接报后，命令明智光秀前往备中国，自己则同长子织田信忠前往京都，打算在觐见天皇后亲自率军出征。行至京都，织田信长下榻本能寺，织田信忠下榻相距不远的妙觉寺。他当然不知道，危险正在逼近。

明智光秀没有执行织田信长让他驰援备中国帮丰臣秀吉解围的命令。1582年6月1日，明智光秀率大军出征后不久，即返回了驻地丹波国的龟山城（京都府龟冈市）。他召集麾下最亲信的5名部将，说明了自己打算围攻织田信长的计划，并表示："诸君如果不同意，可以

五、战国时代的路标

现在就将光秀斩首。"他的5名部将一致表示服从决定,并递交了誓约,将自己的亲属当作人质交给明智光秀,以表忠诚。当天下午4时左右明智光秀召集军队宣布,织田信长要检阅军队,即刻整队出发。据传,明智光秀向军队发布攻击织田信长的命令是"敌在本能寺"。然而,"敌在本能寺"初见于江户时代的史料《织田信长谱》和《续本朝通鉴》,很可能是编造的。

6月2日清晨,明智光秀的叛军将本能寺围得水泄不通。织田信长身边只有"小姓"24人。明智光秀为防止织田信长夺路逃走,首先控制了马厩。织田信长身边的24名"小姓"全部战死。闻讯赶来救援的织田信长下属,未及突入本能寺便全部战死。织田信长因寡不敌众,最后负伤退入熊熊火光中的本能寺内室,切腹自杀,时年49岁。下榻于妙觉寺的织田信忠得到父亲被围的消息后,疾驰本能寺。虽然他率领的旗本队有2 000人,但逃亡者甚众,最后仅剩500人。见回天乏术,织田信忠也自杀身亡,年仅26岁。据传,父子二人遗体由京都阿弥陀寺的开基清玉殓葬。织田信长生前留下辞世歌:"一度得生者,岂有不灭乎?"

明智光秀为何反叛?根据《总见记》《明智军记》《信长公记》《义残后觉》《祖父物语》《甲阳军鉴》等史籍的记载,主要有以下几种论说。

一是"求生说"。此说主要理由是明智光秀担心织田信长将收回他的领地丹波和近江,他让儿子继承家业的希望将彻底破灭。按照山冈庄八在《德川家康》第四部《兵变本能寺》里的描述,明智光秀感到:"若还想活下去,恐怕只有一条险道了……"经过再三踌躇,"到了20日夜,光秀才再次把大家召集拢来,说'现在,明智家已危在旦夕。与其坐以待毙,不如先发制人'"。二是"保皇说"。此说是历史文学作家桐野作人提出的。按照他的观点,明治光秀发动本能寺之变的主要动机是阻止织田信长试图篡夺皇位的野心。因此,和朝廷内的"反信长同盟"订立密约的明智光秀,是真正的"保皇派"。三是"野心说"。日本东京大学教授、战国史研究权威高柳光寿持这种观点。按照此说,织田信长通过"天下布武"即将重新统一日本之际,明智光秀欲"摘桃子"坐享其成。四是"复兴幕府说"。2017年9月,日本三重大学藤田达生教授在岐阜县美浓加茂市民博物馆内发现了明智光秀写给反织田信长派首领土桥重治的信,希望和他联手帮助足利义昭复位。经鉴定,书信上明智光秀的花押是真迹。但这封信的抄本早已存在,此次只是发现了原件,并不能证明所述事实是否属于历史真相。五是"四国政策说",又称"救援长宗我部说"。据江户时代成书的军记物语《元亲记》记载,织田信长曾向土佐(今高知县)大名长宗我部元亲颁发朱印状,若他能打下四国,可将此地封赏给他。后由于多人忠告织田信长,让他提防长宗我部元亲据以做大,尾大不掉,因此织田信长心生悔意,要求元亲交出伊予(今爱媛县)和赞岐(今香川县)两国,只让他获得土佐国和阿波国南部。长宗我部元亲认为领有四国是凭借自己的实力,并非织田信长的恩赏,何况织田信长出尔反尔,感到自己被忽悠,怒不可遏。明智光秀和长宗我部元亲关系不错,派人劝元亲能忍则忍。织田信长为防元亲谋反,派第三个儿子织田信孝为大将去"收拾"元亲。就在织田信孝起兵时,明智光秀发动了本能寺之变。六是"宿怨说"。曾多次亲见织田信长的耶稣会传教士路易斯·弗洛伊斯,在写于1560年代的《日本史》中记载,织田信长的亲家德川家康前往造访时,织田信长让明智光秀担任宴会筹备负责人。觥筹交错之际,琵琶湖的鲤鱼被端上了宴席。日本鱼类很多,但淡水鱼很少,鲤鱼不仅珍稀,而且有"跳龙门"的寓意。但是,织田信长突然怒目圆睁,大喝道:"怎么把臭鱼端上来?!"明智光秀连忙申辩说鱼没臭。"没臭?难道是我的鼻子有问题?"织田信长不由分说,一边大骂"秃子(明智光秀是秃子),还嘴硬",一边对明智光秀拳打脚踢,将明智光秀的假发也打掉,令他颜面尽失。这个故事在《稻叶家谱》和《明智军记》中也均有记载,不是孤证,而且明智光秀被暴打,非此一次。日本有一位歌师曾创作了一首和歌,通过"战国三英杰"织田信长、丰臣秀吉、德川家康对杜鹃的态度,形象地揭示了他们的性格。织田信长:"杜鹃,你再不啼叫,我就杀了你!"丰臣秀吉:"杜鹃,你再不啼叫,我可要逼你了!"德川家康:"杜鹃,你再不啼叫,我愿一直等到你叫!"所谓"性格决定命运",织田信长的暴躁的性格是否令明智光秀久已怀恨在心,起意诛杀?因此,赞成此说的人最多。上述诸说各有疑点,因此"本能寺之变"这个"日本史上最大谜团"迄今未能获解。

"本能寺之变"发生时,羽柴秀吉(丰臣秀吉)正围困高松,与毛利军对垒。6月3日获得信息后,隐瞒了织田信长的死讯,与毛利氏达成和解,彻夜赶往京都,一路与织田旧部合流,总兵力达4万余。在羽柴秀吉(丰臣秀吉)到来之前,明智光秀已进入安土城,随后平定了近江。10日,惊悉羽柴秀吉正向京都进军后,举兵在山崎八幡山以东的洞峠布阵。翌日,又率领1.6万余官兵赶到山崎以北。13日黄昏,羽柴秀吉大军赶到,双方在城外展开激战,史称"山崎合战"(又称"天王山合战")。明智光秀军士气涣散,节节败退。明智光秀连夜逃往近江坂本城,在小栗栖(京都市伏见区)被当地居民刺伤,无法继续行走,切腹自杀,留下辞世歌:"逆顺无二门,大道澈心源。五十五年梦,觉来归一元。"明智光秀旋起旋灭,史称"十日天下"。

6月27日，根据织田信长的重臣柴田胜家的提议，织田信长的两个儿子织田信雄、织田信孝兄弟和织田信长的四名重臣柴田胜家、丹羽长秀、池田恒兴、羽柴秀吉在清州城（名古屋附近）举行会议，史称"清州会议"，选择织田信长的接班人。柴田胜家力推织田信长的三儿子织田信孝，但羽柴秀吉力荐织田信长年仅3岁的孙子、织田信忠的儿子三法师继任家督。经过激烈争论，最后羽柴秀吉的意见占了上风。会议还商讨了领国的分配。最后，与会者和德川家康书立了"血判起请文"，即弄破手指以血摁下指纹以志信守的誓约。清州会议的结果昭告天下：织田政权正式解体。10月15日，羽柴秀吉在京都大德寺为织田信长举行了隆重的葬礼。根据羽柴秀吉的提议，朝廷追封织田信长官职为"从一位太政大臣"。羽柴秀吉对安排织田信长后事如此卖力，是想以此昭告天下，他是织田信长的继承人。

羽柴秀吉1536年出生于尾张国（爱知县西部）爱智郡中村。根据《太阁素生记》记载，羽柴秀吉的父亲叫木下弥右卫门，是织田信长的父亲织田信秀属下的一名"足轻"（低级武士），后来因伤回乡当了农民。秀吉幼名"日吉丸"，因为以出生时干支命名是当时风俗，日吉丸出生"申"年，所以又叫"猴子"。元服后，日吉丸取名木下藤吉郎。①

1558年，22岁的木下藤吉郎投到织田信长麾下，25岁时与浅野长胜的养女宁宁结婚。宁宁就是后来青史留名的"北政所"。之后，木下藤吉郎将织田信长麾下的两员大将丹羽长秀和柴田胜家的名字各取一字，改姓羽柴。羽柴秀吉跟随织田信长南征北伐，屡建战功。后来，

---

① 若林力：《近古史谈全注释》，大修馆书店，2001，第79页。

他又自称平姓,在担任关白时又当了近卫前久的养子,改姓藤原。因为非藤原氏而担任摄政、关白者,史无先例。再后来,他立新的姓氏的奏请获得朝廷敕许,改姓"丰臣",并使丰臣成为与源、平、藤、橘四姓平起平坐的"五大姓"。

当时,丰臣秀吉和织田信长的次子织田信雄为一方,柴田胜家和织田信长的三子织田信孝为另一方。其实,织田信孝比织田信雄大二十几天,因为母亲是侧室,等到信雄出生后才向信长报告信孝出生,所以便成了"老三";又因为他支配伊势国的神户城,也叫神户信孝。双方在今天滋贺县的北部,进行了"贱岳合战"。1583年2月23日,丰臣方面的军队包围了北庄城。第二天清晨,柴田胜家登上天守阁,将自愿求死的妻子、被誉为"天下第一美人"的织田信长的妹妹市姬杀死后,点燃储存在天守阁内的炸药自杀。随后,丰臣秀吉挥师向织田信孝发起攻击,并以他兄长织田信雄的名义让织田信孝开门,织田信孝不知是计,打开城门。5月2日,织田信孝根据织田信雄的命令,在今天爱知县美浜町的大御堂寺切腹自杀,死前留下辞世歌:"往昔功高堪盖主,如今伟业似曜星;先主遗孤今何在,岂料筑前断恩情。"贱岳合战中,丰臣秀吉军中的加藤清正等7名武士勇武异常,被誉为"贱岳七本枪"。至此,织田信长继承者之争宣告结束。

4. "桃山时代"

丰臣秀吉一度自称姓源,就是以武家政权创立者源赖朝的继承人自居,创建自己的政权。为此,他在原先石山本愿寺旧址上建设了大坂城。①"安土"是织田信长居城的名字,也是时代标志。丰臣秀吉作为"天下人"的时代,为何被称为"桃山时代"而不是"大坂时代"?因为1594年伏见城建成后,丰臣秀吉又迁入了伏见。"伏见城又被称为桃山。"对此,中山再次郎在《桃山城址》一文中有如下诠释:"大约在德川以后,伏见城被摧毁并被种上了很多桃树,桃花盛开,硕果累累。……如同今天那里有很多梅树,当时那里有很多桃树,故名桃山。"②丰臣秀吉为"天下人"的时代,史称"桃山时代"。

在强敌逐渐被荡平后,丰臣秀吉和织田信雄及其拥护者德川家康的矛盾日益加深。双方断断续续进行了历时一年的会战,史称"小牧·长久手之战"。最终,双方于1584年11月15日达成和解。

为了统一日本,丰臣秀吉分别致函奥州、九州、四国等地,称奉天皇敕命统治66国,要求他们服从敕命,否则将进行讨伐。众诸侯当然不从,于是丰臣秀吉便挥动干戈先荡平四国,后马踏九州,再征服关东、东北。至1590年,丰臣秀吉基本完成了统一全国的霸业。翌年8月,丰臣秀吉痛失3岁嗣子鹤松,悲痛之至的丰臣秀吉将关白一职"禅让"给了他的养子和外甥丰臣秀次,当了"太阁"(退位的关白尊称太阁),但他继续作为丰臣氏的家督并掌握着统领全体武士的最高权力。

随着全国的逐渐统一,为了巩固政权,丰臣秀吉推行了两项重要政策:"检地"和颁布《刀狩令》。"检地"是在丰臣秀吉担任"太阁"的同一年进行的,因此史称"太阁检地"。所谓"检地"就是通过土地检测,建立统一的全国土地制度。具体做法就是将土地分为各种等级,规定

---

① 大坂在明治维新后因有"(武)士(造)反"之讳而改名"大阪"。
② 胁田修:《大坂时代和秀吉》,小学馆,1999,第13页、28页。

五、战国时代的路标

相应的标准产量石数,作为缴纳年贡的基准。《刀狩令》就是解除农民武装:1.不准诸国百姓持有长刀、腰刀、弓箭、长枪、步枪及其他武器。2.收缴的长刀、腰刀、弓箭等将用于制造建方广寺大佛所需的钉子和插销。3.中国在尧的时代为镇定天下,将宝剑利刀锻冶后制造农具,日本应予仿效。实际上,第一条才是《刀狩令》真正的目的,后面两条只是忽悠。领主大名对此命令心领神会,仅向百姓传达了第二和第三条,隐匿了第一条。多闻院英俊指出,《刀狩令》"本质是为了防止农民造反"①。

在统一天下后,丰臣秀吉开始对外扩张,发兵进攻朝鲜。这场侵略朝鲜的战争始于1592年,终于1598年,日本称"文禄之役"和"庆长之役",朝鲜称"壬辰倭乱"和"丁酉再乱",中国则称"万历朝鲜战争",主要在朝鲜半岛南部全境和东部沿海展开。这标志着丰臣秀吉改变了织田信长的路线,即标志着"天下布武路线的转换"②。

1592年4月12日,战争正式爆发。日本各路大军向朝鲜发起猛攻,很快逼近朝鲜京城(首尔)。京城内一片恐慌。朝鲜国王宣祖29日拂晓匆匆离开京城前往开城避难,京城沦陷。接到攻陷朝鲜京城的战报,丰臣秀吉与5月8日致函继任关白一职的他的外甥及养子丰臣秀次,提出了征服大陆后的25条分国方针,其中第18条称:"叡虑(后阳成天皇)可在后年(1594年)行幸大唐都城(北京)。都回之国(北京周边)10国,可为天皇领地。众公家可从中获取知行权(领有权)。"第19条称:"(丰臣)秀次任大唐关白,领北京周边100国。由羽柴秀保或

---

① 《多闻院日记》,天正十六年7月17日条。
② 池上裕子:《织丰政权和江户幕府》,讲谈社,2002,第132页。

宇喜多秀家任关白。"①丰臣秀吉的狂妄野心，昭然若揭。正如日本明治大正时期的著名史学家山路爱山所言，丰臣秀吉的目的就是称霸亚洲，因此"将挥舞的铁拳砸向大陆，是题中应有之义"②。

5月27日，日军渡过临津江，兵不血刃进入开城，并进犯平壤。已逃到平壤的宣祖继续北逃，日军再次兵不血刃占领平壤。不到两个月时间，朝鲜三都京城、开城、平壤全部沦陷。朝鲜国王遂派使节向明朝求援。藩属国求援，宗主国自然不能坐视，何况明朝政府明确认识到"关白之图朝鲜，其意实在中国"，当即决定发兵援朝。

1592年6月下旬，明朝派辽东副总兵祖承训率5000人开赴朝鲜。祖承训建功领赏心切，轻敌冒进突入平壤，与守城700日军展开巷战。由于明军全是骑兵，不擅巷战，最终惨败。日军陆路虽然频传"捷报"，水路却遭重创。朝鲜水军在全罗道左水使（也有说是朝鲜庆尚道水军统制使）李舜臣率领下连战皆捷，掌握了制海权。朝鲜国王为了嘉奖李舜臣，专门设立了"三道水军统制使"一职，由李舜臣担任。8月29日，李舜臣对日军侵朝根据地釜山发起攻击，切断了日军和本土的联络。1592年12月23日，明朝派山西总兵官李如松率领明军踏过冰封的鸭绿江和8000余朝鲜军汇合。1593年初，明、朝联军包围了驻屯平壤的日军，并于7日发起总攻。几番交手后，双方停战并会谈媾和事宜。日方提出的媾和条件有两项：1.明朝向日本派遣媾和使节；

---

① 天正十八年5月18日丰臣秀吉致丰臣秀次朱印状，载《古迹文徵》，前田尊经阁文库藏。
② 山路爱山：《丰臣秀吉》（下），岩波书店，1996，第180—185页。该书原是1909年出版的《丰太阁》后编。

2.明朝军队撤回辽东。明朝方面提出的媾和条件也有两项：1.送还被日军俘虏的两位朝鲜王子；2.日军从京城撤退。

会谈前，明军奇袭日军粮仓，将日军粮食烧毁。明朝的策士沈惟敬更威胁日军称，40万明朝大军即将到达，要求日军撤出朝鲜京城。日军为之震慑，要求明朝遣使会谈。为了摸清日方底细，明朝军队派谢用梓、徐一贯假冒明朝皇帝的使节前往日军军营会谈。见明朝使节到来，丰臣政权中有些人开始对和平表示乐观。德川家康甚至欣喜地认为："大明使节前来致歉。"丰臣秀吉本人也在给他的妻子北政所的信中称："明朝已派来使节，我方提出了几项条件，若获得明朝接受，即可班师凯旋。"

丰臣秀吉接见明使，提出了7项媾和条件：1.日本天皇迎娶明朝皇帝的公主作为皇妃；2.重新开展日本和明朝的官、商贸易；3.两国签署通好誓约；4.向日本割让朝鲜八道中南部的庆尚、全罗、忠清、京畿四个道；5.将朝鲜1名王子和12名大臣作为人质送往日本；6.将加藤清正捕获的朝鲜2名王子送还日本；7.朝鲜签署永不与日本为敌誓约。针对日方要求，明朝也提出了3条议和条件：1.日军全部撤出朝鲜，不留一兵一卒；2.册封丰臣秀吉为日本国王，但不求任何贡市；3.日本和朝鲜修好。两国同为明朝属国，日本不得侵犯朝鲜。

1595年1月13日，明朝册封正使离开北京前往日本，于7月7日到达大坂城附近的堺。9月1日，明朝使节在大坂城会见了丰臣秀吉。翌日，丰臣秀吉设宴款待明使，并令他的属下西笑承兑诵读由他转交的明皇帝国书。听到国书称，"特封尔为日本国国王"，但只字未提他的7项要求，丰臣秀吉勃然大怒，决意再次出兵征伐。庆长二年（1597年）2月，丰臣秀吉集结起12万余兵马，再次出兵朝鲜。日军在朝鲜南部登陆后,分两路侵入了庆尚、全罗、忠清三道,当年和明、朝联军进行了几场重大战役,包括7月庆尚道附近海面的巨济岛海战、8月全罗道南原城之战、9月鸣梁海战和忠清道稷山之战、11月庆尚道蔚山之战。1598年,双方又进行了10月庆尚道泗川之战、11月庆尚道附近海面的露梁海战。在阻遏了日军的攻势后,明、朝联军转入战略反攻。

1598年8月18日,侵朝战争一再受挫的丰臣秀吉在伏见城内病殁,终年63岁(一说62岁),结束了"波澜起伏"的一生。临终留下辞世歌一首:"我如朝露降人间,今作珠痕逝草前,大坂巍峨实梦幻,醒时万事付灰烟。"根据丰臣秀吉留下的遗嘱,其政权中的"五大老"秘不发丧,并以丰臣秀吉名义指示在朝鲜的各路军队撤退回国、力争最体面的议和。

1598年9月以后,明、朝两国海军不断在海上截击撤退回国的日军舰队,使日军遭受巨大损失。11月19日,明、朝水军和日本水军在庆尚道露梁附近海面展开了"文禄·庆长之役"规模最大的海战——露梁海战。此战日军遭毁灭性打击,被击沉、焚毁战船约400艘,伤亡数万人。明、朝水师亦损失惨重,李舜臣和明水师将领邓子龙双双战死。当年年底,日军全部撤回,丁酉再乱(庆长之役)被挫败。

日军入朝后极为残虐。战争爆发当年的7月,日本丰后臼杵大名太田一吉属下作为医僧从军的臼杵安养寺的和尚庆念,在《朝鲜日日记》中对沿途所见日军的残虐暴行做了如实记载:"日军士兵恣意砍杀,被绑在竹竿上的尸首腐烂发臭。父母哭儿子,儿子寻父母,其惨状前所未见。"对全罗道南原城朝鲜人遭到大肆杀戮的惨状,庆念也做了记录:"城内无分男女皆被残杀抛尸。"另外,由于此次侵略丰臣秀吉命令不问男女僧俗,皆以鼻子取代首级邀功,由"军目付"(监军)清点并出具"鼻请取状",在京都方广寺前建造了"鼻塚"。因此,日军不仅大肆虐杀,而且将许多朝鲜民众削去鼻子,不问男女老幼。据记载,吉川氏统计有 18 350 个,锅岛氏统计有 19 001 个。[①] 但是,"多行不义必自毙"。这场战争使日本各令制国人力、物力损失极为惨重,成为丰臣政权垮台的重要原因。

---

① 大河内秀元:《朝鲜记》,载《续群书类从》20 辑下、《续续群书类从》四、《锅岛家文书》115 号。

六

江户时代风云录

1. "关原合战"

日本的"关东"和"关西"这两个名词,中国人大都不陌生。今天,日本行政区划是 1 都(东京都)、1 道(北海道)、2 府(大阪府和京都府)、43 县。关东有 1 都 6 县,即东京都和群马、栃木、神奈川、茨城、埼玉、千叶县;关西有 2 府 5 县,即大阪、京都府和滋贺、兵库、三重、奈良、和歌山县。关东和关西的分界,就是岐阜县境内的关原。1600 年,这里曾经爆发过一场具有深远历史意义的战争——关原合战。这场战争奠定了德川家康建立江户幕府的基础,基本终结了战国时代,拉开了江户时代的序幕。

了解关原合战,得先了解德川家康。德川家康 1542 年 12 月 26 日出生于三河国(今爱知县)冈崎城,是城主松平广忠的嫡长子,幼名竹千代,一生命运多舛,6 岁时作为人质,与母亲分离,在东日本势力最大的今川义元府上生活。翌年,父亲松平广忠去世,松平家的领地为今川义元控制。1556 年,15 岁的竹千代元服,今川义元赐以自己名字中的"元"字。因此,德川家康最初的名字叫"松平元信"。第二年,他取统一三河国的祖父"松平清康"中的康字,改名"松平元康"。1560 年,

六、江户时代风云录

今川义元在"桶狭间合战"中被织田信长杀死,帮着今川义元参战的松平元康(德川家康)遭到追杀,逃回住宅附近的净土宗大树寺,正想在先祖的墓前自尽,被该寺住持贯木劝住。贯木法师劝他皈依宗门,"厌离秽土,欣求净土"。同时,大树寺的祖洞和尚拿着粗大的门闩将野武士打跑。今天,大树寺内室供奉着被奉为"贯木上人"的小雕像和祖洞和尚的画像,还有那根救过松平元康的门闩。不过,是否可信难以查考。

1562年,松平元康接受织田信长提出的议和要求,与之结盟。同年,松平元康舍弃今川义元赐予的"元"字,改名"松平家康"。之后,松平家康向朝廷提出改姓"德川"获准,成为松平家的第8代、德川家的第1代。之后,织田信长的女儿德姬嫁给了德川家康的嫡子德川信康,两家成为儿女亲家。但是俩人婚后不睦,德姬给父亲织田信长写信,控诉了德川信康的"12条罪状"。织田信长大怒,决意处罚女婿德川信康。如何处罚?《三河物语》记载,织田信长下令德川信康切腹。《当代记》记载,织田信长让德川家康处置,德川家康令德川信康切腹。1579年9月15日,21岁的德川信康在二俣城(静冈县境内)切腹自尽。此事反映出德川家康的性格特征:有超强忍耐力。无怪乎德川家康临死前留下遗训,第一条就是"人之一生如负重远行,不可急于求成"。

如前面所述,织田信长麾下有六大军团。1582年6月"本能寺之变",织田信长被山阴道军团主将明智光秀所杀。但时隔几日,明智光秀就与山阳道军团主将羽柴秀吉、南海军团主将织田信孝展开"山崎合战"。据日本历史学会编的《新装版明智光秀》所述,明智光秀兵败逃亡,循小路欲逃回坂本城,但于深夜在小栗栖被刺。身负重伤的明智光秀让家臣沟尾庄兵卫任介错自裁。但因始终未见明智光秀尸体，故他的死亡成谜。也有说光秀从此出家隐居，化名南光坊天海。

随后，丰臣秀吉以织田信长继承人自居，继续南征北伐统一日本，并两次发动侵略朝鲜的战争。这两场战争，日本称"文禄·庆长之役"；中国称"万历朝鲜战争"；朝鲜原称"壬辰倭乱""丁酉再乱"，现称"壬辰卫国战争"。这两场战争严重削弱了丰臣秀吉麾下诸多大名的军力和财力，而德川家康因为留守名护城担任守备，没有直接参战，实力得以保存。1598年8月18日，丰臣秀吉在伏见城去世，留下遗言，由"五奉行"石田三成等担任他6岁遗孤丰臣秀赖的"付家老"（辅佐官）；国家的治理由"五大老"德川家康、前田利家、毛利辉元、上杉景胜、宇喜多秀家"合议"；"太阁藏入地"即他的领地等，由德川家康、前田利家总揽；让德川家康的孙女、德川秀忠（二代将军）长女千姬与他和侧室淀殿所生的第三个儿子（前两个儿子先后去世）丰臣秀赖成婚，由此建立了"后丰臣秀吉体制"。丰臣秀吉的目的，是想通过德川家康和前田利家的相互制衡，以及合议机制避免任何一方做大，确保丰臣政权代代相传。但1599年4月，前田利家突然去世，德川家康一人独大，"后丰臣秀吉体制"矛盾显露，最终彻底解体。

前田利家死后，先前和"五奉行"之一的石田三成有矛盾的加藤清正、福岛正则等人想在伏见城（京都伏见区）暗杀石田三成，被德川家康阻拦。石田三成虽躲过一劫，但被迫引退佐和山城，远离政治中心。德川家康当然没有料到，他的这一"仁慈"为关原合战留下了伏笔。

1599年11月，越后国（今新潟县）的大名堀秀治向德川家康密报，"上杉景胜有背叛之意"。1600年5月，德川家康以首席大老的名义号

六、江户时代风云录

令各方大名发兵会津（福岛县西北），讨伐试图谋反的上杉景胜。获悉此讯，石田三成与一众大名密谋，决定干掉德川家康。"五大老"之一的毛利辉元也从广岛到达大坂，加入石田三成阵营，史称"西军"。7月17日，石田三成、毛利辉元等在大坂城向德川家康宣战，并发表讨伐檄文，指控德川家康13条罪状，推毛利辉元担任主将，入驻大坂城，发兵进攻伏见城。孰料，数万兵马进攻只有约2 000人固守的伏见城却久攻不下。当时萨摩（鹿儿岛县）的岛津氏曾前往伏见城请求入城，但被指挥守城的鸟居元忠以未接到通知为由拦在城外，使岛津氏无奈倒向石田三成一方。由于城中部分将士叛变，鸟居元忠战死，伏见城最终陷落。

德川家康得到急报，立刻统率主力返回江户城，并召集诸大名，称若有意返回大坂加入石田三成一方，尽可离去，绝不为难。福岛正则等原先丰臣秀吉手下的大名与石田三成早有嫌隙，表示愿随德川家康讨伐逆贼石田三成，并纷纷献城。献城和将亲属交出作为"人质"，都是表示忠诚。另外很多原丰臣秀吉手下痛恨石田三成的大名也纷纷表示支持德川家康，率部西进，由此形成了以德川家康为统领的十余万大军，史称"东军"。为了牵制会津的上杉景胜趁机异动，德川家康派次子结城秀康为总大将，镇守宇都宫城，指挥各路人马对上杉景胜形成包围圈。

西军方面，石田三成说服岐阜城主织田秀信（织田信长的嫡长孙）站到自己一边，拉开和东军决战的架势。东军方面兵分两路：一路由福岛正则领军，德川家康策应；另一路由德川家康的继承人德川秀忠领军。开始的时候，西军占据优势，但由于年轻气盛的织田秀信否决了属下"笼城"即固守的建议，亲自率军出战，无奈众寡悬殊，激战数小时后被迫后撤进入岐阜城。福岛正则不失时机地将岐阜城包围得如同铁桶一般，随后发起总攻，不到一天的时间，曾经是织田信长本城的岐阜城陷落，织田秀信逃遁后过起了隐居生活，5年后去世。织田信长嫡系从此绝嗣。其实，当时石田三成率领的军队就在20多公里以外，本拟与织田秀信会合，无奈织田秀信过于性急，酿成灭顶之灾。之后，东西军对峙了约半个月。

这时的德川家康一直在江户城按兵不动，同时到处写信，试图从内部分化瓦解西军。一直等到胜利喜讯传到江户城，德川家康才挥师西进并树起了代表源氏的白旗。看到德川家康率军驰援，东军士气高涨，而西军阵营却发生动摇。不过，东军一方也并非所向披靡。原本德川家康想等儿子德川秀忠的军队赶到后合力进攻，但德川秀忠遭到狙击，部队无法推进。德川家康遂放弃等候，挥师前进，同时放出假消息，称将攻打佐和山城（滋贺县彦根市）。佐和山城是石田三成的本城，石田三成恐大本营失守，率主力进入战略要冲关原，希望通过决战赢得人心，扭转分局。因为石田三成发现一些手下将领与德川家康暗通款曲，若陆续投向东军阵营将无力回天。本来石田三成想让淀姬带着丰臣秀赖前往佐和山城，以便在军中竖起丰臣氏的黄金马标。此举意义重大，因为对阵双方皆以丰臣氏拥趸自居，有黄金马标加持，绝对是大义名分的显示。无奈德川家康的孙女淀姬以秀赖年龄太小，又是一门总领，不能擅离大坂为由，拒绝了石田三成的请求。几天后，石田三成在伊吹山中被捕，德川家康下令将其斩首并将其首级在京都示众。

战后，德川家康没有对西军将帅"赶尽杀绝"，而是进行"削封"和"转封"。"削封"即消减或剥夺封地，"转封"即重新分封。因为原先的

六、江户时代风云录 | 129

德川家康年轻时的雕像

德川家康故居

分封格局对丰臣氏有利,即其亲信都在大坂城、伏见城周边。经过"转封",德川家康亲信的封地都在江户城周边。也就是说,经过关原合战,日本整个格局发生了变化,德川家康"天下人"的地位得以确立。1603年,天皇颁发宣旨,赐封德川家康为"征夷大将军"。德川家康建立江户幕府。日本历史从此进入了日本的近世——江户时代。

2. "元和偃武"

1603年到1868年是日本的江户时代。谈江户时代有必要从江户即东京的前身说起。"江户"之名源于12世纪初,当时一个叫秩父重

六、江户时代风云录

继的武士在那里建了个馆。由于馆建于江户湾入江（水）口，所以称之为"江户"。1456年，一个叫太田道灌的官员在那个馆的遗址上建了座城，叫"江户城"。1590年，丰臣秀吉将江户城分给德川家康，作为他的"知行地"即封地。1603年德川家康成为"征夷大将军"后，以"天下普请"（"请"在日语中意为"承包"），即让各方大名分别承包江户城各项修建工程的方式，对江户城进行了大规模改扩建。1605年4月，德川家康把将军职位让给了侧室于爱（西乡局）生的第三个儿子德川秀忠，自己当了"大御所"（前将军）。为什么要传给第三个儿子？因为德川家康的长子信康是织田信长的女婿，20岁时因得罪了织田信长，被德川家康责令切腹自尽。次子秀康是丰臣秀吉的养子，34岁时因病逝世。

江户幕府虽然建立，但丰臣秀赖仍是拜见天皇"雁行模式"的"领头雁"，这令德川家康非常不爽，必欲除之而后快。1611年，幕府官邸二条城竣工后，德川家康让丰臣秀赖和他的母亲淀殿前往"贺拜"，实际是想让他们行"从属礼"。德川家康心想，丰臣秀赖肯定不会答应，那样便有了除掉丰臣秀赖的口实，没想到丰臣秀赖居然一口答应。

一计不成，又生一计。德川家康随后"鼓励"丰臣秀赖修建佛寺神社，试图消耗他的财力。丰臣秀赖仍旧逆来顺受，修建了很多佛寺神社。但是，"欲加之罪，何患无辞"？丰臣秀吉最终仍未能逃脱灭顶之灾。灾祸起于"方广寺钟铭事件"。1586年，丰臣秀吉仿照奈良东大寺，在京都东山建造了方广寺。1596年闰7月，京都遭遇大地震，寺内高16丈的木质大佛倒塌。1602年，德川家康建议丰臣秀赖重建。由于遭遇火灾，工程一度中断。1609年重新开工，1614年夏天竣工。就在8月3日举行落成典礼时，发生了一件大事。

据《骏附记》记载："8月2日,大佛殿钟铭到来。中井大和守(正清)奉之。钟铭由东福寺清韩书写,其中'国家安康君臣丰乐之语'令御(德川家康)不快。"之所以令德川家康不快,是因为"国家安康"将"家康"的名字拆开,"君臣丰乐"则使"丰臣快乐"。这一"歹毒用心"先由南禅寺住持金地院崇传发现,再由德川家康的幕府儒官林道春(林罗山)在学问上进行"注解"而坐实。实际上,林罗山所为完全由德川家康授意。虽然丰臣秀赖坚称绝无此意,但是德川家康咬住不放,不仅要求处置铭文作者清韩,而且提出了三个苛刻的条件,让丰臣秀赖选择其中的一个:第一,迁出大坂城接受转封;第二,移居江户;第三,让浅井幸长留居江户。浅井幸长和他的父亲浅井长政都是丰臣家重臣。当年千姬嫁到丰臣家时,在大坂接舆(轿子)的就是浅井幸长。接受其中任何一个条件,都等于向德川家康俯首称臣,丰臣秀赖严词拒绝并积极备战,广招浪人。双方矛盾迅速升级,最终兵戎相见。

1614年11月15日,德川家康率领人马离开二条城,直逼大坂。同一天,德川秀忠也从伏见城出发剑指大坂。11月19日,史称"大坂冬之阵"的会战爆发。在大坂城即将陷落之际,丰臣氏重臣大野治长让丰臣秀赖的妻子,即德川家康的孙女千姬出城,请求祖父德川家康放丰臣秀赖和他的母亲淀殿一条生路。千姬出城后,被送到冈山她的父亲德川秀忠的营帐。德川秀忠不敢擅自做主,向父亲德川家康请示如何处置。德川家康断然拒绝了孙女的要求。德川秀忠只能遵命,让属下井伊直孝转告大野治长,令丰臣秀赖母子自行了断。1615年5月7日,大坂城天守阁发生大火,丰臣秀赖母子切腹自杀,大野治长等重臣均葬身火海。

大坂城陷落后,躲藏在伏见城一座桥下的丰臣秀赖8岁的儿子国松被逮捕,随后在京都六条河原被斩首。丰臣秀赖7岁的女儿千代姬则在镰仓动庆寺出家为尼,法号"天秀"。丰臣一族,几乎灭门。战后,德川家康下令点验的首级共计14 530余个(一说18 864个)。5月14日,丰臣氏余党600多人的首级被暴晒京都街头。丰臣秀吉的墓,以及在京都供奉丰臣秀吉的丰国神社也被幕府毁坏。丰臣氏的属下或被处死,或被追捕。

1615年5月,双方又进行了"大坂夏之阵"。在这场战役后,德川家康统一了日本四国五岛,使日本结束战国时代,进入大一统时期。之后,虽然零星武力冲突偶尔发生,但是持续的、大规模的战役再也没有发生。当年7月,天皇根据朝臣菅原为经的建议,取中国唐朝宪宗治世的年号,改元"元和"。日本自此"元和偃武"("偃武"意为平息武力),进入了长达260余年的和平年代。

大阪城

德川家康父子凯旋后，于当年闰6月13日，由将军和大佬共同署名（"联署奉书"），对各大名颁布了《一国一城令》，要求一个分国只能有一个城。居城之外若有些城仍留有残垣断壁等，必须予以拆除，不得重建。另外还采取了一系列措施，特别以武家、公家、寺院和神社为对象，颁布了一系列"法度"（法令）。这么做的主要目的，就是避免地方和其他势力做大，导致"尾大不掉"。

1615年7月，幕府颁布了《武家诸法度》。该"法度"共13条，传承了室町幕府将军足利尊氏的《建武式目》，以及1595年由丰臣秀吉麾下的五大老制定的"御掟"（条规）。其中第3条、第4条照搬了1611年4月德川家康为庆贺后水尾天皇即位，集合西国大名，令他们起誓的"三条誓约"中的后两条，还有一些内容引自《宪法十七条》《续日本纪》《长宗我部元亲百条》以及中国古籍《左传》和《诗经》等。第1条即明确规定武士必须习文练武。其余各条主要规定不可结党营私，不得藏匿罪犯，仪仗、城池、服装等必须与身份相符，不可私结婚姻，厉行节俭，选贤任能，等等。该法度有三个特点值得留意：第一，法度虽然继承了镰仓幕府以来的法的精神，进一步显示了武家政治的本质和理想，但是其第一条即明确规定"文"与"武"并立，使"习文"也成为武士的行为准则，并由此奠定了既是政治统治者又是行政管理者的近世武士的基础。第二，不仅明确规定了"忠诚"的基本要求，而且明确规定所采取行动等不得超越自身等级。第三，抑制"下剋上"这一日本历久不衰的"传统"。

7月17日，即《武家诸法度》颁布10天后，德川家康和德川秀忠将朝廷的关白二条昭实、前右大臣——也是公卿中最年长的77岁的菊亭晴季作为公卿的代表邀请至二条城，让负责幕府和朝廷之间联络的

"武家传奏"广桥兼胜对他俩宣读了给天皇、皇族、公卿等定"规矩"的《禁中及公家诸法度》。"禁中"原意是天皇的内宫,这里就是指天皇和皇族。"公家"则是指相对于"武家"的朝廷高层命官。7月30日,德川氏将所有皈依佛门当住持的皇族、贵族、公卿(时称"门迹")招至"禁中"清凉殿,由"武家传奏"广桥兼胜向他们宣读了《禁中及公家诸法度》。该"法度"共十七条,不仅参照了织田信长、丰臣秀吉等对公家所定的"规矩",还参照了江户幕府成立当初的一些法律,是日本历史上第一次对天皇的行为做出法律规定。

又过了7天,德川家康通过南禅寺住持金地院崇传,对高野山的寺院、五山十刹、大德寺、妙心寺、永平寺、总持寺、净土宗、净土西山派,颁布了《诸宗诸本山法度》,以维持各宗派传统势力为前提,强调僧侣应努力承担"护国利民"的职责,并以从属关系为基础,对寺院内部体制加强整顿,确立幕府对寺院的统制,并借以取代天皇对佛教各宗派施加影响。

总之,上述"法度"的共通点,表面上是让武士、朝廷、寺院各司其职,各自扮演"法度"所规定的角色,幕府对其内部事务的解决不进行干预,实质上是幕府从外部对他们加强控制,并在必要时进行干预。通过这些"法度",江户幕府具有了超越镰仓、室町两个幕府的地位和强大权力。

在创下为江户幕府奠定基础和使日本重归一统的业绩后,1616年4月17日,即"元和偃武"的第二年,德川家康在今天静冈市葵区的骏府城去世,享年75岁。他临终留下遗言:葬礼在江户净土宗的总本山增上寺举行;灵位供奉于三河国冈崎城(爱知县冈崎市)德川家的菩提寺大树寺;遗体先葬于骏河国(静冈县)的久能山,一周年祭日移葬今天栃木县境内的日光山；要求天皇赐予神号。德川家康的遗愿获得忠实执行。第108任天皇后水尾天皇赐予德川家康"东照大权现"的谥号。祭祀德川家康的神宫，因此叫"东照宫"。需要说明的是，日本全国有很多东照宫，其中栃木县的日光东照宫、静冈县的久能山东照宫、埼玉县的仙波东照宫，是"三大东照宫"。

顺提一笔，在德川家康殁后，他的第9个儿子、尾张藩（名古屋）藩主德川义直量了德川家康的身高，做了"等身高"的牌位，自此成为规矩。因而冈崎德川家的菩提寺大树寺内祭祀历代将军的牌位，除了末代将军德川庆喜的牌位在东京上野的宽永寺内，都是"等身高"，参差不齐。这些牌位显示，历代将军中身材最高的是160厘米的第2代将军德川秀忠。最矮的是活到63岁去世的第5代将军德川纲吉，仅124厘米。德川家康的身高为159厘米，但是在静冈久能山东照宫，有一德川家康38岁时的手掌印，旁边文字标明当时德川家康身高155厘米。菩提寺中德川家康的身高，有拔高之嫌。我们也可以据此了解当时日本人的身高。

3. "幕藩体制"

江户时代的政治体制是幕藩体制，由幕府和276个藩构成。德川幕府的第2代将军是德川秀忠，但实际掌权的是他父亲德川家康，因此没什么作为。1623年，德川秀忠把将军职位让给了嫡长子德川家光。家光执政后，在内政外交各方面采取了一系列措施，使"幕藩体制"最终确立。"藩"意为"屏障"，是江户时代中期的一些儒者最先使用的。"幕藩体制"的概念则是1953年由古岛敏雄提出的。

六、江户时代风云录

当时,各藩大名根据与幕府的亲疏关系,分为三类。第一类是与德川家族具有血缘关系的亲藩大名,包括在宗家没有子嗣时有资格继承将军职务的"御三家",即尾张藩主、第9子义直,纪州藩主、第10子赖宣,水户藩主、第11子赖房。最初的御三家是将军家、尾张家(名古屋)、纪州家(和歌山)。水户家(茨城)是世袭副将军,负责弹劾将军不当行为和与朝廷沟通。将军继嗣也由水户家定夺,后取代德川宗家成为"御三家"。第8代将军德川吉宗当政时,决定其次子宗武和四子宗伊也有继承将军的资格。之后,第9代将军德川家重让次子重好也有了继嗣资格,形成了"御三卿"。"御三卿"分别以离他们邸宅最近的江户城门命名,叫田安家、一桥家、清水家。之所以叫"御三卿",是因为三家当主都是从三位,官位相当于"卿","御三卿"家格低于"御三家"。第二类是"关原之战"前追随德川家族的谱代大名。第三类是关原之战后归顺德川家族的外样大名。外样大名不可参与幕府政治,以后倒幕的主力萨摩藩(鹿儿岛)、长州藩(山口)均是外样大名,就与这种制度性安排直接相关。必须说明的是,亲藩大名、谱代大名、外样大名的政治和经济地位并不成正比。外样大名虽然政治地位最低,但是俸禄并不低。例如,后来成为"倒幕"主力的萨摩藩和长州藩的藩主都是外样大名,但萨摩藩岛津氏的俸禄是77万石,长州藩毛利氏的俸禄是36万石,远高于很多谱代大名和亲藩大名。

"幕藩体制"有"三大支柱":石高制、兵农分离制、锁国制。所谓"石高制","石"是计量单位,一石大米约合15公斤,"高"是"数额、数量"。石高制取代了以钱币为俸禄单位的"贯高制",以领地上的稻米产量作为给大名的俸禄标准,由大名将其承包给个人耕种。也就是说,大名们不是每年从幕府将军那里获取稻谷,而是一次性获取面积不等土地，然后将土地让私人或集体（村）承包。承包者根据"二公一民"或"三公二民"的比例缴纳年贡。

"兵农分离制"就是整个社会分成职业世袭的"士、农、工、商"四个等级。武士是统治阶级，农、工、商是被统治阶级。士、农、工、商都是世袭的。有的富商通过联姻而晋身士族，但总体上阶级稳定，阶层（如武士等级）也稳定，政治和经济地位未必成正比。

"锁国制"是1633年至1639年，江户幕府第3代将军德川家光连续5次颁布被后世称为"锁国令"的法令形成的制度。不过，和"幕藩体制"一样，当时并没有"锁国"这个词。这个词的首次出现是1801年。这一年，兰学家志筑忠雄翻译了冒充荷兰人进入日本的德国人坎佩尔（Engelbert Kaempfer）回国后写的《日本志》第六章，题名《锁国论》。"锁国"一词，就此问世。

所谓"锁国令"，主要内容有两项，一是禁止基督教传播，二是对贸易进行统一管制。实际上，整个江户时代，日本对外交流从未中止。当时，江户幕府在长崎造了一个人工岛，叫"出岛"，允许荷兰在那里建"商馆"，和日本做生意。为什么只有荷兰有这项权利？因为最初进入日本的西方人是西班牙和葡萄牙人，他们奉行"商教一致"原则，就是日本人如果想做生意，必须允许传教。但荷兰答应只做生意，不传教，所以独享了这项特权。整个锁国时代，日本既没有与世隔绝，也没有自给自足。对"锁国"不能望文生义。

除了实行控制对外交往的"锁国"，德川家光在内政方面则强化将军权力，明确属下职权，规定：幕府"大老"为政事总裁；"老中"主要协调幕府和朝廷的关系，统率大名，管理外交、财政、大规模工程建设等；"若年寄"主要是统领作为将军直属家臣的"旗本"和"御家人"，负责江户城防卫和江户城附近的行政。之后,德川家光又设立了管理寺庙神社的寺社奉行、管理财务的勘定奉行等职位,设立负责各藩和幕府联系的"留守居"。

1635年,德川家光对《武家诸法度》进行了大幅度修改,颁布了《别本诸法度》,使《武家诸法度》第9条规定的"诸大名参觐做法"法制化。所谓"参觐",就是规定各藩大名必须1年居住在江户辅佐将军执行政务,1年在自己领地主持藩政,每年4月进行轮替;规定各藩必须严格执行幕府法令;各藩大名不可擅自缔结婚姻;不可结党结盟,也不可引发事端;必须维持道路畅通,不得擅自设立关卡收税;不得建造大型船只;"国主、城主、一万石以上为大名"。另外,德川家光还废除了赐给家臣领地的"地方知行制",改由支付米和货币的"俸禄制";同时进行"检地"即丈量土地并分出优劣,规定领地由各藩直接经营。

荷兰商馆

1651年4月20日,德川家光去世,他的儿子、11岁的德川家纲在江户接受天皇"宣旨",成为第4代将军。从此,在江户接受"宣旨"成为惯例。德川家纲自幼健康欠佳,主导幕政的是以酒井忠清为首的门阀势力。总体上说,这一时期推行的政策较以前有人情味,例如在1663年禁止大名去世后家臣殉死。1680年,40岁的德川家纲去世。因为没有儿子,他的弟弟、德川家光四子即馆林藩藩主德川纲吉成为第5代将军。

德川纲吉在历代将军中身材最矮,只有124厘米,但是非常强悍,就任将军后在政治、经济、文化各领域,对德川家纲的"仁政"做了大幅度修正,建立了集权体制。在政治方面,德川纲吉党同伐异,首先解除幕府权臣酒井忠清的职务,压制掌控幕政的谱代大名,重用他在馆林藩的下属,重新颁布《武家诸法度》,突出强调"文武忠孝"。在经济金融领域进行全面整顿,制定新的流通政策,重新铸造货币,减少金银成色,同时大量铸造铜币用作日常交易,减少在与中国和荷兰的贸易中金银的流出,对与荷兰及中国商船的年贸易额进行限制;设立"长崎会所"控制和垄断重要物资的贸易。在文化政策方面则强化对民众的"洗脑",特别是建立孔庙,为儒教圣贤造像,并因孔子出生于鲁国昌平乡而将江户原来的"相生坂"改名为"昌平坂",建立"昌平坂学问所"宣讲儒学;同时为伊势神宫、石清水八幡宫、兴福寺等神社佛阁的修建投入了大量费用。

1683年,德川纲吉的独子德松夭折,年仅5岁,之后他一直没有儿子。僧人隆光称,德川纲吉没有儿子是因为前世杀生太多,未还前世孽债,应该保护生灵,特别要爱护犬类,因为德川纲吉属狗。于是,德川纲吉便颁布了《生类怜悯令》,严禁屠杀一切生灵,对犬类尤其爱护。

六、江户时代风云录

这一法令实施了 20 多年，直至德川纲吉去世才废止。根据江户时代著名政治家和儒学家新井白石记述，为一个牲畜而遭到极刑或满门抄斩、被流放、妻离子散者，达数十万之多。虽然德川纲吉在政治、经济、文化各领域全面推行的政策，取得了史称"天和之治"的成效，但是日本学术界对他的评价褒贬不一。

　　1709 年，64 岁的德川纲吉去世。根据德川纲吉生前安排，他的侄子德川家宣成为第 6 代将军。德川家宣执政后，立即废除了《生类怜悯令》等备受诟病的政策，并由新井白石主导"刷新"政治，改订《武家诸法度》，使之更具儒学色彩；铸造"正德金银"提高金银货币成色；进行贸易改革；等等。1712 年秋，德川家宣根据新井白石的建议，立儿子锅松为将军继承人。当年 10 月 14 日，51 岁的德川家宣撒手人寰。未满 4 岁的锅松由灵元法皇赐名家继，成为德川幕府第 7 代将军。不到 4 岁的小孩自然不可能亲政，因此一切照旧。1716 年 4 月，年仅 8 岁的德川家继夭折，"御三家"的纪伊藩第 2 代藩主德川光贞的四子德川吉宗成为第 8 代将军。同年，朝廷改元享保。江户时代共经历了三次改革，其目的无非是为了巩固"三根支柱"。德川吉宗推行了第一次改革：享保改革。德川吉宗出生于 1684 年 10 月 21 日，是纪伊藩第 2 代藩主德川光贞第 4 个儿子。史料记载，当了藩主的德川吉宗为了节省开支，以身示范，生活俭朴，平日里只穿棉布衣服，一天只吃两餐，而且以糙米和青菜为主，每餐三菜一汤，被称为"平民藩主"。他还时常微服私访，甚至帮着裁决家长里短。享保改革不仅使江户时代"中兴"，而且在日本吸收西方文化历史上具有里程碑意义。江户时代的第二次改革始于 1787 年，史称"宽政改革"。因 14 岁成为将军的德川家齐年幼，主导改革的是幕府老中、德川吉宗的孙子松平定信。松平定信对意识形态的监控严密,史称"宽政异学之禁"。开始于1841年的第三次改革,史称"天保改革"。当时48岁的第12代将军德川家庆虽然年富力强,但主导改革的是幕府首席老中水野忠邦。这场改革首先从整肃幕府衙门纲纪、压缩行政开支入手。其他的改革措施主要有三项:一是打击囤积居奇,减少流通环节和"苛捐杂税",降低市场物价;二是推行农政改革,鼓励开垦荒地,奖励储粮备荒;三是向豪商等征收额外的税金——"御料金"用于政府财政开支,要求在江户和大坂周围拥有领地的大名、旗本,将领地交给幕府,由幕府转封其他地方的土地。

水野忠邦主导的天保改革得罪的人太多,因此广遭嫉恨。1843年9月,幕府以健康原因令水野忠邦"休息"。几天后,幕府以水野忠邦"独断专行"为由,罢免了他的职务,并勒令他"谨慎"即"禁闭"。在水野忠邦被勒令"谨慎"的当天黄昏,大批民众将他的府邸包围,往里投掷石块。世界各国的改革者不乏悲剧性人物,水野忠邦也不例外。

4. "樱田门外之变"

2010年10月,日本东映电影公司拍摄的《樱田门外之变》上映。影片以艺术的方式再现了日本历史转折时期血腥和惊心的一幕:农历1860年3月3日,18名"草莽武士"将江户幕府大老井伊直弼刺杀。旅日藏族歌手阿兰演唱的主题曲《沉睡在雪中的悲伤》,旋律凄婉,歌词哀婉,将雪白血红的场景和日本文化的"物哀"特质,演绎得淋漓尽致。电影结尾处,西乡隆盛骑在马上,用马鞭指着江户城的樱田门说:"一切都是从这里开始的。"这句话道出了"樱田门外之变"的里程碑意义:

六、江户时代风云录

这场事变拉开了明治维新的序幕。

1853年6月3日，美国东印度舰队司令、海军准将马修·培理（Matthew C. Perry）作为美国赴日特使，率领2艘蒸汽船、2艘帆船驶入江户湾浦贺海面，史称"培理叩关"。由于美国兵船船体皆呈黑色，又称"黑船来航"。由培理携带的美国总统亲笔署名的国书称，这次派遣培理赴日，只为表示友好和要求通商，绝无其他目的，并宣称美国法律规定对友好国家的宗教、政治一律不予干涉，因此绝不干涉日本的禁教方针。6月12日，美国舰船离开江户湾驶往琉球（冲绳），并称来年将再访日本，听取答复。1854年1月16日，培理又率领7艘兵船驶入江户湾，停泊于小柴附近海面（今武藏久良岐）。2月10日，会谈在横滨正式举行，一共进行了四轮。3月3日，日本和美国签署了《日美亲善条约》。由于签约地点横滨是神奈川首府，因此又称《神奈川条约》。

随后，美国要求和日本签署"通商条约"。经过一番谈判后，双方基本达成协议。为了获得天皇敕许，幕府派大学头林韑和"目付"（监察官）津田半三郎前往京都，结果徒劳往返。随后，幕府又派遣负责外交的老中堀田正睦（相当于外务大臣）、"勘定奉行"（相当于财政部长）川路圣谟、"目付"岩濑忠震等高官再度赴京觐见孝明天皇，要求敕许，但孝明天皇仍不予敕许，表示兹事体大，要求幕府再议，令幕府非常不爽。天皇为什么对通商条约不予敕许？主要是因为幕藩内部围绕"将军继嗣"问题产生了分庭抗礼的两派，使孝明天皇看到了强化自身权威的良机。

"将军继嗣"的产生，主要是因为1853年6月22日幕府第12代将军德川家庆去世，他第4个儿子德川家定继位，成为第13代将军。德川家定继位时虽然是而立之年,但身体羸弱且没有子嗣,因此幕府决定早日指定将军继承人。按照祖制,将军只能在"御三家"和"御三卿"中产生,而适合成为第 14 代将军的有两位候选人:一位是"御三家"纪州藩主德川齐顺的长子、8 岁的德川家福,另一位是"御三卿"一桥家的一桥庆喜。一桥庆喜是水户藩主德川奇昭的第 7 个儿子,因过继给一桥家而改姓,时年 17 岁。推举德川家福一派被称为"南纪派",推举一桥庆喜一派被称为"一桥派"。

1858 年 4 月 23 日,彦根藩藩主、"南纪派"的井伊直弼担任了幕府政事总裁——"大老"。当年 6 月 19 日,井伊直弼授意幕府代表井上清直、岩濑忠震和停泊于江户湾的"波瓦坦"号的美方代表顿赛德·哈里斯(Townsend Harris)签署了《日美友好通商条约》。未获天皇敕许而签约属于"擅自签约","御三卿"方面表示强烈不满和谴责。但是,由井伊直弼主导的幕府不仅毫不示弱,而且于 6 月 25 日正式发布了德川家福为将军继嗣的文告。6 月 27 日,接获"宿继奉书"(驿站间紧急传送,即"马不停蹄")关于幕府"擅自签约"的急报后,孝明天皇甚为震怒,以"退位"对幕府施压。但是,井伊直弼等并不退让。就在双方矛盾日趋紧张时,7 月 6 日(公历 8 月 14 日)德川家定去世,13 岁的德川家福继位,改名德川家茂,成为江户幕府第 14 代将军。"田安家当主"德川庆赖担任"后见"(将军辅佐)。

井伊直弼执政后,党同伐异,任人唯亲,令"一桥派"忍无可忍。于是,一桥庆喜、德川齐昭、水户藩藩主德川庆笃、尾张藩藩主德川庆胜、福井藩藩主松平庆永相继登上江户城,向幕府"讨说法"。但是,根据《武家诸法度》,什么时候能够登江户城是有严格规定的,擅自登城属于犯法。既然犯法,井伊直弼岂会不予追究?于是,井伊直弼令德川

六、江户时代风云录

齐昭"永久蛰居"(一辈子待家里不许外出),一桥庆喜、德川庆笃等"谨慎"(禁闭家中,白天不得开门)。

朝廷方面则继续发起"攻击"。8月5日,孝明天皇敕令关白九条尚忠对幕府的"横道"组织"评议",并根据评议内容拟定敕谕发往幕府,特别对"擅自签约"进行严厉谴责。同时,孝明天皇还史无前例地直接向水户藩下了一道密敕,史称"戊午密敕"(1858年是农历戊午年)。其中有一项内容:除掉井伊直弼,并要求水户藩主向"御三家"和"御三卿"及全国各藩藩主传达,要求他们举兵勤王。① 孝明天皇之所以将这道密敕发给水户藩,主要是因为水户藩是老牌尊皇藩,值得信赖和依靠,而且水户藩是"一桥派"主力。

面对朝廷咄咄逼人的态势,幕府开始展开猛烈反击。根据幕府律法,水户藩属于幕府的臣属,越过幕府私自接受天皇的诏书,属于藐视幕府权威,当予以严惩。井伊直弼派幕府老中间部诠胜和他的老师长野主膳亲自率领军队前往京都,将参与传递密敕的万里小路、鹈饲父子等人逮捕。经过连夜突击审问和严刑拷打,"案犯"对所犯"罪行"供认不讳,并交代了同党。井伊直弼立即展开严厉镇压,将近百名涉案者抓捕。名士桥本左内、梅田云浜、赖三树三郎均被逮捕处死,水户藩"家老"安岛带刀被下令切腹自尽。这场恐怖镇压,自1858年后半年一直持续到1859年年中,史称"安政大狱"。著名思想家吉田松阴因涉嫌企图刺杀老中间部诠胜,被处以极刑。他临死前留下的绝笔成为"尊皇"的绝唱:"吾今为国死,死不负亲君,悠悠天地事,鉴照在明神。"

1859年正月,幕府要求天皇颁发收回"密敕"的诏书,孝明天皇被

---

① 宫内省编《孝明天皇纪》第3卷,安政五年八月八日条。

迫妥协。12月15日，井伊直弼命令水户藩主德川庆笃三天内遵旨执行，将密敕转交幕府。井伊直弼的独断横行，令水户藩的激进派感到危机的临近，他们不甘坐以待毙。于是，金子孙二郎、关铁之介等经过周密谋划，发动了刺杀井伊直弼的行动——"樱田门外之变"。

1860年3月2日，20多个武士汇聚江户品川一家叫"相模屋"的酒楼举行秘密会议。待众人坐定，会议主持者、水户藩尊王攘夷派领袖金子孙二郎开口了："诸位，明天是上巳节（驱邪避恶的节日），各藩大名都将登上江户城，井伊直弼必然参加。他的行列离开府邸后，必然会经过樱田门并沿护城河行进，我们就在那里动手。不过，由于各藩都加强了控制，原先计划50人参加这次行动，现在能够参加这次行动的只有水户藩17人和萨摩藩的有村次左卫门，而井伊直弼有60名侍卫。但是，如果明天不动手，天机恐怕会泄露。所以，成败就在明天！"随后，金子孙二郎宣布，由水户藩士关铁之介指挥整个刺杀行动。关铁之介当即进行了部署。历史证明，整个事变进程完全没有超出关铁之介预料。双方配合如此"默契"，仿佛事先一起进行过认真"排练"。

3月3日凌晨，漫天飞雪。在60名侍卫（官员侍卫人数有明确规定）前后护卫下，井伊直弼的行列出了府邸。行至樱田门外，奉命行事的森五六郎佯装拦轿告状，冲上前去大叫："报！报！"见此情状，井伊直弼手下专门处理此类事务的"供头"日下部三郎右卫门跑到森五六郎跟前。但是，未待他问明究竟，已被森五六郎挥刀砍翻。见有刺客，侍卫一拥而上。

"果然不出所料！"原来，关铁之介早有部署：当森五六郎拦轿告状、砍倒前边的侍卫后，所有侍卫必然注意前方，井伊直弼轿旁的警卫将会松弛。此时,同样奉命行事的黑泽忠三郎,举起手枪向井伊直弼的坐轿射击。子弹洞穿轿子,击中井伊直弼的大腿。枪声是向全体人员发出的信号:"动手!"顷刻,埋伏在两侧的武士一拥而上,挥刀向井伊直弼的侍卫砍去。侍卫们有的未及拔刀出鞘便成新鬼。激战中,稻田重藏将刀刺入轿内,有村次左卫门随即将井伊直弼从轿中拖出,挥刀砍下他的首级。眼见大功告成,有村提着首级欢呼:"取到首级了!"主公首级被取,侍卫们纷纷停止了搏杀——按照日本武家"规矩",主公被杀,可以不必再战。

此次刺杀行动,"樱田18士"或阵亡,或自刃,或自首后被杀,或死于狱中,只有增子金八和海后磋矶之介2人隐姓埋名,活到明治时代。井伊直弼的60名侍卫死亡8人,负伤13人。死亡者获准保留武士名分,重伤者减俸和流放,轻伤者切腹,无伤者和轿夫全部斩首并剥夺武士名分。

井伊直弼被刺后,接掌幕政的老中安藤信睦忌惮草莽武士的恐怖,不得不改变此前和朝廷抗衡的强硬方针,转而鼓吹公家(朝廷)和武家(幕府)亲睦的"公武合体"论,积极撮合都是13岁的孝明天皇的妹妹和宫与将军德川家茂成婚。为了不让幕府借助朝廷苟延残喘,倒幕派武士再次采取恐怖行动,演绎了刺杀安藤信睦的"坂下门之变"。

1862年1月15日下午5时,安藤信睦的行列走出位于江户西丸的府邸。在到达坂下门外时,一名刺客佯装"上访"走进安藤信睦的轿子,突然用短枪向内射击。随后,6名刺客与安藤信睦的侍卫展开激战,因寡不敌众,被全部斩杀。受到惊吓的安藤信睦幸免于难,只是被刺客平山兵介砍伤了一只手。

同年3月11日,孝明天皇的妹妹和宫与德川家茂举行了婚礼。

但是，幕府气数已尽，"公武合体"充其量只是让幕府苟延残喘，而长州藩(山口县)、萨摩藩(鹿儿岛县)这两个高举"尊王攘夷"大旗的"外样"雄藩，在土佐藩乡士坂本龙马的斡旋下建立了"萨长联盟"，开始全面实施进入"中央"、取幕府而代之的计划。面对各方压力，幕府不得不妥协，于1862年4月25日解除了对一桥庆喜、松平庆永、德川庆恕的处分(德川齐昭已在1861年去世)，并让他们重新参与幕政。之后，一桥庆喜担任了将军德川家茂的"后见"(将军辅佐官)，成为幕府的核心人物。1866年8月29日，患有多种疾病的第14代将军德川家茂在大坂城去世，年仅20岁。12月5日，一桥庆喜接受天皇"宣下"，改名德川庆喜，成为江户幕府第15代将军。1年半后，在内忧外患的局势下，无奈"大政奉还"。日本历史进入明治时代。

七

"其命维新"的真相

1. 1862：划时代的年份

明治维新开始于1868年,但除了"樱田门外之变",1862年发生的另外两件事也具有为明治维新举行"奠基礼"的划时代的意义。

1860年,幕府派遣新见正兴和村垣范正前往美国交换《日美友好通商条约》文本。根据在美国逗留的感受,村垣范正回国后向幕府提议:"若使有志者留学,则将多有收益。"他的这一提议当即获得幕府采纳。但由于美国爆发了南北战争,于是幕府便在1862年派遣西周、津田真道赴荷兰的莱顿大学留学。"维新三杰"大久保利通的后代、日本著名史学家大久保利谦,对幕府这一决定有如下评述:"西周、津田真道留学荷兰,是幕末洋学史上真正具有划时代意义的壮举。因为在作为日本人首次正式学习西洋近代人文社会科学方面,他们的业绩迈出了明治新文化建设的第一步。"①

1863年6月4日,西周和津田真道到达了荷兰鹿特丹,随后进入莱顿大学,师从莱顿大学教授、自由主义经济学权威西蒙·毕洒林

---

① 大久保利谦:《幕末·维新的洋学》,吉川弘文馆,1986,第90页。

(Simon Vissering，1818－1881)学习自然法、国际法、国内法、经济学、统计学等"五科"。日本经济学、法学、统计学等现代学科发展至今，第一步就是这样跨出的。按《西周传》作者森鸥外的说法："西周和津田真道所学政事学五科，几乎全部得以翻译、介绍，唯缺经济学。"但是，他俩在经济学领域却做出了重大贡献。1874年，西周发表了《人世三宝说》，将"最大福祉"视为"人类第一最大目标"，并提出了实现这一"目标"的三个必备条件——"第一健康，第二知识，第三富有"，称这三个条件为"人世三宝"，并特别强调了"富有"的重要性。很显然，他的这一观点显示了经济学的终极目标。津田真道则将今天人们耳熟能详的"要致富，先修路"的观点，表述得非常清晰。他在《天外独语》和《运输论》中提出："富国强兵有三大急务和一个重要秘诀。三大急务，一是改革兵制，二是兴办学校，三是建造舟船以便运输。""改革兵制可以强军力，兴办学校可以开知识，融通运输可以富国家。"在《论保护税之非》和《贸易权衡论》中，津田真道更是将他反对贸易保护主义的自由主义经济学思想发挥得淋漓尽致，对以后日本政府的经济政策产生了重要影响。

1862年9月14日，还发生了一起重要事件，史称"生麦事件"。这一事件不仅对触发萨摩藩向英国学习具有重要意义，而且对改变日本政府"攘夷"政策具有重要影响。那天，查理斯·理查逊(Charles Richardson)、他的店员克拉克(Clark)、英国商人马歇尔(Marshall)和太太布罗代尔(Braudel)，从横滨前往川崎，途经东海道沿线的生麦村(今横滨市鹤见区内)，正好遇见萨摩藩主岛津茂久的父亲岛津久光及其由700人组成的浩大仪仗队经过。按照"规矩"，平民遇见大名仪仗队必须下跪并退让。这几个英国人曾经在中国生活，骄横惯了，不知道日本武士和中国官僚的差别，没有遵守"规矩"。洋人"目中无人"，令岛津久光一行极度不满。偏巧马歇尔的太太布罗代尔的坐骑因为受惊，冲入了仪仗队。岛津久光手下一个叫奈良原喜左卫门的卫士见状勃然大怒，当即挥刀砍伤了理查逊，其他卫士随后将理查逊砍死。马歇尔和克拉克也被砍伤，马歇尔的太太布罗代尔则被削去头发，她吓得失魂落魄，落荒而逃。

光天化日之下对英国非武装人员施暴，令英国侨民群情激愤。英国官方为此向日方提出了强烈抗议，要求将凶手交由英方处置。但是，萨摩藩对此不仅置若罔闻，而且捏造事实。在给幕府的报告中，萨摩藩称砍死砍伤英国人的是一名叫冈野新助的"足轻"（下级武士）。但这纯属杜撰，因为岛津久光的卫队中根本没有"冈野新助"这个人。见萨摩藩一味推诿扯皮，1863年3月，英国政府给英国驻日公使发出训令，要求他转交英国政府致日本幕府的最后通牒。4月9日，英国公使将这份通牒交给了幕府老中松平信义，要求在20天内答复。这份最后通牒长达20多页，主要内容是：要求日本政府就此次事件向英国政府郑重道歉，承诺以后将尽到保护英国侨民生命财产的职责；交付10万英镑作为受害赔偿；命令岛津久光严惩凶手，并命令岛津久光交付25 000英镑作为遗族抚恤金和伤者抚慰金。

为了迫使日本幕府接受上述要求，英国将由12艘军舰组成的一支舰队停泊于横滨进行威慑。但是，英国在提出上述要求后发现，幕府势力正急剧衰落：将军德川家茂"留"在京都几乎被扣为"人质"；幕府遵从京都朝廷的旨意让一桥庆喜担任了将军的"后见"（辅政王），日本各地攘夷之火愈发炽烈。在这种局势下，让幕府接受那些要求根本没有可能，于是决定对萨摩藩进行炮击，直接惩戒当事者。

七、"其命维新"的真相

萨摩藩方面也并不示弱,当事人奈良原喜左卫门等人还分别伪装成国书答复使者、卖西瓜的商人等,试图登上英国军舰进行袭击。伪装成使者的成员成功登舰,但其他人则因为英方戒备森严未能登船,因而这一计划最终以流产告终。

公历1863年8月11日(文久三年六月二十七日),以旗舰"尤尔雅勒斯"号(*HMS Euryalus*)为首的7艘英国军舰,在海军中将奥古斯特·库帕指挥下驶入鹿儿岛湾,要求萨摩藩当局处罚凶手和向死伤者家属支付抚恤金和抚慰金25 000英镑,并限定在24小时内答复。第二天,萨摩藩做出答复:(1)一旦发现凶手立即处罚;(2)支付抚恤金和抚慰金,须待判明事非曲直后再行决定。面对萨摩藩的这一态度,英国方面决定使用武力。双方随即展开了一场激战,日本史称"萨英战争",也称"鹿儿岛炮击事件"。激战中,由于萨摩藩炮台的火炮样式老旧,射程较近,而英军的火炮,特别是1855年服役、以设计者名字命名的"阿姆斯特朗炮"射程远,威力大,将萨摩藩很多炮台摧毁。

不过,由于英方对萨摩藩的抵抗力估计不足,所以双方基本上打了个平手。双方均损失惨重:停泊在湾内的萨摩藩船3艘被英军捕获,后成为日本外务卿的松木弘安(寺岛宗则)等被俘,大量炮台被毁,鹿儿岛约1/10市区被毁。值得一提的是,开炮击中英国军舰的炮手大山岩,后来成为"满洲军"司令官、日军最早的元帅。为大山岩搬运炮弹的炮手是,被称为"日本海军之父"并且担任过首相的山本权兵卫和后来被称为"军神"的东乡平八郎。

英军旗舰"尤尔雅勒斯"号的舰长和副舰长在激战中阵亡,损失也不小。之后,通过土佐藩斡旋,双方进行了反复交涉,最终达成协议:(1)萨摩藩如抓获生麦事件的犯人,立即在英国士官的面前进行处罚;

(2)英国为萨摩藩购买军舰进行斡旋。以上述两个条件为基础,萨摩藩承诺支付赔偿金5 000英镑。英国方面对萨摩藩的善战给予了积极评价,而萨摩藩方面也认识到了英国的实力,特别是他们发现英军不仅火炮颇有威力,而且炮弹也不同——英军的炮弹是锥形的,有引信引爆,于是便开始学习建造反射炉,制造西洋式火炮、炮弹。更重要的是,萨摩藩意识到"攘夷"不是明智的选择,转而采取了和英国接近的方针,并派遣19人赴英留学。这批留学生包括后来的日本明治政府外务卿寺岛宗则、海军兵学校校长松村淳藏、东京开城学校(东京大学前身)校长富山义成、首任文部大臣森有礼。也就是说,在"鹿儿岛炮击事件"中领教了西洋近代化军事力量的萨摩藩,转而推进开国方针,在幕末的政局中开始拓展新的道路。按照日本外交史研究权威学者清泽洌的观点:"生麦事件不仅是攘夷热潮的一种表现,而且是日本历史的一个重要转折点。因为,这一事件使攘夷雄藩取得了与列国交涉的机会。决定武士态度的是实力,这一事件为武士提供了与列国海军'角力'的机会。当他们能够正确认识和评价对方的实力时,问题也就得以解决了。"

1862年,长州藩也开始学习西方进行军制改革,并且在1863年秘密派出5名留学生远赴英伦,史称"长州五杰",其中包括被誉为"明治宪法之父"的第一任首相伊藤博文,当时他的名字叫伊藤俊辅,还包括以后历任明治政府外务、内务、财政、农商大臣的井上馨,当时叫井上闻多。不过,他们学习西方的目的是为了"师夷之长技以制夷"。

1863年正月,"尊王攘夷派盟主"、长州藩主毛利庆亲和毛利定广父子赶赴京都向朝廷建议,请天皇率众臣赴加茂神社、石清水神社、泉涌寺做"攘夷"祈愿,获得朝廷采纳。同时,朝廷要求当时被"留"在京

七、"其命维新"的真相

都的幕府将军德川家茂尽早确定攘夷日期。面对朝廷催逼,4月20日,德川家茂奏告朝廷:自五月初十(公历6月25日)开始攘夷。翌日,德川家茂又通过武家传奏将这一决定向在京都的诸藩"留守居"(驻京都办事处)做了通报,命令:"诸军政将官,当扫攘丑夷。"4月23日,幕府向诸藩宣布了坚决攘夷的命令:"各防卫本国海岸,严阵以待,若夷袭来,坚决扫攘。"5月9日,幕府通告各国公使将关闭港口。

在规定"攘夷"的公历6月25日,长州藩向停泊在下关海峡的美国、法国、荷兰船只发炮攻击,双方的激战进行了1小时10分,史称"下关事件"。长州藩海军遭受重创。法国东洋舰队司令官乔莱斯少将率领"塞米拉米斯"号和"坦克莱特"号两艘军舰驶抵下关,法军官兵登陆并占领了前田炮台。法军毁坏炮台,打开弹药库,将炮弹投入大海。由于长州藩藩兵无法抵挡法军进攻,长州大名无奈只得起用著名尊王攘夷派首领高杉晋作,让他带人驻守下关。高杉晋作认为要抵挡外敌入侵,不能只靠藩兵,必须发动民众展开全民战争。因此接受任命后,高杉晋作从下级武士、农民和市民中挑选了一些勇敢有志之士,组建了一支新式军队。这支军队就是日本新式陆军之滥觞——"奇兵队"。

1864年8月28日、29日两天,由英国海军中将库帕任司令官、法国海军少将乔莱斯任副司令官的英、美、法、荷四国"联合舰队",从横滨港出发驶向下关海面。"联合舰队"有英舰9艘、法舰3艘、荷舰4艘、美舰1艘(由商船改装)组成,总计有17艘军舰,288门大炮,5 014名官兵,实力相当强大。"联合舰队"到达丰后姬岛海面后,长州藩派遣松岛刚毅、井上闻多(即明治维新后曾任外务卿、内务卿等要职的井上馨)、伊藤俊辅(伊藤博文)前往交涉,提出以开放海峡为条件,要求列强退兵,但"联合舰队"根本置之不理,于9月5日发炮轰击下关炮台,双方展开激战。长州藩虽士庶无别奋力抵抗,终因列强"船坚炮利",仅3天,长州各炮台即被联合舰队登陆士兵占领。英、美、法、荷四国代表借战胜之威,向日方提出赔款等要求。长州方面派高杉晋作、井上闻多、伊藤俊辅等前往联合舰队旗舰谈判,最后被迫签"城下之盟"。

签署条件苛刻的"城下之盟"无疑是一种屈辱,但成为长州藩与英国建立亲密关系的契机。公历1865年11月22日(庆应元年十月五日),根据幕府要求,孝明天皇终于对已经签署了8年的《安政五国条约》给予"敕许"。

2. 萨长结盟,联手倒幕

明治维新是由萨摩藩(鹿儿岛县)和长州藩(山口县)主导的近代化改革。从明治维新到第二次世界大战结束,"居政府之中坚,执政府之牛耳"的就是萨摩、长州两大势力。尤其在军队中,萨摩藩势力主导海军,长州藩势力主导陆军,贯穿始终。然而,萨摩藩和长州藩曾经形同水火,为什么最后共掌"朝政"?

萨摩藩和长州藩的藩主都属于关原之战后跟随德川家康的外样大名,没有参与幕政的权力,在幕藩体制中属于被"边缘化"的主,但萨摩藩岛津氏俸禄77万石、长州藩毛利氏俸禄36万石,和很多只领有1万石俸禄的藩主相比,堪称"财主"。不过,这两个藩日益坐大,主要不是靠俸禄,而是靠发"不法之财":违反"锁国令"进行海外贸易。萨摩藩临近琉球,不仅始终和琉球进行违规贸易,而且琉球为日本实际控制后,与中国的贸易管理权也被萨摩藩掌控。长州藩则长期和朝鲜及

七、"其命维新"的真相

中国进行违规贸易。日本是个岛国,海岸线漫长,萨摩藩和长州藩均僻处西南,远离江户,幕府不可能始终严格管控。但是,这两个西南雄藩在幕末政局发生剧变时,最初不但没有强强联手"尊王倒幕",而且有不同的方针:萨摩藩主张"尊王佐幕",长州藩则主张"尊王倒幕"。不仅如此,二者还曾一度成为不共戴天的"死敌"。

1861年3月,长州藩藩士长井雅乐向藩主毛利敬亲递交了一个建议,叫《航海远略策》,建议实现"公(朝廷)武(幕府)合体、积极开国通商"。毛利敬亲采纳了这一建议,并命令长井雅乐觐见孝明天皇呈上《航海远略策》。孝明天皇本就不打算以激进的方式推翻幕府,欣然予以接受。但是,长州藩的桂小五郎(木户孝允)等"尊王攘夷"派武士认为,主张"公武合体"是"毁谤朝廷"。他们激烈反对,不仅迫使长井雅乐切腹自杀,而且使藩主毛利敬亲将反对幕府、要求废弃已签署的《日美通商条约》和"攘夷"定为"藩是"——藩的基本方针。

萨摩藩执政者却主张"公武合体"。1862年3月16日,萨摩藩主岛津忠义的父亲、执掌藩政实权的岛津久光亲自率领藩兵1 000余人"上洛"(进京),建议孝明天皇施行"公武合体"。但是,群集在京都的萨摩藩激进派表示反对。他们要求岛津久光领导开展"倒幕"运动,遭到岛津久光的拒绝。不仅如此,岛津久光还严格禁止他的手下与主张"倒幕"的激进分子接触。

然而,激进的"草莽武士"强烈主张"尊王倒幕"和"攘夷",并将主张辅佐幕府的"佐幕派"要员逐一暗杀(号称"天诛")。在这种恐怖气氛中,幕府不得不将主张"开国"的要员逐一处罚,包括将已死于"樱田门外之变"的原大老井伊直弼"削封"10万石,将井伊直弼的继任者、在"坂下门之变"中差点丧命的安藤信睦软禁。孝明天皇还采取了史称

"文久三年(1863)政变"的一系列措施削弱幕府权力,包括剥夺幕府介入朝廷人事任命的权力,规定任命关白、大臣等高官无须"咨询"幕府;打破幕府禁止朝廷与大名直接沟通的惯例,规定朝廷可直接对各藩大名发布指令;京都警卫由各藩大名负责,不再由幕府指派。

面对朝廷步步紧逼的态势,幕府自然不甘坐以待毙。幕府政事总裁松平庆永提出,如果朝廷坚持攘夷,拒绝开国,幕府当断然提出"大政奉还"施压。幕府重臣也一致认为,政局混乱源于政出二门。但是,经反复商议后,幕府最终做出了相反的决定,不是"大政奉还"天皇,而是要求天皇"大政委任"幕府,并决定由将军德川家茂亲自"上洛"(赴京)向朝廷提出。孰料,对于这一要求,孝明天皇通过关白鹰司辅熙答复道:"对征夷大将军的委任一如既往。重大国事当酌情由朝廷直接与诸藩商议。"所谓"一如既往",就是强调"征夷大将军"的主要责任是"征夷"。之后,幕府再次要求"大政委任",而孝明天皇则直截了当地表示"国家之大政大议,当遂奏闻",即重要事项必须即时汇报。更令德川家茂尴尬的是,孝明天皇让他留驻京都,并要求他尽早确定"攘夷"日期。德川家茂无奈奏告朝廷,第二年,即1863年5月10日,发兵攘夷,并向诸藩发出命令:"各防卫本国海岸,严阵以待,若夷袭来,坚决扫攘。"这一号令,得到了长州藩积极响应。8月14日,孝明天皇颁布了将亲征"攘夷"的诏书——"大和行幸诏书"。

眼见长州藩势力逐渐控制政局,萨摩藩倍感不爽,而幕府老中松平庆永等人为了压制试图倒幕的长州藩势力,也想借助萨摩藩势力,并命岛津久光父子进京。两者一拍即合。1863年8月18日,幕府、萨摩藩、会津藩(福岛县)等共同导演了驱逐长州藩势力的政变,史称"八一八政变"。长州藩自不甘心,竭力进行反扑。1864年7月19日,长

七、"其命维新"的真相

州藩军和幕府军、萨摩藩军、会津藩军组成的联军展开激战,因寡不敌众而惨败。这场激战由于在皇宫九个禁门之一的蛤御门附近的战斗最为激烈,因此史称"禁门之变"或"蛤御门之变"。长州藩与萨摩藩因此结下不共戴天之仇。长州藩的武士将萨摩藩和会津藩的武士并称"萨贼会奸",把这四个字写在鞋底上天天踩踏。

既然"不共戴天",为什么很快"化干戈为玉帛",并结成"萨长联盟"共同举起"尊王倒幕"的大旗?回答这个问题,必须进一步了解两者同幕府的关系,及其在"攘夷"问题上的真实意图。

1600 年关原之战后,萨摩藩无奈向德川家康俯首称臣。由于幕府对"归顺者"始终存有戒心,所以一开始就采取削弱其经济实力的做法——"减封",即减少封地。因此,萨摩藩曾长年财政拮据,入不敷出。在江户幕府建立后,甚至一度连藩主去江户"参觐交代"的旅费都难以筹措。但是,由于地处西南边陲,"天高将军远,地远心自偏",萨摩藩通过操控对马、琉球海外贸易,甚至违反规定"走私",财力迅速增加。幕府知情后即进行处罚。1851 年,在幕府的威压下,萨摩藩主岛津齐兴被迫引咎辞职。岛津齐兴的儿子岛津齐彬继任藩主后,采取"韬光养晦"策略,借"开国"之利,从 1860 年到 1867 年购入外国船只 17 艘,并建立"集成馆"制造枪炮。也就是说,在"禁门之变"中支持幕府仅是表象,并被后世称为"面从腹背"即阳奉阴违。关原之战后归顺德川家康的长州藩情况和萨摩藩类似,也是德川家的"穷藩属",并且穷了上百年,直到 1830—1843 年的天宝年间才靠"不法之财"脱贫致富。作为在"锁国时代"靠"暗度陈仓"积攒实力的萨摩和长州,为了维护自身利益,实际上都主张"攘夷",反对"开国"。因为一旦开国,江户变成通商口岸,贸易势必东移,其财路将被阻断。这也是为何在 1863

年5月10日天皇敕令攘夷当天，长州藩即发炮"攘夷"的主要原因。说白了，就是想在"尊王攘夷"的风潮中以"尊王"之名，迫使幕府继续施行"锁国"政策，为此不惜与幕府兵戎相见。萨摩藩的"佐幕"和长州藩的"倒幕"，看似趣旨迥异，实则异曲同工。

那么，这两个西南雄藩是如何形成联盟的呢？促成萨摩和长州两藩建立联盟的关键人物，是萨摩藩的西乡隆盛和土佐藩（高知县）的坂本龙马。熟悉日本史的读者都知道，西乡隆盛被誉为"最后的武士"，但可能不知道他这个武士其实是个年轻时在斗殴中右手被砍中神经，差点生活都不能自理的"三等残废"。西乡隆盛曾担任萨摩藩主岛津齐彬的亲信扈从，受开明的岛津齐彬富国强兵思想影响，立志改革幕府政治。后来，因痛感幕府已是"马尾巴串豆腐——提不起来"，而且因涉"安政大狱"两次被幕府流放，转而积极投身以"尊王攘夷"为旗号的倒幕运动。但他很清楚，"瘦死的骆驼比马大"，虽则幕府气数已尽，但仅靠萨摩藩一己之力难以扳倒幕府。此前萨摩藩和长州藩交手，使西乡隆盛看到了长州藩不俗的实力。"敌人的敌人可以成为朋友"，古今亦然。于是，西乡隆盛便萌生了与长州藩联手倒幕的念头。恰在这时，美国结束南北战争，不少武器流入萨摩藩。西乡隆盛从一个叫格罗夫的美国商人那里购得了一些枪炮，并转让给在与幕府的对立中急需武器的长州藩，这种"雪中送炭"的举措迅速拉近了萨摩藩和长州藩的关系。

将萨长两藩拉到一起的，是坂本龙马。坂本龙马是土佐藩（高知县）低级武士——乡士。日本武士分为两种，住在城下町的叫"城下士"，住在乡村的叫"乡士"。坂本龙马出生于世代经营清酒的"才谷屋酒店"，他们家占有土佐藩清酒市场过半的市场份额。但是，在强调身份等级的江户时代,乡士可以花钱买,城下士却不行。乡士虽然也能持姓佩刀,但不能住在城下町。

  坂本龙马能够扮演这一角色,主要有两方面原因。第一,他和萨长二藩的倒幕首领熟识。19岁的坂本龙马从老家土佐藩(高知县)到达江户后,进了北辰一刀派千叶定吉的剑术馆学习剑术,认识了倒幕派活跃人物桂小五郎(即木户孝允)。而西乡隆盛则是坂本龙马的偶像。坂本龙马化名"西乡伊三郎",就是表达对西乡隆盛的崇拜。第二,坂本龙马既非立场坚定主张攘夷,也非旗帜鲜明拥护开国。在他看来,摆脱民族危机的根本途径是"富国强兵"。为了实现这个目标,坂本龙马在长崎创办了一个商社,叫"龟山社中",专门从事军火贸易以及萨摩藩和长州藩之间的交通运输。

  1866年1月21日(也有说18日、22日),在坂本龙马的斡旋下,萨摩藩的西乡隆盛和长州藩的木户孝允在京都秘密会晤,缔结了六条盟约,要点:(1)举兵上京坂;(2)战胜后上奏朝廷;(3)万一战事不利,仍当全力以赴;(4)上奏朝廷,求免冤罪;(5)拥奉朝廷,尽力周旋;(6)获免冤罪后,振皇威,兴皇国,万死不辞。[①] 因为有这份盟约,在幕府第二次征伐长州时,萨摩藩不仅不出兵,而且还帮助长州藩向英国采购了7 000支新式步枪。倒幕主力,最终形成。

3. "千年政治史第一人"

  《朝日新闻》曾就"日本1000年政治人物排行榜""希望其重生拯

[①] 维新史料编纂会编:《维新史》,吉川弘文馆,1983,第4卷,第15编第2章第3节。

救今日",进行民意调查,坂本龙马均名列榜首。坂本龙马为何有如此高的声望?因为他不仅促成了萨长联盟,而且他提出的"船中八策"堪称明治维新的蓝图。

坂本龙马身份低微,不仅官方认可的"维新三杰"(木户孝允、西乡隆盛、大久保利通)中没有他的名字,而且1884年山胁之人的《维新元勋十杰论》,坂本龙马也不是名列其中的"草莽武士"。他生前几乎寂寂无闻,不熟悉日本史的读者甚至连坂本龙马的名字都没听过。但是,在被刺身亡几十年后,坂本龙马在日本突然闻名遐迩,受到各阶层人士拥戴,被视为"平民英雄""日本近代商业始祖""民主先驱""尊王楷模""帝国海军保护神"等等,不仅受尊重程度超越他的老师——先后担任江户幕府海军和陆军统领、明治维新后任海军卿的胜海舟,甚至超越"明治维新三杰"。

1867年6月9日,坂本龙马和土佐藩参政后藤象二郎一起乘藩船"夕颜号"赴京。在途中,坂本龙马提出了具有划时代意义的八条建议,史称"船中八策":(1)天下政权奉还朝廷、政令悉由朝廷发布;(2)设上下议政局,置议员参赞万机,万机决于公议;(3)以有才公卿诸侯及天下人才为顾问,赐予官爵,除以往有名无实之官吏;(4)广泛开展对外交往,签订新约;(5)折中古来之律令,重新撰定无穷之大典;(6)扩充海军;(7)置亲兵守卫帝都;(8)定金银货币与外国平均之法。① "船中八策"深得后藤象二郎欣赏,他与在京的西乡隆盛、大久保利通等会晤后,签署了以大政奉还、施行议会政治、推行新政为主要内容的盟约,于10月3日拟就了由土佐藩第14代藩主山内丰信署名的

---

① 宫地佐一郎编:《坂本龙马全集》第2卷,光风社书店,1978,第89页。

"大政奉还建议书",面呈幕府老中板仓胜静。"建议书"强调:"鉴于宇内之形势,古今之得失,夫唯欲建皇国振兴之基业,当一定国体,一新制度,王政复古。""船中八策"的第一策就是"大政奉还",其余各策以后都成为明治维新各项法律的条文。第二策"万机决于公议"更是被直接搬入《五条御誓文》。德川庆喜接到"建议书"后,鉴于萨长两大雄藩虎视眈眈的"倒幕"态势令幕府随时可能柱折梁倾,同时为了避免内战爆发、生灵涂炭,经与众幕僚商议,于 10 月 14 日向朝廷提出了奉还政权的上表。10 月 24 日,德川庆喜又呈上了将军辞表。

天皇睦仁宣布接受德川庆喜奉还大政、辞退将军的请求,废止了原来以摄政、关白为首的朝廷组织,建立了由有栖川宫炽仁亲王任"总裁",中山前大纳言等多名公卿和德川庆胜、岛津茂久等前任或现任藩主任"议定",由岩仓具视、后藤象二郎、公卿和"五藩"各 3 名藩士任"参与"的"三职"政体,并颁布了《王政复古大号令》,宣布"德川内府奉还以前委任之大政并辞退将军职位二事,已即刻获准。我国原自癸丑以来,遭受前所未有之国难,先帝频年为之所苦,扰虑之情众庶周知。因此,圣意已决,实行王政复古,奠定挽回国危之基。自此废除摄政、关白、幕府等,先暂设总裁、议定、参与三职,使之处理万机"。

"王政复古"实际上是一场以岩仓具视、大久保利通、西乡隆盛等为首的不流血的"宫廷政变"。因为"不流血",所以旧的政治体制并没有被彻底打破。《王政复古大号令》颁布后,总裁、议定、参与以及萨摩、长州、土佐、尾张、越前"五藩"的头面人物在宫中小御所举行了一次会议,史称"小御所会议"。会上,向德川庆喜递交《大政奉还建议书》的前土佐藩藩主山内丰信强烈主张召开大名会议,并请第 15 代将军德川庆喜本人参加。但大久保利通对此表示坚决反对。他强调,德川庆喜应该"辞官纳地",即不仅辞去"征夷大将军"职位,还应交出土地。也就是说,不仅要求德川庆喜放弃政治权力,而且必须放弃部分经济利益。如果不同意这么做,就"免官削地","将德川庆喜的罪状昭示天下"。会上分成两派,要求德川庆喜"辞官纳地"的意见占据上风。

12月22日,"三职会议"再次讨论,最终达成妥协,将让德川庆喜"辞官"改为"辞去前内大臣职务",进京担任"议定"。也就是说,德川庆喜不再担任将军,但仍可担任朝廷要职;"纳地"则改为对德川庆喜的领地进行调查后,"由天下公论确定"。事后,大久保利通认为,就"辞官纳地"问题同德川庆喜交涉,以及"三职"会议最终达成妥协,是新政府的"两大失策"。

根据"小御所会议"决定,朝廷方面同德川庆喜进行交涉。但是,取得不少藩主和以前的臣属支持的德川庆喜态度强硬,表示拒绝,交涉以破裂告终。

交涉为什么会破裂?主要是因为奉天皇为偶像"敬而远之"的各藩藩主生怕得罪幕府,所以大都持观望态度。于是,天皇便向倒幕主力萨摩和长州两藩发去密诏,要求出兵倒幕。密诏写道:"源庆喜,借累世之威,恃阖族之强,妄贼害之忠良,数弃绝王命,遂矫先帝之诏而不惧,跻万民于沟壑而不顾,罪恶所至,神州将倾覆焉。朕今为民父母,是贼而不讨,何以上对先帝之灵,下报万民之深雠哉。此朕之忧愤之所在,谅阇而不顾者,万不可也。汝宜体朕之意,殄戮贼臣庆喜,以速奏回天之伟勋,而措生灵于山岳之安。此朕之愿,无敢或懈。"

这时,以大久保利通为首的讨幕派,通过让长州派公卿三条实美出任"议定"、岩仓具视升为"议定",构建对幕府的反击态势。倒幕派认为,光在"三职会议"上"磨嘴皮"解决不了根本问题,必要时应该诉诸武力。但是，倒幕派并非真正实现了精诚团结，他们有些人认为诉诸武力是一柄"双刃剑"。按照长州藩的木户孝允的说法，如使用不当，则"不仅不能赢得公论，而且可能给敌手千载难逢之机会"。因此，长州藩对是否诉诸武力，犹疑不决。面对长州藩的犹豫，萨摩藩的大久保利通深感忧虑。他在给岩仓具视的信中表露了这一心境。他写道："以萨摩藩一个藩的实力，恐怕难以应对众多之朝敌。"

与倒幕派的犹豫和消极形成对比的是，幕府方面已开始采取积极行动。1868年（农历戊辰年）1月1日，德川庆喜携带着讨伐萨摩藩的《讨萨表》，以"清君侧"为名，以会津、桑名两个藩的藩兵为先锋，举兵进京。见德川幕府的军队来势凶猛，萨摩藩和长州藩即刻联手反击，内战迅疾爆发。这场内战因发生于戊辰年，史称"戊辰战争"。

在战争开始前，长州藩已由熟悉西方近代军事的大村益次郎主持进行了军事改革，废除了以往藩兵的编制，建立了以奇兵队、集义队、膺惩队为主力的新式陆军。尤其是高杉晋作建立的奇兵队——是由平民组成的军队，以"聚集有志者，不论藩士、陪臣和轻卒，都同等对待"为原则，装备有从英国购买的法国造米涅步枪4 300支、荷兰造盖贝尔步枪3 000支，相当有战斗力。萨摩藩也在1866年仿效英国军队编制进行了改革，组建了以城下队和外城队为主力的新式陆军，也装备了从西方进口的新式枪炮。

幕府武装当时也已经发生了明显改变。在外来压力下被迫开国的德川幕府认识到西方坚船利炮的威力，于1862年12月发布了《兵赋令》，打破以往军人由世袭武士担任的限制，规定按照领俸禄500石出1人、1 000石出3人、3 000石出10人的份额，提供兵员。兵员必须是17岁至45岁身强体壮的农民。这支主要由农民组建的队伍也拥有步枪。除了老式的滑膛炮,也开始引进新式火炮线膛炮。1866 年,末代将军德川庆喜上台以后,还聘请了法国教官进行法式陆军训练,组建了近万人的新式陆军。但是,幕府军的军官始终由世袭的武士担任,仍未摆脱封建制度的束缚,这和萨长联军存在明显区别。

在幕府军发兵京都后,萨摩藩和长州藩的军队分别在鸟羽和伏见布阵阻止,与幕府势力展开激战。同时,岩仓具视和西乡隆盛等动员各藩举兵倒幕。但是,前土佐藩的藩主山内丰信声称,这是德川家和长州、萨摩两个藩的"私斗",反对征讨。支持"王政复古"的越前、尾张、土佐、安艺等藩的藩主,也赞同这一主张,持观望态度。但是,朝廷的亲王、公卿等认识到,如果萨长联军战败,旧幕府势必东山再起,因此坚决主张讨伐。

1869 年 1 月 3 日,朝廷宣布德川幕府是"朝敌",号召诸藩勠力讨伐。4 日,朝廷任命仁和寺宫嘉璋亲王为征讨幕府大将军。当天,嘉璋亲王捧着天皇御赐锦旗和节刀到达东寺的官军大营,令倒幕军士气大振。倒幕军的实际指挥西乡隆盛对当时的战况写道:"3 日到 6 日,没有后退一步,没有一点失败,如此彻底大胜的军队实在未曾有过。"

1869 年 1 月 6 日,德川庆喜放弃大坂城,由海路逃往江户,动摇了幕府军的军心。1 月 31 日,朝廷再次发出讨伐德川庆喜的命令,并在 2 月 3 日剥夺了德川庆喜的官职。9 日,由西乡隆盛担任指挥的东征军以萨摩、长州等藩军队为主力从京都出发,几天后抵达江户城外。西乡隆盛决定 3 月 15 日发起总攻。面对强敌,旧幕府势力的主战派要求决一死战。但是,幕府军虽然装备洋枪洋炮,但下属各藩的藩兵使用的仍是刀剑甲胄等冷兵器,实力显然不敌萨长联军。

在战局危难之际,德川庆喜主动引退,将幕府大权交给陆军总裁

七、"其命维新"的真相

胜海舟，命令他与官军议和，自己则在江户的宽永寺闭门反省。胜海舟认识到幕府日暮途穷，民心向背明显，于是向西乡隆盛求和。经过谈判，朝廷同意免德川庆喜一死，德川家业由"御三卿"的田安龟之助（德川家达）继承，同意妥善安置德川幕府的家臣。随后，胜海舟打开城门，将江户城移交新政府军。这一幕，就是日本历史上著名的"江户无血开城"。之后，东北地方仍有战事，直至1869年5月战事才最终平息。

为了祭奠戊辰战争中阵亡的官兵，天皇睦仁敕令建造一个神社。明治二年六月二十九日（公元1869年8月6日），神社建成后，取名东京招魂社。之后，在佐贺之乱（1874年）、西南战争（1877年）等日本内战中为明治政府奉献生命的战士，也作为"护国的英灵"被"合祀"在那里。10年后，东京招魂社改名靖国神社。"靖国"一词出自《春秋左传》的"吾以靖国也"，意思是"使国家安宁"，由天皇亲自命名。

4. 定制·改元·迁都·变法

1867年1月30日，孝明天皇突然暴毙（据信被毒死），其次子、15岁的皇太子睦仁继位，成为第122任天皇。公历1868年1月3日，天皇睦仁接受德川庆喜"大政奉还"请求，颁布《王政复古大号令》，宣布"废除摄关、幕府"。1月17日，明治政府恢复设立了神祇官（后改为神祇省），其地位和太政官（相当于首相府）并列。天皇睦仁通过"祭政一致"大典等，真正成为神道教"教主"。

明治政府推行的系列新政，史称"明治维新"。"维新"一词典出《诗经·大雅·文王》："文王在上，于昭于天。周虽旧邦，其命维新。"

维新的各项举措，形式上颇类似于中国的改朝换代：定制、迁都、改元、变法。显而易见，虽然在江户时代末期，根据佐久间象山提出的"东洋道德，西洋艺（技）术"，日本政府已开始贯彻"和魂洋才"的方针，但中国律令制在日本政体上留下的印痕并没有消除，也难以消除。

1868年4月6日，睦仁天皇在紫宸殿率公卿诸侯，以向神明宣誓的形式，颁布了新政府施政纲领《五条御誓文》：（1）广兴会议，万机决于公论；（2）上下一心，盛行经纶；（3）官武一途以至庶民，各遂其志，勿使人心倦怠；（4）破旧有之陋习，秉天地之公道；（5）求知识于世界，大振皇基。4月21日，新政府颁布了由"政体"和"官职"两部分构成的《政体书》。"政体"共11条，第一条即《五条御誓文》。第二条确定三权分立原则："太政官之权力，分为立法、行政、司法等三权，以免政权偏重之患。"和幕藩体制时代的"寡头政治"相比，这些举措看似仿效西方民主政体，但其实更具东方专制特征。直至明治时代终结，天皇始终是"三权"和军权的掌控者。

1868年7月17日，新政府以天皇的名义下诏，将原幕府统治中心江户改为东京。诏书写道："今后改称江户为东京，此乃朕之海内一家，东西同视也。"之所以改称"东京"是相对于地处关原以西的"西京"京都而言，江户地处关原以东。翌年3月，新政府正式迁都东京。

9月8日，根据取中国古籍《周易·说卦》中"圣人南面而听天下，向明而治"一句，天皇睦仁宣布改元"明治"，并规定"自今以后，一世一元，永为定制"，即一代天皇只能拥有1个年号。此前，日本以政权所在地命名时代，如"奈良时代""镰仓时代"。此后则以年号命名时代，如大正时代、昭和时代。

明治维新的三大方针是殖产兴业、文明开化、富国强兵。

七、"其命维新"的真相

殖产兴业最初的主导者是"维新三杰"之一的大久保利通。大久保利通提出的殖产兴业政策思想和理论,是首先实现已有产业现代化,由"民富"达到"国强"。在《关于殖产兴业的建议书》里,大久保利通提出:"大凡国之强弱基于人民之贫富,人民之贫富系于物产之多寡。虽物产之多寡胚胎于人民是否勉力于工业,但若追根溯源,则未尝不依赖于政府政官之诱导劝奖之力。"①但是,未及将思想全面付诸实践,大久保利通便遇刺身亡。1878年5月14日,大久保利通在乘马车上朝途经纪尾井町时,被石川县士族岛田一郎等6名刺客袭击而丧命。之后,大藏卿大隈重信成为殖产兴业政策的主要制定者。

大隈重信深受"日本的伏尔泰"、头像印在1万日元上的福泽谕吉的思想影响。福泽谕吉强调,"政府若为了富国,就认为可以做任何事情,与人民从事相同的寻常事业,甚至与人民竞争工商之成败,其弊极矣"。这句话后来被简约地概括为"官不可与民争利"。根据这种思想,1880年9月,大隈重信提出了《出让为劝业而设置的工厂之议》,主张除了对实施国家统治不可或缺的制造企业,如军工企业和造币所之外,其他企业可通过出售改为民营。他的这一建议被付诸实施。同年11月5日,明治政府制定了《工厂出售概则》。1884年7月,以国营矿山转为民营为开端,大批国营企业被廉价出售,对财阀的迅速发展和日本的工业近代化产生了重要作用。日本财阀因而迅速发展壮大。例如,政府投资逾113万日元的长崎造船所,三菱以一次付清9.1万日元购得;政府投资81.6万日元的兵库造船所,川崎一次付清5.9万日元购得。

---

① 日本史籍协会编:《大久保利通文书》第5卷,东京大学出版会,1968,第561页。

"文明开化"的"文明"一词,出自《书·舜典》"睿哲文明"。"开化"一词,典出南朝宋的文人顾愿的《定命论》中"夫建极开化,树声贻则"一句。"文明开化"包括四重含义:(1)作为一个历史时期,即明治初期的文明开化期;(2)作为一种思想,主要是启蒙思想;(3)以教育政策为中心,作为政府政策的文明开化;(4)以洋房、洋服等为代表,作为世态风俗的文明开化。

学术界对作为一个历史时期的文明开化始于明治初年看法一致,但终于何时意见不一,大致有明治八年(1875年)说、明治十年(1877年)说、明治十四年(1881年)说。

作为思想启蒙的文明开化,主要是一些具有"怀疑和批判精神"的近代知识分子通过创办思想团体和报纸等,宣传启蒙思想。其中最具有代表性的是1873年即明治六年创立的"明六社"及其发行的《明六杂志》。明六社社长是后成为明治政府首任文部大臣的森有礼,最著名的人物是福泽谕吉。

福泽谕吉(1835—1901)出生于大坂,父亲福泽百助在丰前中津(九州大分县)奥平藩驻大坂"藏屋敷"(销售本藩粮谷杂物)担任会计,有汉学素养,好收藏中国古籍。福泽谕吉的母亲是同藩武士桥本滨右卫门的长女,叫阿顺。福泽谕吉有一个哥哥和三个姐姐,出生那天,他父亲正巧购得中国清代上谕条例60余册,于是给他取名"谕吉"。福泽谕吉18个月时,年仅45岁的福泽百助因病去世。母亲阿顺带着谕吉和他哥哥及三个姐姐,从大坂回到了阔别10多年的故乡中津藩。福泽谕吉痛感父亲怀才不遇,对血统等级制深恶痛绝。

福泽谕吉少年时读了《史记》《汉书》《战国策》《左传》等中国古典名著,"培理叩关"后转而学习"兰学"——荷兰的学术文化。1858年,

七、"其命维新"的真相

日本和欧美五国签署"安政五国条约"后,26岁的福泽谕吉开始发奋学习英语。1860年,日本派出代表团乘军舰"咸临号"前往美国,交换《日美友好通商条约》,福泽谕吉随团前往。短暂的行程,在美国只是浮光掠影,但福泽谕吉的心灵却很受震撼。回国时,他携带了一部《韦伯斯特大辞典》。这本辞典日后成为主要依靠自学的福泽的良师。眼界的开阔,更增强了他矢志以欧美为师的志向。1863年,他将1858年创办的"兰学塾"改名"英学塾"。1868年即庆应四年,"英学塾"迁往东京港区三田,改名"庆应义塾",1920年再改名"庆应义塾大学",是日本顶级私立大学。

1860年福泽谕吉发表了处女作《华英通语》,之后笔耕不辍,著作等身,涉及领域广泛。1872年至1876年,福泽谕吉陆续发表了17篇文章,这些文章后结集出版,题名《劝学篇》。福泽谕吉在《劝学篇》中开宗明义地写道:"天未造人上之人,亦未造人下之人。"这种"人人平等"的思想在强调尊卑等级的日本,犹如空谷足音,引起强烈反响。"安倍谈话"主要执笔者、中日共同历史研究的日方首席北冈伸一教授,撰写了一本论述福泽谕吉思想理论的著作,书名就是《独立自尊——福泽谕吉的挑战》。

1861年底,福泽谕吉作为翻译,随日本代表团前往欧洲,回国后撰写了《西洋事情》初编,1866年出版。在该书中,福泽谕吉首次将civilization译为"文明"。之后,他将对"文明"的认识和思考进行凝练,撰写了专著《文明论概略》,提出非洲国家处于野蛮阶段,日本、中国处于半文明阶段,欧美诸国处于文明阶段,日本必须"脱亚入欧"。

1882年,福泽谕吉创办了自诩"不偏不党"的《时事新报》。1885年3月16日,《时事新报》发表了作为社论的《脱亚论》,宣称"吾所奉行之主义,唯在脱亚二字"。因《时事新报》社论由多人轮流执笔,《脱亚论》是否由福泽谕吉执笔,在日本学界一直存在争议,但该文和福泽谕吉的主张明显一致,是不争的事实。

作为政府政策的文明开化,主要是教育近代化。1869年8月,明治政府将江户时代创办的昌平学问所、开成所、医学校合并为"大学校",并继续各校原有特点:昌平学问所讲授以儒学为主的汉学、国学,开成所讲授洋学,医学校讲授西方医学。开成所为"南校",医学校为"东校"。1871年7月,明治政府设立了"文部省"。1872年9月5日,文部省颁布教育改革法令——《学制》,普及4年制义务教育和加强科学教育。同年,明治政府在东京设立了男女师范学校。1874年,在大阪、宫城、爱知、广岛、长崎、新潟等地也设立了师范学校。有些地方还设立讲习所、养成所等培养师资。1877年4月,"大学"改称"帝国大学"(1897年京都帝国大学建立后改称东京帝国大学),设法、理、文、医四个学院。1879年,《学制》被注重各地实际情况的《教育令》取代。同时,明治政府还颁布了《海外留学生规则》,奖励留学。

作为世态风俗的文明开化,由政府"移风易俗"的法令推动。1871年,明治政府颁布"断发脱刀令",规定武士须剪去"丁字头",解除佩刀。1872年12月颁布法令,废止幕府时期的常礼服(狩衣、直垂裃),定西式礼服为官员礼服;禁止江户时代作为刑罚的"切腹";禁止男女"混浴"。使用太阳历也始于这一年。随着文明开化的展开,世态风俗和人们的生活习惯发生了显著改变。住洋房、点煤油灯、吃西餐的人日益增多,猪肉、牛肉、牛奶成为上品。

在文明开化方针指导下,报纸、杂志等近代媒体纷纷问世。1870年,日本最早的日报《横滨每日新闻》《海外新闻》创刊。随后,《东京日日新闻》(《每日新闻》前身)、《读卖新闻》等相继发行。以 1874 年《成立民选议院建议书》为转机,报纸开始出现社论。《读卖新闻》(1874 年)和《朝日新闻》(1879 年)发行后,报纸开始从以政论为重点,转向以新闻报道为重点,并加强了群众娱乐性。

"富国强兵"的本质是废弃武士身份世袭的兵农分离制,重点是军制改革。早在明治元年,即 1868 年的 10 月 17 日,伊藤博文便提出了《统一兵权之建议》,建议兵权集中于朝廷。在伊藤博文等人的推动下,1872 年 12 月 28 日,明治政府向全国颁布《征兵告谕》,取消了武士垄断军人身份的特权,实行仿效西方的义务兵役制。《征兵告谕》宣布:"依照征兵之令谕说庶民,使知保护国家之大本也。"1873 年,明治政府颁布了《征兵令》,仿效法国建立陆军,仿效英国建立海军,并建立军校培养军事人才。同时,明治政府还改建和扩建军工厂,努力学习西方军事技术,为军队提供新式武器装备。

八

"耀皇威于海外"

1. "修约"和"缔约"

1871年在日本外交史上也是划时代的一年。这一年,明治政府派出了两个使节团,一个为"修约"前往欧美,一个为"缔约"前往中国。通过这两个使节团,我们可以看到日本外交是如何从"幼稚"走向"成熟"的。

1868年"王政复古"后,明治政府面临的首要外交课题是修订江户时代与列国签署的不平等条约。同年12月23日,明治新政府向各国代表提出了"修约"意向。1869年太政官(相当于首相府)令外务官员就修约问题进行调查研究。随后,明治政府外务省录用津田真道、神田孝平、渡边洪基等为"条约改正挂",从事修约的调查研究。不久,他们起草了《拟新定条约草本》。之后,他们向政府递交了这一"草本",共22条。同年9月,明治政府决定派使节团出访欧美。10月8日,赴欧美使节团正式组成,由右大臣岩仓具视任特命全权大使,参议木户孝允、大藏卿大久保利通、工部大辅伊藤博文、外务少辅山口尚芳任全权副使,司法大辅佐佐木高行、陆军少将兼兵部大辅山田显义等任理事官。使节团正式成员48名,包括多名政府要员,因此,以三条实美为首的政府被称为"留守政府"。使节团有两项任务：一是向缔约国致"聘问之礼"，并就修约事宜进行交涉；二是对欧美进行考察，了解西方先进的制度文化，并以此为参照，进一步推进日本的改革。太政大臣三条实美对使节团寄予厚望，在欢送词中表示，"外交内治前途之大业，其成与否实在此举"①。另有54名留学生随行，以"求知识于世界"。1871年11月，使节团乘坐的"美国号"客轮从横滨起航，于当地时间1872年1月14日抵达旧金山。由于副使伊藤博文曾经留洋，通晓英语，森有礼曾任日本驻美使节，熟悉美国国情，因此岩仓具视名为"特命全权大使"，实则无法决策。2月9日，岩仓具视在给三条实美的信中写道："小生在此如受人摆布之傀儡，心有余而力不足，实难当此大任。百般后悔，万般无奈。"②

伊藤博文懂洋文，但对洋务并不精通。伊藤博文拟就的致美国国务卿的文件，主要强调了两点。第一，强调"使节团"拥有全权："特命全权使节赋有同欧美各国政府缔结新的条约，抑或废止、更正现今定约之全权"，而且最后特别强调："凡此使节与各国政府商议之条款，我政府均予接受，并确定在日后施行于内政外务之实际，或他日将其添加入条约。至条约改订时，纵有异同之处，亦可作大纲要领进行充分辩疏，令今后使节有权变更目前与各国政府协议之条款。"第二，强调"天皇陛下之期望要点"是废除领事裁判权（第三项）、关税自主权之恢复（第十项）。③ 但是，2月3日，使节团同美国国务卿哈密尔顿·费希

---

① 大久保利谦：《岩仓使节团研究》，宗高书房，1976，第184页。
② 明治五年2月9日岩仓具视致三条实美信函，载春畝公追颂会编：《伊藤博文传》（上），统正社，1940，第648页。
③ 春畝公追颂会编：《伊藤博文传》（上），统正社，1940，第643页。

(Hamilton Fish)等举行第一次会谈时,就被费希问住了:"若使节拥有签署草案之权力,贵国天皇当在国书中写明赋予使节这项权力。如果国书中没有明记赋予使节交涉条约之条款的权力,那么当首先解决这一问题。"费希还表示,一年后美国将举行总统大选,如果仅仅是谈判而非签约,那么谈判达成共识的内容,将无法获得法律保证。① 明治政府诸多要员远涉重洋,以致留在东京的日本政府被称为"留守政府",居然被怀疑可能是"山寨"的,令使节团"全权"正使和副使十分窝火。但是,怨谁呢? 只能怨他们自己缺乏外交常识。

当晚,使节团举行会议,最初决定集体打道回府去取"特命全权证书"。但是,使节团中最富外交经验的外务少辅(相当于外务次官)山口尚芳认为,不必全员返回。于是,使节团决定派大久保利通和伊藤博文回国取证。木户孝允在日记里叙述了这番痛苦的经历:"雨。终日内居。条约一条也未议定,只能派大久保、伊藤归朝求取条约改正之敕许。对方想要的我们都悉数给予,而我方想要的却一无所获。痛苦遗憾无奈,唯有眼泪下咽。"② 麻烦接踵而至。美国坚持要求享有"最惠国待遇",否则免谈。见美国态度如此"横",使节团一气之下决定中止和美国的交涉,转赴英国。

在美国的经历令使节团感觉到,修改"税权"涉及真金白银,难度太大,决定先从修改"法权"即"领事裁判权"入手。果不其然,英国没有斩钉截铁拒绝,而是建议"裁判权"问题可采取埃及的"混合审判

---

① 外务省编:《日本外交文书》第 5 卷,日本国际联合协会,1955,第 139 页、147 页。
② 日本史籍协会编:《木户孝允日记》第 2 卷,东京大学出版会,1978—1980,第 148—150 页。

制",即由双方审判官共同参与案件审理。由于天皇在使节团出发前颁布的敕旨中,有"任用外国审判官"一项,因此使节团认为似可研讨,于是便派大藏省官员福地源一郎前往土耳其和埃及调查"混合审判制"。

但是,究竟应先收回"税权"还是先收回"法权",日本统治阶层内部意见并不一致。1875年11月,外务卿寺岛宗则向明治政府提议,修约谈判当分轻重缓急,应首先就收回"税权"与列国交涉,然后再图收回"法权",并命令日本驻欧洲各国公使就税权问题与所在国进行交涉,得到了各国响应。但是,随后发生的两个案件,使日本改变了先"税权"后"法权"的谈判方针。

第一个案件是1877年12月,在横滨经商的英国人哈尔雷特秘密输入"生鸦片",被日本海关查获。但是,英国领事馆官员维尔金松根据"领事裁判权"进行审判时,将"生鸦片"作为"药用鸦片"处理,将哈尔雷特无罪开释。日本对此提出抗议,但英方不予理会。第二个案件是1879年7月霍乱流行,日本加强了检疫。但是,德国商船"墨斯培利"号称已做"自查",拒不接受日方检疫并强行驶入横滨港。寺岛宗则为此向德国公使提出抗议,同样无果。列强无理,寺岛无能。随后,明治政府让寺岛宗则转任文部卿,由井上馨出任外务卿。

面临"法权"滞后的困境,日本政府决定改变两者顺序。1882年1月至7月在东京举行的修约预备会议上,井上馨向西方列国使节阐明了"法权先行"的方针。他宣布:第一,在遵守日本法律的条件下,将允许外国人在日本全国享有旅行、通商、拥有不动产的权利,并将逐渐废除领事裁判权。第二,审判时法律适用问题,将由日本政府专门聘用的外国法官定夺。也就是说,明治天皇敕谕中"任命外国审判官"之事将付诸实践。关于"税权",井上馨仅要求修改进口税率,未要求享有"关税自主权"。井上馨的如意算盘是,允许外国人到日本各地旅行、通商、拥有不动产,若"老外"与日本女人"明铺暗盖"给她老公戴上"绿帽"引发纠纷,或"老外"住所进了"梁上君子"财物遭窃,如此等等,适用"领事裁判权","领事"还不累死?废除领事裁判权岂不必将"水到渠成"。

果不其然,1884年5月,英国公使表示,如果日本内地全面开放,使外国人拥有包括不动产在内的各项权利,同时能健全完善法律体系,制定民法、商法、诉讼法等,英国则无意保留"领事裁判权"。同时表示,英国政府可以考虑使日本拥有"关税自主权"。之后,西方各国先后做了类似表态。于是,井上馨提议分两步完成修约:第一步,1884年5月至1886年5月,主要以增加税率为中心,和列国进行条约的部分修订。此时允许领事裁判权继续存在,但要求对涉及刑事案件的"老外",日方有逮捕权和禁锢10天以内的处置权,同时要求拥有新开设港口的民事诉讼审判权。第二步,以内地全面开放、允许外国人经商为条件,全面废除"领事裁判权"和恢复关税自主权。经过长期艰苦的努力,特别是注重综合国力的提升和外交谋略的运用,1911年,日本与美国签署新约,推倒了"多米诺骨牌"的第一张牌,彻底取得了独立的法权和税权。毋庸赘言,整个修约过程使日本自觉和不自觉地促进了法制建设。

与中国签约也是由日方首先提出要求。1870年6月,明治政府派遣外务权大丞柳原前光、权少丞花房义质、文书权正郑永宁为使节团成员前往中国,就签署友好通商条约事宜探询中国政府意见。清廷要员成林、曾国藩、李鸿章均认为,日本已与欧美诸国缔结通商条约,若

八、"耀皇威于海外"

予以拒绝,必损及两国关系。尤其是主掌"洋务"的李鸿章更是主张"联日",称日本"安心向化","究之距中国近而西国远,笼络之或为我用,拒绝之则必为我仇"。最终,清廷对日本提出,若派遣全权大臣,可以就缔约事宜进行谈判。

1871年6月,以伊达宗城为正使、外务大丞柳原前光、外务权大丞津田真道为副使的使节团访问了中国。到达天津后,他们即和清朝特命全权大使、直隶总督兼北洋通商大臣李鸿章,天津海关道陈钦,江苏按察使应宝时等进行谈判。谈判一开始,柳原前光便拿出了无异于"拷贝"中国和欧美列强签署的不平等条约的草案,但李鸿章当即予以否定,并拿出了中方拟就的草案:"中日两国有来有往,与有来无往的西方不同,故立约绝不可与西方完全相同。"日方迫于无奈,只得同意以中方的草案为基础进行谈判。1871年9月13日,李鸿章和伊达宗城分别代表本国政府,在天津山西会馆签署了《中日修好条规》和《通商章程》《海关税则》。缔结条规时,有一个不可忽略的"插曲":最初日方不同意清政府以"中国"为国号,理由是"中国系对本国边疆荒芜之地而言"。清廷代表据理力争,称"我中华之称中国,自上古迄今由来已久,从无改写国号之例"。双方各执己见,互不相下。最后,李鸿章拍板:"汉文文本称中国、日本,日文文本称大日本、大清国。"

然而,《中日修好条规》修订后不久,日本即要求修订其中第二、第八、第十一条。为什么?因为第二条规定,"两国既经通好,自必互相关切。若他国偶有不公及轻藐之事,一经知照,必须彼此相助,或从中善为调处,以敦友谊"。列强认为,这一条无异于宣布中日"结盟"对抗西方,要求修改。第八条规定,"两国指定各口,彼此均可设理事官,约束己国商民。凡交涉财产词讼案件,皆归审理,各按己国律例核办"。

这意味着彼此享有对等的"领事裁判权",而日本当时正要求西方各国取消"领事裁判权",这一条显得日本政府自相矛盾。第十一条规定,"两国商民在指定各口,彼此往来,各宜友爱,不得携带刀械,违者议罚,刀械入官"。当时日本虽已废除武士制度,但武士仍可以佩刀。禁止武士在中国佩刀,被认为是对武士的莫大侮辱。因此日本提出,"修好条规第十一条刀械之禁,须议削除"。日本的修约要求,遭到李鸿章断然拒绝。李鸿章令天津海关道陈钦回复日本使节,"交邻所重,信耳。失信为万国公法所最忌"。面对清廷代表的"强势"回应,日本只得妥协,派遣外务卿副岛种臣亲自担任全权大使,携国书出使中国,交换《中日修好条规》文本。

2. "国家意识"的膨胀

明治维新"废藩置县"建立中央集权后,日本以"领土"为核心要素的"国家意识"急剧膨胀,并以不同方式"四面出击",扩大"领土范围":东南确立日本在小笠原群岛的主权;西南趁清朝国势的衰落侵占琉球群岛;北面通过和俄国的妥协,以千岛群岛和库页岛进行交换,使千岛群岛被纳入日本版图;西面则占领台湾和朝鲜半岛。

小笠原群岛位于日本本州岛东南部800公里处,主要由父岛列岛、母岛列岛、婿岛列岛三大岛群近30个火山岛构成,陆地面积72.5平方公里,据说因1593年被信浓人小笠原贞赖发现而获名,长期是无人岛。1827年,英国军舰"布洛萨姆"号进入小笠原群岛海域,舰长比奇在岛上树立了英国国旗。1853年,美国海军提督培理"叩关"后,在小笠原群岛树立了美国国旗,之后有零星美国人移居该岛。1861年,德川幕府开始在当地设置官吏并向当地移民。但是，德川幕府的做法遭到英美两国政府抗议。英美均声称是他们首先发现了这片无主岛屿，理应对该岛拥有主权。因此，小笠原群岛的归属一度成为"悬案"。

进入明治时代后，日本新政府划定边境的意欲强烈。美国政府认为，这一远离本土的"领土"难以管理，与其固执己见，不如做出让步，以便和日本政府搞好关系，换取其他利益，因此在1873年放弃了拥有小笠原岛主权的主张。英国也基于长远目标考虑，认为与其为了太平洋上的小岛与日本弄僵关系，不如索性将其让给日本，使日本与英国修好并成为英国在东亚的前哨阵地，也在1875年默认了日本的主张。1876年10月，明治政府通告世界各国，日本拥有对小笠原诸岛的主权。日本东南部"边界"因此确立。

对琉球群岛的占有，日本费了不少周折。因为早在1372年，明太祖朱元璋就派杨载出使琉球，册封中山王察度为琉球王，使琉球成为中国藩属国。中山王尚巴志于1416年征服北山、1429年征服南山，建立了统一的琉球王国后，琉球每代国王均受明皇帝册封。日本对琉球早已觊觎。1609年，德川家康命邻近琉球的萨摩藩（鹿儿岛县）大名岛津义久率3 000兵马进攻琉球，将琉球国王尚宁等百余人挟持到萨摩藩，逼迫尚宁王向日本"进贡"，并强行割占琉球北部五岛。但是，琉球国王并没有臣服日本。1654年，琉球国王遣使中国请求册封，清朝顺治帝封琉球王为尚质王，琉球遂成为清朝的藩属国。

1872年，明治政府宣布琉球属于日本"内藩"，"撤销"琉球国，改设琉球藩，封琉球国王尚泰为藩王，同时通告各国政府以往琉球与各国签署的条约所涉问题均由日本政府处理。清朝政府对此不予认可，但琉球由此形成所谓"日清两属"。1875年，明治政府派遣内务大丞（副部长)松田道之前往琉球,迫使琉球国王停止向清王朝纳贡和接受大清皇帝册封,废除清朝年号,改称明治年号。

1879年3月11日,明治政府宣布撤销琉球藩,改设冲绳县。3月30日,日本命琉球藩王尚泰移居东京,位列"华族"。尚泰不愿受封,派使臣前往北京,恳请大清朝廷保护属国琉球。藩属国的请求,当然不能置之不理。于是,中方便就琉球问题和日本进行谈判。中方提出,将琉球群岛分成三部分:邻近日本的奄美大岛为日本领土,琉球本岛及其附近岛屿为独立的琉球王国,南部先岛群岛为中国领土;而日本方面则建议"瓜分琉球":琉球本岛及其北方岛屿为日本领土,南部先岛群岛为中国领土。清廷最初不予赞同,但这一态度未坚持至最后。1880年9月,清朝与日本签署了《琉球专约拟稿》,遵从日本提出的方案,将琉球分成两部分。但是,由于清朝皇帝对此不予敕准,并指示清廷代表与日本继续协商,而日本方面未予回应,协商最终破裂。1882年,清廷代表李鸿章与日本驻天津领事竹添进一郎,就琉球问题再次谈判,但没有达成协议,琉球问题成为"悬案"。1895年中国在甲午战争中战败后,和日本签署《马关条约》,被迫割让台湾岛、澎湖列岛。日本趁机吞并琉球群岛。第二次世界大战后,冲绳(琉球)由美国"托管"。1971年6月,日美签订《冲绳归还协定》,美国将冲绳的立法、行政、司法权交还日本。

和对中国咄咄逼人,最终通过武力强行吞并琉球相比,日本通过将库页岛南部和千岛群岛北部的"交换"而获得了整个千岛群岛主权。

库页岛,俄国称"萨哈林"(Сахалин,源自满语,意为"黑"),日本称"桦太"(音からふと,意为"唐人岛"),1286年被元朝纳入辽阳行省管辖范围。1430年,明朝奴儿干都司在岛上设置了军政机关。1617年,清太祖努尔哈赤登基后,将库页岛置于后金版图。1689年中国和俄国签署《尼布楚条约》,库页岛仍属于中国领土。之后,日俄两国逐渐吞占库页岛。1644年,日本松前藩绘制了《正保御国绘图》,首次将库页岛划入日本版图。18世纪初,俄国派遣远征队登上库页岛北部,修建营舍,开采煤矿,于1789年占领了库页岛北部。1790年,日本松前藩派遣松井干藩和新井隆助前往库页岛窥探,在岛的南端设置市集。1799年,库页岛南部成为江户幕府的直辖地。

1855年2月7日,日本和俄国签署《日俄友好条约》(通称《下田条约》)。根据条约,千岛群岛南部归日本,北部归俄国。1856年,沙俄趁清廷忙于镇压太平天国运动,将库页岛划归东西伯利亚总督管辖。1860年11月14日,俄国迫使清政府签署《北京条约》,将黑龙江以北、乌苏里江以东的大片中国领土占为己有,其中包括库页岛,但其实际只占有库页岛北部。库页岛南部被很多日本渔民占有,日本还在那里建立了警戒哨所。之后,俄国多次就该岛主权问题与江户幕府谈判,均无结果。

明治政府成立后,前美国国务卿威廉·施华德(William H. Seward)建议采纳美国处理阿拉斯加的办法,出钱购买库页岛,日本表示同意。为什么?明治政府参议广泽真臣的观点具有代表性:"对桦太(库页岛)当以论理为主,能忍则忍。彼专横跋扈,态度傲慢骄横,若至皇国人民闻之切齿扼腕,愤懑不堪之时,方可开启战端。"但日本的方案为俄国拒绝。

1873年5月,日本北海道当局以俄军不断寻衅滋事,战端一触即发为由,要求政府派遣军队。但是,明治政府北海道开拓次官、后成为明治政府第二任首相的黑田清隆明确表示反对。他进言明治天皇,建议谈判解决"桦太问题"并获采纳。1874年正月,根据黑田清隆的推荐,明治政府任命榎本武扬海军中将为特命全权大使,和俄外交部亚洲局长斯托莱姆霍夫就"桦太问题"进行谈判。1875年5月7日,双方签署《库页岛(萨哈林·桦太)千岛群岛交换条约》。根据条约,整个库页岛为沙俄所占,整个千岛群岛为日本所有。第二次世界大战结束之际,苏联出兵占领了齿舞、色丹、国后、择捉四岛至今。1956年10月,双方发表《日苏共同宣言》,苏联同意待签署和约后,归还齿舞和色丹两岛。1991年4月,苏联总统戈尔巴乔夫访日,在《日苏共同声明》中首次承认日苏两国存在领土纷争。1993年10月,俄罗斯总统叶利钦访日,在《东京宣言》中同意待领土问题解决后缔结和平条约。2001年3月,日本首相森喜朗访俄,双方发表的《伊尔库茨克声明》宣布,以1956年《日苏共同宣言》为谈判出发点,在缔结和平条约后,俄罗斯将齿舞、色丹两岛归还日本。但是,迄今为止,因领土问题尚未解决,日苏仍未签署和约。主要矛盾是:日本强调,虽然根据《旧金山和约》千岛群岛为苏联所有,但四岛是日本"北方领土",不属于千岛群岛。苏联(俄罗斯)则强调,四岛是"南千岛群岛"即千岛群岛的南端,"是苏联二战成果"。

日本觊觎台湾,必欲占之,但当时碰壁。1871年11月30日,两艘琉球"进贡"船只在途中遭遇风暴,其中一艘漂至台湾西南海岸。66名船员上岸后,有54名被当地高山族土著居民杀死。以"琉球宗主国"自诩的日本,向清廷提出抗议,但遭到清廷嘲讽:"尝闻有琉球岛民在台湾被杀,但从未闻有日本人在台湾被杀。"也就是说,琉球岛民遇害,不是日本人遇害,关你屁事!但是,想要染指台湾,"理由"总能寻找。一年半后,日本政府又照会清政府,称:"明治六年(1873年)3月,日本小田县下备中浅江郡居民佐藤利八等4人漂至台湾,其衣服和渔具等被掠夺。"但清廷对日方的交涉,置之不理。

清廷视日本政府的"抗议"为"空气",惹恼了日本一帮好战分子,他们强烈主张出兵征伐。1874年4月9日,西乡隆盛的胞弟、陆军中将西乡从道要求率2600名士兵征伐台湾,但明治政府让他暂缓征伐。西乡从道态度坚决,称"政府可将我作为脱国不逞之徒",决意出兵。

对"不逞之徒"的恣意妄行,清廷当即提出严正抗议,要求日本立即撤兵。英国等列强也支持中国的立场。日本政府意识到,如果拒不撤兵,必然引发战事,但就此撤兵未免灰头土脸。怎么办?7月8日,明治政府举行御前会议,征询诸将意见。陆军卿山县有朋表示:"若现在对清国动用干戈,以陆军诸般供给之准备,有朋不敢断言必胜,唯仰仗庙谟(御前会议)议决。"[1]虽然言辞婉转,但傻子都能听明白啥意思。结果,除了野津镇雄、种田政明2名少将,其余5名将官均以军备准备不足为由,反对开战。最后,御前会议决定与清政府议和。这口气,日本一直憋到甲午战争。

"朝鲜半岛像一把匕首指向日本列岛。"日本历史上的扩张分子,都亟欲将这把"匕首"握在自己手里。1636年,江户幕府致函朝鲜,要求朝鲜"自今而通用书可记我元",即改用日本年号以示朝鲜对日本的臣属,朝鲜未予理会。明亡清兴后,江户幕府对马藩致朝鲜的外交文书再次提出这一要求,仍遭到朝鲜拒绝。

明治政府建立后,日本试图在朝鲜问题上与中国确立"对等关

---

[1] 坂野润治:《征韩论争后的"内治派"和"外征派"》,载《幕末维新的日本》,山川出版社,1981,第251页。

系",试图重演"琉球处分"的故技,逐渐吞并朝鲜。之后,日本统治阶层围绕是否即刻"征韩",引发了一场激烈冲突,史称"明治六年政变"。这场政变为日本最后一次内战"西南战争",埋下了隐患。

3. "征韩论"引发的冲突

2018年,日本广播协会(NHK)的"大河剧"是《西乡殿》。大河剧源于法国的"大河小说"(roman-fleuve),最早的大河小说是罗曼·罗兰的名著《约翰·克利斯朵夫》。仅就名称而言,大河剧就给人以"波澜万丈"的感觉,而在日语中形容人生跌宕起伏的汉字表述就是"波澜万丈"。始于1963年、每年一部的NHK大河剧,就是通过叙述某历史人物"波澜万丈"的人生,折射其所处的时代。西乡就是西乡隆盛,殿「どん」是鹿儿岛人放在姓氏后面既表示尊敬也表示亲切的用语。《西乡殿》由中园美保根据林真理子的同名小说改编,铃木亮平出演西乡隆盛。2018年是明治维新150周年,在"维新三杰"大久保利通、木户孝允、西乡隆盛三名豪杰中,让西乡隆盛"霸屏",不仅是媒体对民意的尊重,同时也显示西乡隆盛在明治维新中的突出地位。2003年美国华纳影片公司摄制了一部影片,叫《最后的武士》,由汤姆·克鲁斯、渡边谦、真田广之等联袂出演。"最后的武士"原型,就是西乡隆盛。

西乡隆盛,字南洲,1828年1月23日出生于有"明治维新的故乡"之誉的萨摩藩(鹿儿岛县)加治屋町,他的父亲西乡九郎隆盛是武士阶级中倒数第二的"小姓",仅领俸禄47石。西乡隆盛12岁与人斗殴被割断右手腕神经无法握刀,因而潜心学术,深受江户"儒家武士道"强调忠孝仁义的思想熏陶。西乡九郎隆盛有四个儿子,西乡隆盛是长子

("老三"西乡从道是日本第一位海军元帅,甲午战争时任海军大臣)。作为家境窘迫的"小姓"的长子,西乡隆盛了解和同情社会"低端人口"的生存状况,痛恶固化且注重血缘的社会等级制,痛恶幕府末期的政治腐朽。

西乡隆盛身高176厘米,和德川氏15代将军中最高的第2代将军德川秀忠160厘米相比,也算得上"身材魁梧"。西乡28岁成为萨摩藩开明藩主岛津齐彬亲信扈从,恪尽职守,具有武士最重要的品质——忠义,因而有"最后的武士"之誉。1858年8月24日岛津齐彬病逝,西乡非常悲痛,欲为主公殉葬,但受他尊敬的月照和尚对他说,对主公最大的忠就是继承主公未竟的遗志。西乡隆盛听从了他的劝告。后来,月照和尚积极参与"尊王攘夷"运动,遭到幕府追杀,避难于萨摩藩西乡隆盛处。萨摩藩实权人物、藩主岛津忠义的父亲岛津久光命令西乡隆盛逮捕月照。西乡隆盛倍感为难,与月照和尚泛舟于萨摩藩附近的锦江湾。两人对吟对饮,相拥而泣,最后相拥蹈海。虽然月照命陨,西乡获救,但他如此对待月照和尚,当得起一个"义"字。无怪乎民调显示,即便西乡隆盛在西南战争中举旗"造反",但受访者普遍认为"大义在西乡一方"。这次民调结果,显示了日本人的传统价值观:"大义名分。"至于说西乡对外侵略扩张主张是不是错误的,他们根本不关心。日本人理解的"大义",并不等于"正义"。

1873年,围绕是否要"征韩"即征服韩国,明治政府统治阶层发生了激烈的矛盾冲突,日本政局因此生变,史称"明治六年(1873年)政变"。在这次政变中,主张"征韩"的官员西乡隆盛、大隈重信等,悉数下野。

实际上,围绕是否应"征韩"的对立,不是明治政府内部拥护还是反对扩张的对立,而是如何避免明治政府激进的改革引发的社会动荡的对立。因为明治政府的改革,特别是实行征兵制,砸了"世袭坐食之士"武士的饭碗,引起武士普遍不满,而"草莽武士"为明治新政权的建立贡献卓著。进入明治时代后,他们却作为"供品"被放置在祈求近代化的祭坛上。他们为之不满,并不令人奇怪。

西乡隆盛主张"征韩"。他在1873年8月17日写信给"参议"(参议和左右大臣、大纳言是最高行政机构太政官成员)板垣退助,提出征韩可以"将试图挑起内乱之心外引,以图国家振兴之远略"。但明治三杰之一的木户孝允表示反对,他担心如果为"征韩"而征召农民入伍,农民可能为不愿当炮灰而起事,导致国内局势更加混乱。木户孝允在日记中写道:"若论今日之方略,则无有比内治更为紧急者。"

千人敲锣,一锤定音。天皇反对"征韩"。10月20日,天皇敕令右大臣岩仓具视摄行太政大臣事务,使权力天平瞬时向"缓征"派倾斜。为此,主张"急征"的西乡隆盛等递交了辞呈并获批准。明治政府随即进行了机构改革,由司法卿大木乔任、大藏卿大隈重信、工部卿伊藤博文等兼任"参议"。这一人事更迭,史称"明治六年政变"。

当年10月底,下野的陆军大将西乡隆盛和他的亲信、陆军裁判所所长桐野利秋陆军少将及近卫局长筱原国干陆军少将等数十人返回鹿儿岛。翌年6月,西乡隆盛等在当地建立了由筱原国干任校长的"枪队学校"和村田新八任校长的"炮队学校",两校合称"私学校"。另外,还设立了由村田新八兼任校长的幼年学校(章典学校)。这三所学校在各地设有136处分校,以日清、日韩关系破裂,可以让学生即刻投入战争为由,传习武艺,经费全部由鹿儿岛县政府负担。学校成立后规模不断扩大,仅1年,学生人数即达3万左右。另外,还在野外建立了专门吸收原陆军教导团学生的吉野开垦社,由桐野利秋担任指导。

西乡隆盛等返乡后,鹿儿岛县各区长、户长等官吏很快由私学校干部担任,警察官吏职位也大部分由私学校成员担任。这种动向令明治政府警觉,他们认为鹿儿岛县无异于"独立王国"。事实上,这种担心并非多余。在中日两国围绕台湾问题关系紧张、战事一触即发之际,县令大山纲良写信给筱原国干,认为这是起事推翻明治政府的"天赐良机"。桐野利秋在 1875 年写的《时势论》中也强调:"今之政府乃今日国家之大仇敌,今之苍生怨望之所在。是故,可谓欲协助当今之政府者,实为对今之国家不忠,使今之苍生陷于涂炭之苦之左袒者。"

1877 年 1 月初,明治政府欲将鹿儿岛陆军炮兵附属兵工厂的大炮和炮弹移往大阪炮兵分厂,引起鹿儿岛县政府和"私学校"师生强烈不满。他们认为,大炮和炮弹为萨摩藩所造,应归当地所有。一些激进分子要求西乡隆盛"蹶起",但遭到西乡隆盛拒绝。2 月 10 日,岩仓具视根据所获情报向明治政府报告:"1 月 23 日、24 日,私学校壮年辈即刻汇集西乡处,称切不可错失良机,当即刻大举。西乡表示异议,并堂堂主张正理,百般进行劝说,壮士辈终表不服,称即令背负贼名也当举兵。西乡见劝阻无效,遂抽身离去且难寻踪影。"

1 月 29 日深夜,以松永高美为首的约 20 名私学校激进分子,首先开始采取行动。他们冲进弹药库抢夺弹药并运至各分校和学生家中藏匿。明治政府前来装运武器弹药的蒸汽船和帆船,只得空船而归。料想明治政府不会善罢甘休的筱原国干,一改以往犹豫态度,同意举兵。此前"去向不明"的西乡隆盛获悉后于 2 月 5 日急速返回,对激进派的举动异常愤怒,反对举兵。但是,以后发生的一件事令西乡隆盛转变了态度。

2月3日,私学校学生、县"警部"(约相当于中国的警督)中岛健彦率数百名私学校生,将返乡的东京警视厅"少警部"中原尚雄等19人逮捕。经过审讯,中原尚雄等招供此次他们24人返乡,系奉警视(约相当于中国的警监)川路利良之名,前来刺杀西乡隆盛等私学校干部。见明治政府不仁不义,欲下黑手,西乡决意起事,并于2月8日在私学校建立了司令部。

2月14日,大山纲良以县令的名义向各府县发出正式通告:西乡将"率兵入京",请各地予以通行。同一天,萨摩藩的军队(史称"萨军"或"叛军")完成了部队编制,由桐野利秋任总司令。随后,西乡隆盛、筱原国干、桐野利秋分别率军离开鹿儿岛前往熊本。19日,明治天皇

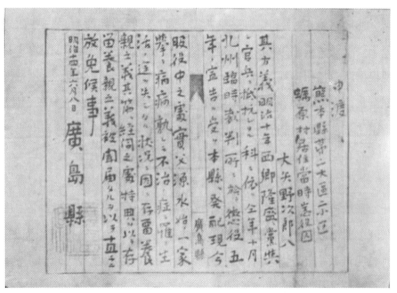

西南战争叛军士兵的判决书

八、"耀皇威于海外"

西南战争官军战殁者纪念塔

颁布敕令，组建"征讨军"，任命有栖川宫炽仁亲王为征讨总督，陆军中将山县有朋、陆军中将黑田清隆、海军中将川村纯义任参军。西南战争爆发。

萨军之所以向熊本进发，是因为熊本系九州中心地带。他们打算攻占熊本后再行扩张，割占日本西南部，进而号令各县起事，推翻明治政府。然而，萨军出师不利，未能攻占熊本。2月24日晚，萨军进攻势头已成强弩之末，由山县有朋等指挥的官军却不断扩充兵力，从原先2个旅团扩至8个旅团，近6万人。

出师不利，萨军转而北进，官军则从九州北部的福冈南下，双方在高濑展开激战。此战萨军损失惨重，西乡隆盛的四弟、比他小近20岁的西乡小兵卫战死。之后的激战，萨军连遭败绩，筱原国干也战死阵中。之后，官军一支部队从萨军背后登陆，使萨军陷入腹背受敌的境地。萨军退至鹿儿岛，但在其"总本山"城山被官军包围。

1877年9月24日，西乡隆盛命令其栖身的洞窟前排列的官兵冒死突围。但是，在弹雨中，萨军官兵一排排倒下，西乡隆盛也被枪弹击中肩膀及右膝。史书记载，此时只见西乡"徐徐跪坐，俨然正襟，向东遥拜"。按照事先的约定，他让身边的将军别府晋介担任"介错"："晋介，快动手！"别府晋介噙泪高呼："宽恕我！"在西乡隆盛大致完成切腹程序后，将他的首级砍下。西乡49年"波澜万丈"的人生戛然而止。折田正助为避免西乡的首级被官军获取，即刻进行掩埋。见西乡命陨，众将士有的举刀自戕，有的中弹身亡，有的投降归顺，西南战争以官军胜利结束。西南战争是日本最后的内战，历时7个多月，萨军阵亡6 400余人，官军阵亡6 840余人。长崎一位僧人的一首诗，似表达了萨军官兵的心境："孤军奋斗破围还，一百里程垒壁间；我剑已折我马毙,秋风埋骨故乡山。"

1889年,睦仁天皇颁布诏书,撤销西乡隆盛制造"叛乱"的罪名,为其恢复名誉,并追赠正三位。当年,日本政府在东京上野公园为西乡隆盛建立了一座铜像,供后人瞻仰。碑文评价西乡隆盛为"代表日本的伟人"。西乡隆盛的格言"敬天爱人"也被制成碑文竖立于上野公园。这一格言后来被日本"经营之神"稻盛和夫奉为座右铭。

东京上野的西乡隆盛雕像

"征韩论"使朝鲜感到日本的威胁正急速迫近,但力图避免和日本发生正面冲突的清朝政府则告诫朝鲜妥善处理和日本的关系,避免引起战端。清廷指示朝鲜王朝:"今若与日失和,本非长策。"于是,始终拒绝和明治政府建立外交关系的朝鲜政府的态度发生了明显变化,并就签署"日朝修好条规"进行谈判。但因分歧严重,谈判一开始即陷入僵局。眼见谈判陷入僵局,日本"征韩论"再次甚嚣尘上。尽管大藏卿松方正义警告,财政拮据,不宜举兵,称"今复起征韩议论,不知行军一日需花费几万现货。现国库之现货已几乎用尽,唯存纸币",但日本好战分子仍一意孤行,于1875年9月挑起了"云扬号事件"(又称"江华岛事件")。1876年2月27日,面对武力威慑,且清廷不希望朝鲜和日本"失和",经过"谈判",双方签署了《日朝修好条规》(又称《江华条约》),其第一条规定"朝鲜国乃自主之邦,保有与日本国平等之权"。这条规定意味着日本拆解中朝宗藩关系的图谋初步取得成功。

4. "日清战争"和"战后经营"

被日本称为"日清战争"的中日甲午战争,对日本、对中日关系、对远东乃至整个世界格局的影响极大。因为这场战争不仅颠覆了国际秩序,而且为日本对外扩张提供了思想和物质准备。

《日朝修好条规》签署后,日本在朝鲜巧取豪夺,使朝鲜民众日益不满。1882年7月23日,在柳春万、金长孙的带领下,汉城驻军数千军人哗变,焚烧日本公使馆,杀死日本官员,日本公使花房义质连夜狼狈出逃仁川。这次军人哗变,史称"壬午兵变"。兵变者拥立朝鲜国王高宗李熙的生父大院君李昰应执政。① 但是,这为清朝政府所不容。8月下旬,清政府派遣丁汝昌和袁世凯率领官兵3 000人进入汉城,逮捕大院君并将其押回中国审讯。

日本和亲日势力对此当然不会善罢甘休。1884年8月中法开战后,清军节节败退。日本驻韩公使竹添进一郎认为,如果清朝败北,日本在朝鲜扩张的障碍将减弱乃至消除,于是向明治政府提出,当不失时机在朝鲜扶植亲日政权。朝鲜的亲日势力也伺机而动。当年12月4日,朝鲜亲日势力首领朴泳孝、洪英植、金玉均、徐光范等趁朝鲜政府举行京城邮政局大厦落成宴会之际,刺死了议政闵泳翊并冲进王宫,逼迫朝鲜政府向日本公使馆提出派遣日军"护卫"朝鲜国王的要求。早已整装待发的日军则"不请自来",迅疾赶赴朝鲜国王李熙避难的离宫,以"护卫"的名义监控李熙。朝鲜亲日势力随即杀死了6名朝鲜王朝大臣,建立了以李载元为首的"新内阁",并迫使由日本兵"护卫"的国王李熙颁布"大政一新"敕令。12月6日,应朝鲜政府要求,由袁世凯率领的清军攻入朝鲜王宫,在朝鲜军队的策应下向日军发起攻击。竹添进一郎自焚使馆后,逃离汉城赴仁川日本领馆避难。朝鲜的亲日势力被一举剿灭。这场政变史称"甲申政变"。袁世凯在处理政变时表现出的机智果敢,深得李鸿章赏识。一年后,袁世凯被正式任命为清朝驻朝总理交涉通商大臣,受二品顶戴。朝鲜王朝为袁世凯立了生祠供人瞻拜,并拜袁世凯为上将,请他帮助朝鲜编练新军。

1885年4月,第四次出任首相的伊藤博文亲任全权大使,赴中国

---

① 即位的朝鲜国王给自己生父的封爵。由于李昰应是生前唯一受此封爵者,所以大院君通常就指李昰应。

和清朝全权大使李鸿章进行交涉,要求中国惩罚"甲申政变"的"肇事官兵"。由于当时中法和谈正顺利进行,中国已无日法结盟的担忧,因此李鸿章断然拒绝了伊藤博文的要求。但是,李鸿章也顾忌与日本交恶,同意与日本谈判。经过谈判,4月18日,双方签署了《天津会议专条》,就同时从朝鲜撤兵、以后如需出兵当"行文知照"即通知对方达成一致。然而,这个"专条"为甲午战争留下伏笔。

1894年5月下旬,朝鲜爆发由全琫准领导的"东学党"起义。为了"平乱",朝鲜当局请求中国出兵。作为宗主国,清廷自感"责无旁贷"。6月6日,清廷按照《天津会议专条》的约定,将出兵朝鲜的决定知会日本。但是,日本对清廷公函中的"我朝保护属邦旧例"一句提出抗议,称根据《日朝修好条规》,日本承认"朝鲜是自主之邦",否认朝鲜和清朝是宗藩关系,并通过驻清朝临时代理公使小村寿太郎告知清廷,日本也将出兵朝鲜。清朝对日本出兵予以拒绝,但是日本外相陆奥宗光提出,《天津会议专条》仅要求"行文知照",并没有限制日本出兵的规定,并令回国述职的日本驻中国兼驻朝鲜公使大鸟圭介率领"八重山丸"等数艘军舰和海军陆战队300余名士兵赶赴朝鲜。9日,日军抵达仁川。

日军抵达仁川时,清军1 000余人已到达牙山。之后,由陆军少将大岛义昌率领的日军混成旅也登陆仁川,双方剑拔弩张,战事一触即发。6月16日,日本政府向清廷提出了两国共同出兵朝鲜、共同改革朝鲜内政的方案,遭到清廷拒绝。但日本政府强调,日本军队在朝鲜驻留,"不仅是依照《天津会议专条》之精神,而且是为朝鲜善后之良策"。

7月20日,大鸟圭介要求朝鲜政府解除与清朝的宗属关系,敦促清军撤离,并要求3天内做出答复。7月22日,以伊东祐亨为司令的联合舰队驶出了佐世保军港,大岛义昌指挥的混成旅团进入了京城(首尔)并占领了朝鲜王宫。7月25日,东乡平八郎任舰长的"浪速丸"在朝鲜西部丰岛附近海岸,开炮击沉了清朝租用的英国商船"高升号",正被运往朝鲜的1 000多名清军官兵全部遇难。东乡平八郎之所以敢命令开炮击沉商船"高升号",是因为东乡平八郎曾留学英国,熟悉国际法。当时中日两国已发生军事摩擦,这时候以商船运兵是违反国际法的,尽管这种做法过于野蛮,但并未遭到国际舆论谴责,甚至英国也未抗议。

8月1日,清朝光绪帝颁布宣战《上谕》,明治天皇睦仁颁布《宣战诏书》,中日甲午战争(日本称"日清战争")全面爆发。对比《上谕》和《宣战诏书》,不难发现两者对"国家主权"的认知差异。《上谕》称,"朝鲜为我大清藩属二百余年,岁修职贡,为中外所共知"。《宣战诏书》则称,"朝鲜乃帝国首先启发使就与列国为伍之独立国,而清国每称朝鲜为属邦,干涉其内政"。这种差异决定了两国对"国际法"认知的差异。

战争分三个阶段展开:第一阶段是平壤之战和黄海海战,第二阶段是九连城之战和旅顺之陆战,第三阶段是威海卫海战和辽东战役。日本取得了最终胜利。

甲午之役,日本为什么能够战胜中国?主要是因为日本重"海防",清廷重"塞防",中日国家战略存在差异。1868年7月14日,刚登基的明治天皇睦仁便接到军务官奏折:"耀皇威于海外,非海军而莫属,当今应大兴海军。"接此奏折,睦仁即颁布诏书:"海军之事为当务之急,应从速奠定基础。"1885年,明治政府提出了以超越中国北洋水师为目标的10年扩军计划。1893年,明治天皇根据伊藤博文的建议,提出"每年省宫内经费 30 万日元",并要求官员将薪水的 1/10 作为"海防捐款"。1894 年甲午战争爆发时,日本联合舰队总排水量为 72 000 吨,而且军舰速度比北洋水师的军舰速度快,并多数配置速射炮。中国北洋水师的军舰是 41 200 吨,军舰比日本陈旧,发炮速度也慢。称甲午战时北洋舰队"亚洲第一"的说法,显然失实。

北洋舰队为何落后？中国一直流传一种出自《清季野史》的说法,称"甲午战败,系因清廷挪用海军经费修建颐和园之故"。梁启超在《瓜分危言》中也称,"刮全国之膏血以修国防,而其实乃消磨于林园土木之用"。实际上,这种说法明显失实。实际情况是,当年一些官吏以扩充海军之名,行搜刮民脂民膏之实。用于扩充海军的经费,并没有被挪用于兴建颐和园,何况颐和园并不是新建的,而是对乾隆时建成的清漪园的扩建和改造。海防经费确被挪用。自 1886 年,原本不多的海防经费,有 1/3 被挪到东北充实"塞防"。另外,"海军提督非阅历多年,深谙西法之水师官不可"。而北洋水师提督是陆军出身的丁汝昌,他缺乏海战经验,战术应用不当。按史籍分析,甲午战败,"原因虽多,要以横阵之不良为最大失策"。

甲午战败后,1895 年 3 月 20 日,日本全权办理大臣、首相伊藤博文和外相陆奥宗光,清朝钦差头等全权大臣、直隶总督兼北洋大臣李鸿章,在日本下关春帆楼进行会谈。日本提出了苛刻的休战条件,李鸿章表示难以接受。但是,一个意外事件改变了谈判进程：李鸿章在回下榻的饭店途中,遭到反对议和的日本浪人小山六之助(本名丰太郎)狙击。交战国国民向对方使者开枪,举世震惊。伊藤博文和陆奥宗光担心,如果李鸿章愤而回国,由此引发的国际舆论必然对日本不利,于是一方面要求天皇颁布"朕对此事件深表遗憾"的诏敕,向中国政府和李鸿章个人表示歉意,一方面派军医为李鸿章疗伤,同时决定立即无条件休战。

春帆楼——甲午战后谈判场馆

1895年3月30日,双方签署了休战条约,4月1日开始进行媾和谈判。清朝增派李经方(李鸿章之子)为全权大使。经过约半个月六次会谈,双方于4月17日签署了《日清讲和条约》,史称《马关条约》(又称《春帆楼条约》)。条约共11款,并附有"另约"和"议订专条"。主要内容:(1)中国承认朝鲜独立自主,废绝中朝宗藩关系。(2)中国向日本割让辽东半岛、台湾及澎湖列岛。(3)中国赔偿日本军费银二亿库平银。(4)开放重庆、沙市、苏州和杭州为商埠。(5)日本可以在中国通商口岸开设工厂。

签约后仅6天,4月23日,俄、德、法三国驻日公使相继造访日本外务省，提出："辽东半岛为日本所有，不仅有直接危及清国首府之虞，且将使朝鲜之独立有名无实，成将来远东永久和平之障碍。"此系著名的"三国干涉还辽"。伊藤博文和陆奥宗光原本要求清朝政府不要就条约内容咨询列强，俄、德、法三国为何知晓，日方怀疑系清朝政府采取"以夷制夷"策略，故意促使列强干涉。

翌日，伊藤博文在广岛召开的御前会议上，提出了应对三国要求的三项选择：第一，纵然遭遇新增敌国之不幸亦在所不顾，拒绝俄、德、法之劝告；第二，招请举行列国会议，在会议上处理辽东半岛问题；第三，完全听从三国之劝告，即刻将辽东半岛交还中国，以示恩惠。最后，御前会议决定采纳第二项选择，在诸列强会议上求取美、英、意协力，获得相应补偿。

随后，日本发表声明：(1)要求清政府支付5 000万库平银作为交还辽东半岛的"补偿金"。(2)在第一批补偿金和军事赔偿金支付后，日军撤至金州半岛；第二批军事赔偿金支付和通商航海条约缔结和批准后，撤出全部军队。(3)承认台湾海峡航行自由，日本不向他国让渡台湾和澎湖列岛。经过"讨价还价"，"补偿金"减为3 000万库平银。5月10日，天皇睦仁颁布了交还辽东半岛的诏书。

"三国干涉还辽"对日本朝野是一大刺激，并因此结束了究竟应首先"改善民生"，还是"扩充军备"的争论。面对强敌，必须扩充军备，成为朝野共识；而根据《马关条约》获得的巨额赔偿2.315亿库平银（当时约折合3.559 8亿日元），约相当于日本年度财政收入的4倍，则为扩充军备提供了基本条件。

1895年8月15日，藏相松方正义向内阁递交了《关于财政前途之计划的提议》。这份被称为"日清战后经营的纲领性文件"强调，"必须扩充能与强国对应之兵备、充实用于新领地防务之兵备、防范清朝复仇之兵备等。此等兵备须在三五年内完成"。该文件还强调,必须尽可能实现兵器、军舰自给,实现与之密切相关的钢铁自给,加强铁道建设。甲午战前,日本产业以纤维和铁道(非财阀系民间资本)、矿山(财阀系资本)为中心。甲午战后,"机械、造船、金属、化学、海运、矿山等产业部门(国家资本、财阀资本)开始占据中心地位"。也就是说,日本的产业结构发生了重大变化,日本军费成倍增长。这种变化为日本以后的侵略扩张,提供了不可或缺的物质基础。

九

"加入列强俱乐部"

1. 日俄的"满韩交换"

甲午战后,日本通过《马关条约》割占了中国台湾。按照日本著名历史学家竹越与三郎在《台湾统治志》中的说法,台湾是使日本成为"太平洋女王"的"上马石"。日本下一个侵略扩张目标,就是"像匕首一样指向日本列岛"的朝鲜。

《马关条约》使朝鲜脱离了和清朝政府的宗藩关系,取得了名义上的"独立"。朝鲜的亲华派失去"靠山"后,转而投靠俄国,令与俄国渐次交恶的日本极为不爽,必欲除之而后快。1895年10月7日夜,受日本驻华兼驻朝公使三浦梧楼指使,曾在朝鲜京城办日文《朝鲜日报》,后以记者身份从军的安达谦藏,带领30余名日本浪人持武器直扑大院君李昰应官邸,将他抓捕。8日拂晓,这批日本浪人同其他日本武装人员汇合后,分五路直扑朝鲜皇宫景福宫玉壶楼,将闵妃杀死(按:藩属国国王的正室也只能称"妃")。这一事件发生于1895年10月8日,岁次乙未,史称"乙未事变"。闵妃被杀,引起朝鲜民众极大愤慨。大批朝鲜民众高呼"为国母报仇",发起了史称"乙未义兵"的抗日运动。日本政府为了掩饰罪责,向三浦梧楼等56名涉事人员下达"退韩令",

令他们离开韩国，任命小村寿太郎接替三浦梧楼职务，并使用"领事裁判权"，称将案犯遣送回国受审，实际全部释放。围绕对朝鲜半岛控制权的争夺，日本和俄国的矛盾不断激化。

俄国为了扩张势力，全面推行"南下政策"，试图建立包括中国东北地区在内的"大经济圈"。1896年5月26日，俄国借沙皇尼古拉二世加冕典礼之际，邀清政府派员参加。李鸿章奉旨前往，并与俄方代表签署了《御敌互相援助条约》，史称《中俄密约》，主要内容是清政府同意俄国出于军事目的，铺设最短距离连接彼得堡至符拉迪沃斯托克的铁道。这条铁道如果不经过中国，就要绕很大一个圈子。若穿越中国境内走直线，可大大缩短距离。穿越中国境内的这一段即"东清铁道"。

同时应邀参加尼古拉二世加冕典礼的日本代表山县有朋，则同俄国外务大臣罗巴洛夫建议，日俄两国以北纬38度线为界，划分在朝鲜半岛的势力范围：南部属日本势力范围，北部属俄国势力范围。罗巴洛夫当场拒绝。但是，俄国也不愿因此和日本撕破脸皮。1896年6月9日，双方签署了一份强调双方在朝鲜"权利平等"的秘密议定书。

俄国在朝鲜扩张势力的同时，也在朝鲜背后的中国东北扩张势力。1896年9月8日，俄国和清朝政府正式签署了建设东清铁道的协议。12月，东清铁道公司宣告成立。1898年3月27日，双方又签署了《旅大租地条约》。俄国不仅获得了不冻港，而且拥有了"大西伯利亚铁路"最南端出口。之后，俄国全力建设以哈尔滨为中心、向四处延伸的铁道网。

1900年，中国发生义和团攘夷事变（日本称"华北事变"），列强组成八国联军入侵中国。翌年，根据《辛丑条约》（日本称《关于华北事变最终议定书》),列强取得了在华驻军权。日本在北京、天津、山海关、秦皇岛等地驻军2 600人。俄国不仅也得以在华驻军,而且以保护建设中的东清铁道为名,在铁路沿线驻军,并通过和当地官员签署秘密协议,几乎实际掌控了当地的军政大权。

俄国的行径令清政府不满和担忧,但是清政府不敢公然与之对抗。1901年1月下旬,李鸿章向俄国方面建议,就如何利用"满蒙地区"的天然资源进行协商。拉姆兹道尔夫提出,俄国的势力范围必须划定为长城以北、帕米尔高原以西与俄国接壤地区,要求清朝政府不得将其势力范围内的权益让与他国,同时要求清政府与其签约,承诺放弃在其势力范围内的铁道铺设权和关税自主权。清政府对俄方的无理要求提出异议,并要求列强干预。

列强对俄国意欲单独控制中国的行径当然不满。美、英、德、日相继对清朝政府发出警告:不得和任何一国签署协议,或给予其"有关领土的特别权益"。列强此举,显然是"项庄舞剑,意在沛公",真正的警告对象是俄国。但当时美国仍恪守"中立主义"传统,英国正陷于布尔战争泥淖无暇东顾,只有德国态度积极。德国当时忙于将山东纳入其势力范围、在长江流域建立深入中国内陆的门户,若日本因合并朝鲜而同俄国开战,可坐收渔人之利。于是,德国再三向日本保障,尽管德国和俄法两国曾联手要求日本归还辽东半岛,但此番若日俄交战,德国一定严守中立。

是否为了遏制俄国在华扩张而不惜一战?日本统治阶层意见不一。外相青木周藏单独上奏天皇,力主开战;而首相山县有朋则认为,日本国力尚弱,军事和外交准备不足,反对开战。为此,内阁发生分裂,山县有朋不得不宣布内阁总辞职,曾担任日本第一任首相的伊藤博文再度出山，建立了第四届伊藤内阁，并请三菱财阀创始人岩崎弥太郎的女婿、曾任日本驻英国大使的加藤高明出任外相。加藤高明年仅41岁，年少气盛。由他主导的日本外交，在对俄关系方面采取了比青木周藏更强硬的立场。1901年3月12日，加藤高明在内阁会议上提出了几项选择，供首相伊藤博文决断：(1)对俄采取单独直接的抗议行动，不惜诉诸武力；(2)合并韩国，同时对抗俄国分割"满蒙"；(3)一如既往和英美协调，对俄停留于形式上的抗议。经过一个多星期的反复探讨，伊藤内阁以第一个选项为基础，于3月24日向俄国发出最后通牒。当天，英国公开对日本表示支持。英国的支持增强了日本说话的"底气"。随后，小村寿太郎公使向清朝政府承诺："日本国将为了和平及保全清国而竭尽全力。"日本如此给力，清政府决定不与俄国签署上述划定俄国在华势力范围的协约，并要求日本驻俄公使珍田捨巳将这一决定口头告知俄方。清政府忽然变得"强硬"，令俄国外相拉姆兹道尔夫非常恼怒，他当即要求珍田捨巳转告清政府，协约签署是中俄两国之间的事，不能听任他国说三道四。同年9月，美国新任总统西奥多·罗斯福也表示，俄国的行为有损"门户开放"原则，令日本"抗俄"的底气更足。11月7日，李鸿章去世。庆亲王奕劻出任清朝全权大使。12月，奕劻向俄方提出了协约修正案。面对背后有几个列强支持的清政府，俄国不得不改变在中国东北持续扩张的方针，同意另拟协约。

一直奉行不结盟"光荣孤立政策"的英国见此机会，便想借力日本，遏制俄国在远东的扩张，决定放弃"光荣孤立政策"，与日本结盟。日本认为，德国不可能真的为日本得罪俄国，也想联英抗俄。1902年1月30日，日本驻英国公使林董和英国外相兰斯顿，分别代表本国政府签署了《日英同盟协约》及附属"秘密公文",当即生效。2月11日,双方同时公布了这一协约。协约声明"两缔约国相互承认清国及韩国之独立",同时表示"英国承认日本在韩国拥有政治及商业和工业的特殊利益"。

面对日本咄咄逼人态势,1902年4月8日,俄国不得不和清政府签署了"交还中国东北"的协约,规定俄国军队撤出东三省。但是翌年5月中旬,俄国发生宫廷政变,鼓吹"合并中国东北"的贝索布拉索夫被任命为宫廷秘书(沙皇的常年顾问),俄国外交路线开始向"武断外交"转变。

为了做好战争准备,"主战论"者、陆军大臣阿列克谢·库罗帕特金提出暂时承认韩国属于日本势力范围的"满韩交换论",并和名为财务大臣、实则握有首相权柄的维特达成共识。之后,俄国一方面推进对日协商、禁止中国东北开港、保全中国东北领土的计划,另一方面采取巩固旅顺口要塞工事等措施。1903年6月,库罗帕特金访问日本,向日本外相小村寿太郎建议,双方以不分割中国东北为前提,再行协商。随后在旅顺召开的会议上,库罗帕特金和关东都督叶夫根尼·阿列克西耶夫一起,建议贝索布拉索夫"缩小鸭绿江事业"。但是,贝索布拉索夫对此不予认同,并说服沙皇于8月12日设立了"远东总督府",由阿列克西耶夫担任总督,统辖包括中国东北地区在内的远东地区行政、军事、外交全权,剥夺了库罗帕特金的发言权,加速吞并中国东北的准备。

俄国所欲何为,日本当然清楚。在6月23日的御前会议上,一些阁僚指出,日本面临两种选择:让主张对俄"协商"的桂太郎内阁"退阵";或者采纳参谋本部的意见,在俄国完成战备之前对俄开战,获取

九、"加入列强俱乐部"

"小胜"。7月1日,桂太郎向天皇提出内阁总辞职,但天皇听取了山县有朋和松方正义的意见后,决定留任桂太郎;同时削弱议会权力,建立"举国一致"体制,并大肆开展"举国一致"舆论宣传。但是,日本并非举国一致赞同对俄一战,而且日本军内也存在"主战"和"主和"两种声音。"主战"的理由是"将俄国人逐出中国东北,解放中国东北使之成为各国互市场所,使中国东北牵涉各国利害关系,成为任何一国都无法染指的中立地带",同时提出"切实占领韩国,阻止俄国南下;要求俄国返还其租借的旅顺、大连;占领浦盐港堵塞俄国人进出太平洋之门户"。"主和"的理由是,"日俄开战应是使国家免遭危机,使国力国权得以切实维护的最后的战争"[①]。经过一番辩论,"主和"一方以双方战斗力存在差异为由,提出了"满韩交换论"。按参谋本部次长田村怡与造的说法:"中国东北之经营委予俄国,我取韩国。"为了能使"满韩交换"付诸实施,参谋本部制定了以此为目标,准备进行一场有限战争的计划,由参谋总长大山岩禀报天皇。

9月,外相小村寿太郎拟定了《万一和俄国的和平谈判破裂,我国对清韩两国应采取的方针》,提出了"北守南进"的大陆政策:"北面拥护韩国的独立以保帝国之安全,南面以福建为立足点,将清国南部纳入我势力范围。"基于这一构想,小村寿太郎正式向俄方提出了"满韩交换论",要求日俄相互承认:"中国东北不属于日本特殊利益范围,韩国不属于俄国特殊利益范围。"[②]但是,俄国的回复非常强硬:拒绝日

---

① [日]参谋本部编:《明治三十七·八年秘密日俄战史》,岩南堂书店,1977年复刻,第35页。
② [日]海军省编:《山本权兵卫和海军》,原书房,1966年复刻,第151页。

本进入中国东北,尊重韩国独立、领土完整,禁止将韩国的内陆、沿岸用于军事目的,设定北纬39度以北(包括平壤、元山)为中间地带。

眼见"满韩交换"的交易难以达成,1904年2月6日,日本向俄国发出最后通牒,当天关闭日本驻俄大使馆,断绝与沙皇俄国的外交关系。2月10日,双方相互宣战,日俄战争爆发。

2. "皇国兴废在此一战"

日本在各场对外战争中,最津津乐道的是日俄战争。2015年8月14日发表的"安倍谈话",也开篇即称:"日俄战争鼓舞了许多处在殖民统治之下的亚洲和非洲的人们。"那么,日本在这场正式加入"西方列强俱乐部"的战争中是如何取胜的呢?迄今为止,中国相关论著均缺乏明确分析。

1894年8月1日,明治天皇睦仁发布的《宣战诏书》称,"苟不违反国际公法,即宜各本权能,尽一切之手段,必期万无遗漏"。日本如此高调宣称遵循国际法的重要目的,就是试图让西方国家承认,日本是"遵守国际法的文明国家"。1904年2月,明治天皇睦仁发布的对俄《宣战诏书》也宣称:"在国际法规之范畴内,尽一切之手段。"但当时所谓的"国际法"实际就是弱肉强食的丛林法则,就是强国用武力征服弱国后,以"合法"的名义令弱国割地赔款。正如松井芳郎在《国际法》一书中指出的,"传统的国际法,就是由少数先进国家以武力统治大多数中小国家和非欧洲国家的法"。甲午战争后,日俄两国均试图以"合法"方式侵占他国权益,就是为侵略扩张披上"文明"外衣。日俄两国试图通过外交以"合法"方式缓和尖锐矛盾失败,最终兵戎相见。

日俄战争从1904年2月8日至1905年9月5日,历时约1年半。战前,双方的军事和经济实力相差悬殊。战争前夕俄国总人口达1.41亿,1904年陆军常备军总兵力约105万,后备役军人375万,在远东有正规陆军部队9.8万余人。海军有200余艘战舰,其中太平洋分舰队拥有60余艘作战舰艇。俄国战时进行过9次动员,共征召约120万人入伍。战争前夕日本总人口约4400万,陆军总兵力约37.5万人,海军有战舰约80艘,战时征召了118.5万人。俄国年财政收入是20亿日元,日本是2.5亿日元。总体实力,俄国明显占优。以金戈铁马南征北伐的拿破仑说:"战争的要素有三,第一是钱,第二是钱,第三还是钱。"日本相对俄国不仅军事实力悬殊,而且军费紧缺。"三国干涉还辽"后,日本"卧薪尝胆",建成了战舰6艘、一等巡洋舰6艘的"六六舰队"。陆军从7个师团增加到13个师团,所需经费除了《马关条约》的赔款基本靠增税获取,国民纳税负担已达极限。

1904年2月4日,日本御前会议做出开战决定,对战争前景持悲观态度的伊藤博文表示,"本次战争对日本而言是国运之战,但陆海军均无胜算"。参谋本部次长儿玉源太郎表示,"由于本次战争胜利的可能性不大,因此如果俄军出兵1万,我军必须以3万之众迎击。一开始就以3倍之兵力挫敌士气,寒其心胆"。海相山本权兵卫表示:"我首先有日本军舰可能沉掉一半的思想准备。"然而,战争结局不仅出乎世界舆论的预料,甚至出乎包括元老在内的日本决策者的估计。

俄国战败,首先因为对日本的动向缺乏警觉。1904年2月6日,日本向俄国发出了最后通牒。当天,日本即关闭了日本驻俄大使馆。但对这一战争可能爆发的信号,俄国人却不以为意。2月8日,一艘日本轮船驶入旅顺港,在俄海军战列舰上几千名俄国水兵的眼皮底下,将居住在旅顺的日本公民接走。"撤侨"是日本人很可能要动武的信号，俄国人依然视若无睹。俄国人更没有料到，在那批"侨民"中有一名日本特工，这名特工早已将俄国 13 艘巡洋舰和战列舰、4 艘驱逐舰的确切停泊位置在地图上一一标出。2 月 8 日夜，担任瞭望的俄国水兵发现了 3 艘战舰，居然误以为那是返回基地的俄军驱逐舰，结果这 3 艘日本驱逐舰用鱼雷击沉了"太子"号和"列特维赞"号战列舰、"帕拉达"号巡洋舰。遭到打击后，俄国海军匆忙展开猛烈回击，但天色黑暗，日本军舰仅轻微受损。黎明时分，日本联合舰队在近海出现，并向俄军开火。另一支日本分遣舰队则击沉了俄国停泊在朝鲜仁川港的 2 艘巡洋舰。

2 月 10 日，在实际上日俄战争已经爆发的情况下，日本天皇颁布了《宣战诏书》，俄国沙皇也在同一天对日宣战。翌日，日本在宫中设立了大本营，决定由山县有朋和大山岩负责军事问题、伊藤博文负责朝鲜问题、松方正义和井上馨负责财政问题。6 月 20 日，甲午战争后成立的"满洲军"总司令部从大本营独立，由参谋总长大山岩任"满洲军"总司令、次长儿玉源太郎任"满洲军"参谋长，山县有朋转任大本营参谋总长。由"满洲军"总司令部负责前线指挥，大本营负责兵站补给，山县有朋亲自兼任兵站总监。

战争全面展开后，日军出师顺利，连战皆捷。5 月 1 日，北上韩国的日军第一军在鸭绿江取得了胜利并渡河成功。5 月 26 日，登陆辽东半岛的第二军攻占了金州城和南山要塞，成功地孤立了旅顺要塞。虽然在以后的战役中双方均损失惨重，但由于日本取得了具有决定性意义的旅顺战役、奉天会战、日本海海战的胜利，最终锁定胜局。

日本为攻占旅顺要塞，专门编制了第三军，由乃木希典任司令官，同驻守旅顺、以斯特塞尔为要塞司令的俄军较量。旅顺一役,战况极为惨烈,乃木希典指挥的第三军采取"以死伤1万为标准"的战法也未能占领制高点——203高地。日本大本营派出了国内仅存的唯一野战师团第7师团前往增援。

11月26日,日军发起了第三次强攻,但仅占领了几个次要工事。翌日,不仅突击部队全军覆没,而且前往增援的第7师团也仅存1 000余名官兵。12月1日,"满洲军"总司令部总参谋长儿玉源太郎视察前线,呈现在他眼前的是自山坡斜面至山麓到处是烧成一团漆黑的"忠勇将士"之尸体,场景极为惨烈。尽管伤亡惨重,但大本营仍指责"满洲军"总司令部未即时攻占旅顺,要求尽快占领203高地,并发出指令:日本海军将同俄国波罗的海舰队进行决战,为此必须至12月10日吸引住封锁旅顺的俄海军军舰。换言之,第四次总攻将是最后一次总攻。为了能够取胜,日本"满洲军"总司令部采取了由儿玉源太郎取代乃木希典担任指挥的非常措施,并采用重炮轰击的战法。

12月5日,日军在儿玉源太郎指挥下发起了第四次总攻,主要攻击方向仍是203高地。俄军坚守203高地9天,多次发起反冲击,打退日军的猛攻,但日军最终仍以伤亡约8 000人的代价占领了203高地。至此,日军为攻占这一高地共伤亡约17 000人。在占领这一制高点后,日军从203高地用电话校正28厘米口径的重炮轰击俄军,不仅将停泊在船坞的俄国舰艇全部击沉,而且摧毁了旅顺市内的造船厂。12月15日,俄军指挥官、陆军防卫司令孔德拉坚科阵亡。翌年1月2日,俄军旅顺要塞司令官斯特塞尔宣布投降。旅顺战役至此结束。附带说一句,斯特塞尔回国后,因"在敌人面前懦弱"而被监禁10年。

和伤亡约59 400名官兵(其中死亡约15 400名)的第三军类似,自

7月底同22万俄军对抗的第一军、第二军、第四军（作战总兵力134 500名），也损失了约1/6兵力（其中伤亡约23 500名）。俄军虽然损失同样惨重，但公开扬言"只要有波罗的海舰队和集结于奉天附近的陆军40万兵力"，就不可能议和。因此，日军必须在陆上和海上同俄军进行决战。奉天会战和日本海海战随之展开。

1905年1月在黑沟台战役损失约9 300人的日军，在2月23日，以25万兵力同拥有37万兵力的俄军进行了奉天会战。3月15日半夜，日军占领了铁岭，将俄军驱赶至四平，取得了会战胜利。此役双方伤亡人数超过13万人。

在陆上鏖战正酣时，俄军统帅部将能够和日本联合舰队相匹敌的波罗的海舰队（第二、第三太平洋舰队）的舰只陆续派往远东。日本海海战（因发生于对马海峡，故又称"对马海战"）在奉天会战后拉开了帷幕。

1905年5月14日上午，由罗泽德斯特凡斯基海军上将指挥、50艘战舰组成的波罗的海舰队驶出法国领安南（越南）金兰湾，于27日下午1点55分与东乡平八郎指挥的日海军联合舰队在对马海峡遭遇。面对俄军舰队，日海军联合舰队旗舰"三笠"号打出了"Z"信号旗，这是联合舰队司令官东乡平八郎向全舰队发出的作战指令："皇国兴废在此一战，期盼诸君奋勇努力！"原来，东乡平八郎曾留学英国，颇为仰慕曾在特拉法尔加海战中大败法西海军联合舰队的霍雷肖·纳尔逊将军。他的这个旗语即改编自纳尔逊在特拉法尔加海战决战前打出的旗语："英格兰期盼每个男儿恪尽职守！"（England expects that every man will do his duty!）

此役，东乡平八郎采用日本海军士官学校教官秋山真之首创的

"丁"字战法：日舰在接近俄舰时，"敌前转舵"，使军舰呈"一"字横向展开的战斗队形，集中各舰炮火，逐一轰击呈"｜"字纵向队形驶来的敌舰，将其逐一击沉。翌日，战事基本结束。此战结果，俄军舰队有38艘战舰被摧毁或捕获，而日本联合舰队仅损失3艘鱼雷艇，成为世界海战史上损失最为悬殊的一场海战。东乡平八郎因此被日本人尊为"军神"。

日俄战争主要在中国领土上进行，持续一年半，规模之大，伤亡之惨，均为举世罕见。日本虽然取得了这场战争的胜利，但付出了昂贵代价：所耗战费达15亿日元，动员兵力近110万，日本陆军13个师团全部投入战场。战争中，日本修改了征兵令，服役年龄从32岁延至37岁，动员能力几达极限。乃木希典率第三军凯旋时，曾在船中迎风洒泪，赋诗一首："皇师百万征强虏，野战攻城尸做山。愧我何颜见父老，凯歌今日几人还？"

回国后，日本天皇为"忠勇将士"举行了隆重的凯旋仪式。在仪式上，乃木希典发言时的第一句话是："吾乃杀乃兄乃父之乃木希典。"念及战死的亲人，凯旋庆典上一片哭声。据称，乃木希典在明治天皇"驾崩"后自杀殉葬，亦与他对第三军伤亡过于惨重而深深自责有关。

日俄战争胜利后，日本为了弘扬军国主义精神，塑造了四个军神：指挥联合舰队几乎全歼俄第二太平洋舰队的东乡平八郎海军大将，攻占旅顺要塞的日本第三军司令官乃木希典陆军大将，在用军舰封堵航道、将俄军舰困锁港内的"闭塞战"中阵亡的广濑武夫海军少佐，在辽阳会战攻占148高地的战斗中身负七处重伤仍坚持指挥至死的橘周太陆军少佐。

乃木希典对天皇绝对忠诚，颇受天皇赏识乃至庇护。在日俄战争中,乃木希典的两个儿子乃木胜典和乃木保典先后战死。1912年明治天皇睦仁去世,乃木希典和他的妻子乃木静子切腹自杀,自觉为天皇殉葬。乃木希典虽然被奉为军神,但日本学界对他的军事指挥能力基本持否定态度。著名作家司马辽太郎称乃木希典是"愚将"。按照一般标准,乃木希典确实算不上是优秀指挥官,充其量只是一名合格的武士。更多人则因乃木希典为了胜利不惜以广大官兵生命做代价而称他"肉弹将军"。奉他为"军神",主要是为了宣扬"忠君爱国"。

3. 日俄战争"三功臣"

日本在日俄战争中能够取胜,高桥是清、金子坚太郎、明石元二郎三人堪称"居功至伟"。这一节,我就说一下认为他们是"功臣"的理由。

1904年2月4日,日本御前会议决定对俄开战。当时,元老伊藤博文和井上馨发问:"日本有没有进行长期战争的经济实力?"大藏大臣曾祢荒助表示"日本没有这种经济实力,我无法担当此任",提出辞职,最终被天皇制止。因为开战之际大藏大臣辞职,必然导致对日本财政实力的不信。但当时日本财政状况确实非常拮据:银行库存资金只有1.17亿日元,支付进口货款后仅剩0.52亿元。鉴于甲午战争所耗军费为2.2亿元,日俄战争至少需要两倍于甲午战争的4.5亿元军费(实际上,日本在日俄战争中所耗的军费,陆军是12.2亿,海军是2.4亿,加上各省厅的费用等,总计达19.5亿)。因此,无论元老、政府首脑,还是陆海军首脑,首先考虑的问题是如何筹措军费。

1904年2月24日,即战争刚开始2周,日本银行副总裁高桥是清被派往美国。表面上，高桥是去美国进行"市场调查"，实际上是募集战时外债，指标是 1 亿日元。在送别高桥时，井上馨含着眼泪对高桥说："你如果不能顺利募集到外债，军费问题将无法解决，日本将遭受灭顶之灾。"但是，高桥到了纽约后发现，他所承担的任务比预想更艰巨。因为当时的美国正处于产业振兴高涨期，正竭力引进外资，而且美国人认为日本不可能胜，让美国人购买日本公债，怎么可能？于是，高桥便去了伦敦，想通过日英同盟这层关系获得英国方面的支持。

英国人确实很热情。在伦敦，高桥受到各方招待。但是，英国舆论也认为，这场战争日本必败无疑。伦敦资本市场，日本在日俄战前发行的利息为 4％和 5％的公债一再暴跌。英国人甚至认为，如果贷款给俄国，俄国好歹有土地和矿山可以做抵押，但日本啥都没有。但高桥并不气馁，仍韧性十足地开展工作，好不容易使英国同意由银行购买 500 万英镑（合 0.5 亿日元）日本公债，年利率 6％，偿还期 7 年，以日本关税收入做抵押。英国之所以还愿意贷款，是认为万一得不到关税，可以让日本以"六六舰队"做抵押。

筹集 1 亿日元的任务完成了一半，另一半即 0.5 亿日元如何筹措？就在高桥一筹莫展时，全美犹太人协会会长、著名金融家雅各布·希夫向高桥伸出援手，使高桥超额完成了任务。当时雅各布·希夫正好在伦敦，了解到高桥的苦衷后，他第二天即派属下前往拜访高桥，表示愿意为日本提供帮助，条件是余下 0.5 亿日元战时公债必须全部在纽约发行——这几乎谈不上是条件。雅各布·希夫之所以愿意帮助高桥，是因为有 500 万犹太人在俄国长期遭受压迫。就在日俄双方激战正酣时，俄国各地发生了大规模屠杀犹太人事件。另一方面,当时俄国正处于1905年革命前夜,俄国罗曼诺夫王朝已处于风雨飘摇之中。希夫和很多犹太人一样,希望日本能够战胜俄国,从而使犹太人获得拯救。之后,雅各布·希夫还呼吁世界各地的犹太人和纽约所有银行购买日本战时公债,使高桥从美国和欧洲筹得了远超1亿日元筹款指标的2亿美元资金,而且日本获得的发行公债的条件也日渐优惠。开战初期,资本市场的公债利息是2%,但日本战争公债的利息是6%,偿还期7年。在日本取得旅顺战役、奉天战役、日本海海战的胜利后,利息降到4.5%,偿还期20年。其中高桥是清一人筹得的军费占42%。日本战时在海外发行的公债,约半数是犹太金融资本家,特别是受洛克菲勒石油财团支持的"洛克菲勒普通教育委员会"出资购买的。按《日俄战争秘史》中的说法:"雅各布·希夫在日本进行一赌国运之战的日俄战争中,发挥了重大作用。"

1904年2月24日,和高桥是清同时被派往美国的还有贵族院议员金子坚太郎,但他所承担的任务和高桥截然不同:不是去筹钱,而是去请他的校友、美国总统西奥多·罗斯福出面斡旋,调停日俄战争。因为明治政府的元老们很清楚,由于日俄两国综合国力相差悬殊,如果开战,必须速战速决并见好就收,即时媾和。由谁出面斡旋促成两国媾和呢?经过反复研究,他们一致认为请美国总统西奥多·罗斯福出面调停最合适,于是便决定将这项任务交给了金子坚太郎。

金子坚太郎1871年跟随岩仓使节团赴美留学,后毕业于哈佛大学,是1889年2月11日颁布的《大日本帝国宪法》4名主要起草者之一(另外3名是伊藤博文、井上毅、伊东巳代治),曾担任明治政府农商务大臣,既有知识学养,也有为官经历。更重要的是,金子坚太郎不仅在美国生活了8年,是个"美国通",而且和同为哈佛大学毕业的美国总统西奥多·罗斯福是校友,尽管当时金子坚太郎和老罗斯福并不认识。

最初,金子坚太郎表示"我完全没有自信",不愿承接这项任务。因为金子坚太郎知道,美国南北战争时,英国支持南方,俄国支持北方。因此,美国当政者一直对俄国心存感激。美国很多大款和俄国贵族有包括姻亲关系在内的各种关系,俄国的军需品也主要向美国购买。美国政府怎么可能偏向日本？但是,伊藤博文对他说:"如果俄国军队登陆九州,我将作为一名士兵持枪参战。你现在不应该考虑成败,而应该为了国家挺身而出。尽自己最大努力。"金子坚太郎被伊藤博文说服了。

行前,伊藤博文专门将金子坚太郎叫到他的官邸对他说:"当今世界列强中,唯有英国是日本的同盟国。法国是俄国的同盟国。德国虽然表示中立,但实际上也偏向俄国。我们能够指望的,只有美国。希望你能积极开展工作,引导美国舆论同情日本。"曾在哈佛大学和金子坚太郎住同一间屋子的外务大臣小村寿太郎则指示金子坚太郎:第一,希望美国方面了解,日本为了达成妥协,用尽了各种手段;第二,希望美国人民了解,俄国人宣扬"黄祸论"是为了抹黑日本。

3月底,金子坚太郎到达美国后即前往白宫,罗斯福总统特意出来迎接他,对他说:"我作为政治家,对俄国沙皇那种专制政治没有好感。我想让你知道,美国的领导者们都对日本怀有好感。"这番话让金子坚太郎深感宽慰。当天,金子坚太郎即通过电报向小村寿太郎外相做了汇报。5月底,罗斯福首次对金子坚太郎表示:"我认为,俄国也已经到了不得不考虑如何结束战争的时刻。我愿意尽力为双方的和谈进行斡旋。"罗斯福之所以愿意为日俄媾和斡旋,主要是因为美国奉行的是

"门户开放、机会均等"政策。俄国试图独占中国东北的野心,损害了美国的利益。而日本政府则表示,"将在中国东北维持门户开放主义"。罗斯福在给美国参议院外交委员会委员长洛奇的信中写道:"俄国的胜利是对文明的打击,但同时也是俄国的不幸。使日俄对峙,互相牵制,对美国有利。"也就是说,罗斯福希望"适当的时候"终止这场战争。当时,日本虽然海战和陆战均取得胜利,但战争动员已达极限。罗斯福的这一表态,不仅说明金子坚太郎的工作卓有成效,而且显示了开战和终战准备同时进行的伊藤博文和小村寿太郎等人的深谋远虑。

伊藤博文还嘱咐金子坚太郎:"查察英美两国国情,唤起其人民的同情使之成为战争后援。我担心的是,美国舆论的力量非常强大,即便美国政府同情日本,但也不得不采取迎合舆论的政策。"对此,金子坚太郎其实也非常清楚。当时,俄国花钱在纽约的报纸上刊登文章,使用"黄色的小猴子等侮辱性语言",称"日俄之战是黄种人对白色人种的挑战"。金子坚太郎一方面在报纸上载文进行反击,一方面在美国各地巡回讲演,阐明日本的立场,同时委托美国耶鲁大学教授召开相关学术研讨会,打"悲情牌"、放"催泪弹"以博取美国舆论对日本的同情,取得良好效果。

在高桥是清和金子坚太郎各自展开工作的同时,日本驻俄国公使馆武官明石元二郎的情报工作,对日本最终战胜俄国也具有重要意义。日俄开战之际,参谋本部次长儿玉源太郎即指示明石元二郎,"在俄国建立谍报网"。根据这一指示,明石元二郎在彼得堡、莫斯科、敖德萨等俄国主要城市各安排了2名间谍,直接受明石元二郎领导,彼此互不相识。明石元二郎这么安排的目的,是便于对他们提供的情报进行比对。另外,明石元二郎还命令东欧的7名间谍秘密潜入俄国。明石元二郎还通过芬兰革命党领袖西利亚柯夫在瑞典陆军建立了情报网,即时获得重要情报。1905年9月6日,在芬兰沿海有一艘船触礁,船上藏有大量手枪和子弹,引起骚动。欧洲各大媒体以"怪船"为关键词进行了报道。实际上,那是明石元二郎购买的2.5万支手枪和400万发子弹,用以支持俄国的反政府人士从事颠覆活动。继儿玉源太郎担任参谋次长的长冈外史中将同样非常重视情报工作,曾给明石元二郎汇款100万日元,这笔经费约相当于今天80亿日元。根据战后日本国会图书馆公开的曾任关东军副参谋长的今村均大将的证言,日俄战争时关东军的情报费用达600万元,可见日本对情报工作的重视。

必须强调的是,日本对俄情报工作在开战前早已展开。1891年,俄国开始建设西伯利亚铁路时,日本军方已对此高度"关注"。日本军方认为,万一日俄发生战争,俄国可以通过这条铁路及其支线东清铁路,将大批俄军从欧洲运往日俄交战地区,对日军是巨大威胁。因此在翌年即1892年,福岛安正中佐就曾一个人骑马冒着零下40摄氏度严寒,历时1年4个月,行程14 000公里,横穿西伯利亚,对铁路沿线进行侦察。1897年,花田仲之助大尉化装成佛教僧侣潜入符拉迪沃斯托克进行侦察。1899年,石光真清大尉化名菊地正三潜入中国哈尔滨,以照相馆为掩护,拍摄有关西伯利亚铁道·东清铁道建设和俄军布防的情报,特别是沿线桥梁、停车机库的情况。

1904年4月8日,即开战仅2个月,日本内阁会议即决定尽早实现令日本满意的和平。4月21日,内阁会议决定了三个媾和必要条件:(1)韩国由日本自由处置;(2)在一定期限内日俄同时从中国东北撤军;(3)辽东半岛租借权和哈尔滨至旅顺间的东清铁道让渡给日本。另外决定了努力争取的条件:战争赔款和让渡库页岛(日本称桦太、俄国称萨哈林。为叙述方便,统一称库页岛)。

1905年2月8日,即日军攻占旅顺、进军奉天(沈阳)时,罗斯福通过法国总统卢贝向俄国沙皇尼古拉二世提出,愿意为日俄调停,但被尼古拉二世断然拒绝:"中国东北决战将要开始,俄国波罗的海舰队正向远东航行。我们将在陆上和海上同日本一决胜负。"

1905年5月30日,日本取得了对马海战胜利。但是,日本的战争动员已达极限。在此之前,3月23日,参谋总长山县有朋呈首相桂太郎的《政战两略概论》意见书,陈述了日军战斗力的严重不足,日本13个师团全部上了前线,国内已经没有正规的预备役兵力,战争动员几乎已达到极限。山县有朋强调:"不能期望在军事上取得更大胜利,应趁有利时机尽快展开媾和交涉。"这一意见获得内阁一致赞同。于是,外相小村寿太郎向日本驻美国公使高平小五郎发出指令:以罗斯福总统"主动"而非受日本"请求"的方式,开展媾和工作。

罗斯福同意斡旋,但如何让始终态度强硬的俄国沙皇同意媾和?经过一番深思熟虑,罗斯福指示美国驻俄国大使乔治·梅耶,让他转告俄方:"如果俄国同意媾和,美国一定保密,并让日本也同意媾和。"此时,俄国各地工人罢工此伏彼起,敖德萨军港的"波将金"号军舰士兵发生哗变,俄国政局不稳。德国和法国担心内忧外患的俄国政权一旦倒台,贷款将付诸东流,也一再"劝告"沙皇尽快结束战争。面对各种压力,沙皇强硬的立场开始软化。6月2日,《大阪每日新闻》以"罗斯福总统调停,日俄将举行和平谈判"为题进行了报道。

1905年6月30日,日本通过了关于媾和方针的内阁决议,指示全权代表小村寿太郎:除了上述"三个必要条件",其余事项由小村根据情况自行裁量。

小村是个胆大心细、深谋远虑的家伙。奉天战役结束后,参谋本部次长长冈外史中将主张占领库页岛,陆军首脑们认为那样将分散兵力,表示反对。但小村认为,如果占领库页岛,将为媾和提供非常重要的砝码。1905年7月7日,日军在库页岛南部登陆,至月底占领了整个库页岛。事后证明,这一行动成为日本和谈的"王牌"。

4. "满铁"和关东军的由来

今天的大连市旅顺口区友谊路59号,是一栋俄式巴洛克风格的建筑,但它不是"友谊"的象征,而是帝国主义侵略中国的见证。那里最初是俄国人经营的旅馆。1906年9月,日本将此前设立在辽阳,后迁往旅顺的军事管理机构"关东总督府"迁到这里,并仿照统治台湾的模式,改为"关东都督府",下设陆军部和民政部。陆军部统率日本派驻当地的所有军队。民政部下设大连、金州、旅顺3个民政署,掌管辖区内一切行政事务。根据日本颁布的《关东都督府法》建立的关东州高等法院和地方法院,也隶属关东都督府,原总督大岛义昌任都督。这栋房子"易主",是根据日俄战争后签署的《朴次茅斯和约》的规定。

1905年8月10日,日俄媾和会议在美国东部新罕布什尔州港口小城朴次茅斯举行。日本全权代表是外相小村寿太郎,俄国全权代表是前财务大臣、俄国政府实权人物谢尔盖·维特。1905年9月5日,双方签署了《日俄战争媾和条约》(史称《朴次茅斯和约》)。和约签署后，东京发生了"反对屈辱的媾和"的骚乱。愤怒的"爱国群众"袭击了内务大臣官邸、国民新闻社等，捣毁和焚烧了364个警察派出所和13个教堂。为什么民众认为那是"屈辱的媾和"？因为俄国虽然战败，但既没有割地，也没有赔款。是日本不愿意要？当然不是。那是为什么呢？

谈判开始，日本提出了"三个媾和必要条件"：(1)韩国由日本自由处置；(2)一定期限内日俄同时从中国东北撤军；(3)辽东半岛租借权和哈尔滨至旅顺间的东清铁道，让渡给日本。俄国最终同意了前两个条件，并对第三个条件提出修正：将让渡给日本的东清铁路，从"哈尔滨至旅顺"缩短为"长春至旅顺"。

由于战时日军占领了库页岛，因此维特提出日本须让出库页岛北部，但小村表示："如果让出库页岛北部，俄国须给予12亿元资金作为补偿。"维特又问："如果俄国同意割让整个库页岛，日本是否放弃赔款要求？"小村回答："要求日本放弃赔款，和要求日本放弃整个库页岛一样困难。"8月26日，维特预订了9月5日德国客轮的船票，释放出"谈不成就走人"的信号。小村随即向日本政府发报："和谈即将破裂。倘若在赔款和库页岛问题上让步，则意味日本向俄国屈服。因此，当决意继续进行战争，待以后再伺机和谈。"但是，日本已无法"继续进行战争"。根据参谋总长山县有朋的报告，俄国正从欧洲不断调遣部队到对日前线，人数已达日军3倍。如果战争继续进行，至少还需要17亿至18亿军费，否则日军将弹尽粮绝，全军覆没，但这是日本根本做不到的。因此，内阁成员一致同意妥协。8月29日，日本政府向小村寿太郎发出训令，让他在谈判中做出让步，放弃战争赔款要求，将桦太

(库页岛)北半部分无条件归还俄国。①

　　首相桂太郎给小村发去最终训令:"告知俄方,日本政府根据独自立场,决定放弃赔款和库页岛北部。"维特在回忆录中写道,如果小村在赔款问题上咬住不放,他将命令随员:"给我拿包烟。"这是暗语,意思是"立刻发报给政府,谈判破裂"。随后,中国东北的俄国军队将向日军发起攻击。"当小村提出日方要求时,我不由得瞬间愣住了。随后,我走出会议室宣布:诸位,和平实现了,日本全面让步。"日本政府对维特在外交方面的老练,有这么一句评语:"三寸不烂之舌,能抵10万雄兵。"②1905年9月5日,双方签署"条约"。日本除了获得库页岛南部,还获得了俄国在"南满"的权益,包括上述俄国向中国清政府"租借"的辽东半岛、东清铁路南段即长春至旅顺段,以及铁路沿线包括煤矿开采权在内的各项权益。

　　1906年6月7日,明治天皇颁布第142号敕令《"南满洲铁道株式会社"成立之件》,命令"(日本)政府设立'南满洲铁路株式会社'(简称'满铁'),经营中国东北地方的铁路事业。会社采取股份制,股票限日中两国政府和两国人持有"。同时决定,设立由"满洲军"总参谋长儿玉源太郎任委员长的"满铁"筹建委员会。同年8月1日,日本政府授权"满铁"筹建委员会发布命令,赋予"满铁"拥有在附属地区开展建筑、教育、卫生的权力,所需费用可向当地居民征收。"满铁"总部开始设在东京,1907年迁往大连,翌年4月正式开展业务。最初,"南满铁道"总长度为854.4公里,但"满铁"掌控着沿线的煤矿开采权和电力、

---

① 日本外务省编:《小村外交史》,新闻月鉴社,1953,第583—584页。
② 宫内厅编纂:《明治天皇纪》第11卷,吉川弘文馆,1968,第308页。

自来水供应权。据1919年出版的《"满铁"十年史》记载,"抚顺煤矿的埋藏量有10亿吨,按1天1万吨的产量计,可以开采300年,真是我大日本帝国的一大宝库"。"满铁"还开办学校,开展奴化教育,教员由"满铁"员工担任。至1945年日本战败,"满铁"员工达40万人,其中14万是日本人,被称为"满铁王国"。显而易见,"满铁"不仅是一个"铁道股份公司",而且还是将当地视为日本殖民地的一个统治机构。

为"满铁王国"绘制"蓝图"的是,时任台湾"民政局"长、后成为"满铁"第一任总裁的后藤新平。1905年9月4日,即《朴次茅斯和约》签署前一天,后藤新平即赶往奉天(沈阳),秘密造访了"满洲军"总参谋长儿玉源太郎,向他递交了《"满洲"经营策梗概》。这份"梗概"开篇即显示出勃勃野心:"日俄战后经营中国东北的唯一要诀,就是表面从事铁道经营,实际建立各种设施,从事各项经营。依此要诀,租借地里的统治机关和所获铁道的经营机关须分别设置。"也就是说,以"铁道公司"之名,行"统治机构"之实。

按照中国政府和日本政府的条约规定,"满铁"是"股份公司",中国政府和民众也可拥有"满铁"股票,但实际上日方根本无视这项规定,清政府曾进行多次交涉、抗议,但日本视中国政府软弱可欺,根本不予理会。不过,日本政府虽想专营"满铁",但囊中羞涩。"美国铁路大王"哈里曼看到了日本政府的窘境,提出愿意出资和日本共同经营"满铁"。哈里曼的如意算盘是,如果"南满"铁道经西伯利亚铁道和欧洲铁道连接,进而同他掌控的穿越美国的铁道连接,那么他这个"美国铁路大王"将成为"世界铁路大王"。

哈里曼愿解囊相助,日本政府甚是欣喜。因为此前哈里曼曾购买了日本500万美元的战时公债,被日方视为"老朋友"。1905年10月,

"老朋友"哈里曼到访日本，被日本政府奉为上宾。1905年10月12日，首相桂太郎代表日本政府和哈里曼签署了《关于"南满洲"铁路的预备协定备忘录》。哈里曼见如意算盘得逞，甚为得意，翌日启程回国时即给总统罗斯福发电报邀功。罗斯福对哈里曼如此给力的"爱国行为"非常欣赏，复电询问："我们何时能详细讨论那些东方的事情？"

然而，在哈里曼认为"大功告成"、罗斯福以为日本兑现了此前"门户开放"的承诺时，没料想"半路杀出个程咬金"，使他俩的美梦成为泡影。这个"程咬金"，就是日本外务大臣小村寿太郎。10月16日，小村寿太郎回到日本。在听取了外务省干部关于日美拟共同经营"南满"铁道的汇报后，勃然大怒："八嘎！流了那么多血，费了那么多国帑，好不容易获得了中国东北这条大动脉，居然要卖给美国？"在向天皇"报到"后，小村寿太郎兴冲冲赶往首相官邸，向桂太郎表明了自己的态度：坚决反对。反对理由是："日美共同经营铁道的备忘录，明显违反了日俄媾和条约第六条。"因为第六条规定："俄国获中国政府承认，将长春旅顺间铁道及一切支线，连同地方附属之一切权力、特权、财产、所经营之一切煤矿，无条件让与日本。"也就是说，未获"中国政府承认"，这宗买卖做不成。当然，那只是托词，并不是真把"中国政府承认"当回事。条约中涉及中国的内容，日本何曾征询中国政府意见？小村真正的担忧是美国的资本和技术远胜日本，"满铁"若由日美"共同经营"，有被美国操控的风险。

见桂太郎沉默不语，小村寿太郎继续说道："'南满'铁道是日本经营中国东北的基石，自我放弃，日本国民将会何等愤怒？！"桂太郎被小村说服，同意使预备协议归零。于是，哈里曼刚回到旧金山，就收到了日本政府的电报："日本政府认为，构成1905年10月12日备忘录内容的各项问题,尚有彻底调查研究之必要。因此,在接到关于该事项的详细通知前,该备忘录不发生效力。敬请谅解。"首相代表国家签署的备忘录,居然说反悔就反悔,哈里曼对此非常恼怒,却也无计可施,只得表示:"10年以后,日本肯定反悔。"但是,日本不仅没有反悔,而且不断突进。

为了统治"南满",日本政府还于1906年7月开始组建"南满铁道守备队"。之后,该部队在奉天(沈阳)等主要车站部署了6个大队。由于山海关以东3 200平方公里的"旅大租借地"称"关东州",1919年4月,日本颁布了《关东军司令部条例》,将这支部队命名为"关东军",直属天皇。

必须指出,在中国领土上设立"南满铁道守备队"是违约的。因为根据《朴次茅斯和约》规定,日本可以在"南满"铁道沿线配置守备部队,每公里不多于15名士兵。但是,这纯然是日俄之间的擅自约定,未经中国政府许可。根据《中俄密约》,俄国可以在东清铁道沿线配置警察,以维护附属区域治安,但不得驻军。但俄国却擅自部署了军队。既然俄国可以那么做,日本为什么不可以?日本以此作为"理由"。

不过,小村寿太郎还是想做一下表面文章,同清廷进行谈判。经过22个回合的艰苦谈判,中方最终做出妥协,与日本签署了由"正约"和"附约"构成的《中日会议东三省事宜条约》,规定:中国政府同意将原先俄国在中国东北南部的权益转让给日本,日俄两国必须同时撤兵。小村寿太郎之所以同意"同时撤兵",是因为他心里非常清楚,俄国怎么可能撤兵?他在给日本政府的报告中写道:"只要俄国仍占有符拉迪沃斯托克,就不可能从中国东北北部撤走铁道守备部队。"中国很清楚日本为何这么做。参与谈判的袁世凯叹道:"日本以俄国拿走了我们两根烟为由，足足拿走了我们一盒烟。"

日本想独占"南满"，使之成为事实上的日本殖民地，引起了同盟国英国和获得"门户开放"承诺的美国的强烈不满。美国国务卿伊莱休·鲁特对接任首相的西园寺公望及元老伊藤博文表示，"日本不撤兵，列国几乎没有通商的空间。合众国政府对此感到非常遗憾"。英国驻日大使麦克唐纳也表示："英美贸易公司认为，日本军队和宪兵在中国东北实行的封闭、排他的做法，更甚于俄国。日俄战争期间，各国同情日本，为日本提供军费，是因为日本主张门户开放，并为实现门户开放而进行了战争。如今我们不得不认为，长此以往，日本将失去友好国家的同情，因为日本现在采取的是自杀性的政策。"但此类"抱怨"和"忠告"，日本置若罔闻，双方矛盾日益加深，直至走向太平洋战争。

十

日本对华扩张路线图

1. "大正年代之天佑"

日俄《朴次茅斯和约》签署后，为了维护既得利益，日本开始推行与俄国缓和的外交路线。因为：一则俄国虽然战败，但毕竟"瘦死的骆驼比马大"，日本不能不担忧俄国复仇。二则日本获取原俄国在"南满"的权益后，没有信守"门户开放"的承诺，而且出尔反尔，将与"美国铁路大王"哈里曼合作经营"南满"铁道的备忘录"归零"，使日本与英美的关系渐渐出现裂痕；同时俄国国内局势动荡，也有与日本改善关系以消除"外患"的意愿。

1907年1月25日，时任枢密院议长的山县有朋提出了《对清政策见解》，强调对华政策的关键是与俄国修好。他写道："今日俄国复仇心炽烈，不同于甲午战后之清国，且其实力本不可侮，所以我胜后仍须充实兵备。但是，若与彼结亲密之交，缓和其复仇之心，当至少可维护今后十数年和平，此乃我当务之急。苦于内治紊乱的俄国政治家，必然不会拒绝我方之善意。"

山县有朋的判断没错，当时俄国也有意改善与日本的关系。1907年初，俄国外交大臣亚历山大·伊兹沃尔斯基向日本驻俄国大使本野一郎表示,俄国有意与日本调整关系。既然双方都想交好,很快一拍即合。同年7月30日,《第一次日俄协约》在彼得堡签署。该协约公开的条文只有两项内容,一是"相互尊重缔约国与清国现行各种条约及契约所产生的一切权利",二是"承认清帝国独立及领土完整,以及各国在清国工商业机会均等原则"。但是,该协约不公开的内容才是该协约的实质:(1)彼此不谋求对方在"南满"或"北满"的权益;(2)俄国承认日本在韩国的权益,日本承认俄国在外蒙古的特殊利益。《第一次日俄协约》是俄国为日本吞并朝鲜半岛发放的"许可证",也是日本为俄国策动"外蒙古独立"发放的"许可证"。

1910年7月4日和1912年7月8日,日俄又签署了第二次和第三次"协约"。前者仍分"公开"和"秘密"两部分,核心内容仍是强调彼此在中国东北的势力范围;后者则将内蒙古划分为东西两部分,日俄"彼此尊重"各自权益。此后,日本"大陆政策"中的"中国东北问题"变成了"满蒙问题",即内蒙古东部被纳入日本势力范围。两次协约之所以中间仅相隔1年时间,主要是因为1911年7月13日,《第三次英日同盟条约》较之以往有一项重要修改:如果日美开战,英国不再有参战义务。因此,日俄关系也进行了相应调整。

除了"满蒙地区","如同一把匕首指向日本列岛"的朝鲜半岛,更被视为日本"生命线"的要害部位。在日俄战争爆发之际,日本已加紧了吞并朝鲜的步伐。1904年1月21日,日俄战争一触即发,当时统治朝鲜半岛的大韩帝国率先发表了"中立宣言"。但是,日本考虑到朝鲜半岛是日俄战争的补给线,必须安全畅通,于是在战争爆发当天的2月8日,宣称"考虑到大韩帝国在甲午战争发生时,未采取中立立场",派出军队在仁川登陆并进驻韩国首都汉城,于2月23日胁迫大韩帝国政府签署了《日韩议定书》，迫使朝鲜承认日本有权对朝鲜内政提出"忠告"，由日本"保障"大韩帝国领土完整和皇室安全，同时规定"未获双方共识，不得与第三国订立违反本议定书的协议"。日本随后又迫使朝鲜签署了三个不平等条约：1904年8月22日签署《日韩新协约》（又称《第一次日韩协约》）；1905年11月17日签署《日韩保护协约》（又称《第二次日韩协约》或《乙巳保护条约》）；1907年7月24日签署《第三次日韩协约》（又称《丁未七条约》），并在朝鲜设立了统监府，由伊藤博文任首任统监，全面控制了朝鲜的政治、财政、外交。1910年8月22日，日本政府胁迫韩国政府签署了《日韩合并条约》，规定"韩国皇帝陛下将有关韩国的一切统治权，完全且永久地让与日本国皇帝陛下。日本国皇帝陛下接受前条所载之让与，且承诺将韩国全部合并于日本帝国"。朝鲜半岛自此沦为日本殖民地，进入历时35年的"日据时代"。

1910年8月"日韩合并"后，如何巩固在"南满"取得的权益，进而继续在华攫取更大利益，成为日本外交首要课题。恰在此时，1911年10月10日，武昌起义爆发（后被称为辛亥革命）。中国局势的变化，令日本政府面临抉择：帮助清政府继续执政，还是支持革命党夺权？

军人解决问题的办法总是比较直接，尤其是日本军人。10月13日，日本陆军和海军当局提出了《关于对中国用兵问题的文件》，提出"各国可能视中国动荡为干涉良机，并可能出兵。帝国当如处理'北清事变'（即义和团运动）那样，居各国主宰地位。若对中国用兵，必须首先打击清国军事战略首脑部位，随后占领政治经济要地"。但是，由于列强并未出兵，日本顾忌如果出兵，必然遭到列强反对，只能"隐忍"。

最初，日本估计革命军难以成事。10月16日，日本外相内田康哉给日本驻华公使伊集院彦吉发去训令,要他告知清政府:"帝国政府鉴于清政府为讨伐革命军急需枪炮弹药,已决定让本邦商人施以援手,帮助提供。帝国政府之所以冒险敢有此举,实因对清国政府有特别善意。"但是,革命军势如破竹的进展,使日本感到清廷终将柱折梁倾,难以扶其于即倒。10月23日,俄国总理科科夫佐夫对日本驻华公使本野一郎表示,"援助清朝廷或有利于维护日俄两国利益"。但本野一郎表示:"鉴于清政府极端腐败混乱,依我所见,寄希望于清朝廷取得最后胜利,甚为危险。我认为,日俄两国应密切关注事态发展,采取适当措施,以维护两国在清利益。如此方为上策。"也就是说,日本主张"静观其变"。11月2日,外相内田康哉对驻华公使伊集院彦吉发去训令:"万不可过早做出结论,或贸然采取各种措施。"直至局势明朗,日本才正式"站队"。1912年2月12日,清廷颁布宣统退位上谕,之后袁世凯就任中华民国临时大总统。10月7日,日本和欧洲英、法、俄、德、意等12个国家同时宣布承认中华民国。

1914年4月,大隈重信取代海军大将山本权兵卫出任首相。如何扩大在华权益,仍是日本外交重大课题。当年《中央公论》7月号发表的社论,一针见血地指出了日本对华扩张所面临的资本匮乏的困境:"往日,帝国乘百战百胜之威,将势力范围扩展到中国东北,欧美各国颇有羡慕之色。但是,在今日资本战争中,帝国却不得不输给各国。"

就在此时,日本获得了"天赐良机"。1914年6月28日,以奥匈帝国王储斐迪南大公遇刺的"萨拉热窝事件"为导火索,第一次世界大战爆发。8月3日,英国政府通过驻日大使格林向日本政府提出,"如果战争波及远东,香港及威海卫遭到袭击,英国政府相信日本政府将予以援助"。8月4日,英国对德宣战。8月7日,英国请求日本协助其攻击以中国山东半岛胶州湾为根据地、袭击英国商船的德国舰队。

大隈内阁接到请求后，当天彻夜开会研究，最终通过了参战决议，并提出了参战理由："由于战乱余波涉及东亚，日英同盟之目的濒临危险，英国政府根据条约向日本政府请求援助。"

8月8日，山县有朋、松方正义、大山岩等举行元老会议，同意内阁的决定。这里得补充说明一句："元老"是日本独特政治现象，发端于1889年11月1日。是日，明治政府授予第一和第二任首相伊藤博文和黑田清隆"元勋优遇"特权，要求他们"匡辅大政"。至1940年12月24日西园寺公望辞世，日本共有伊藤博文、黑田清隆、山县有朋、松方正义、井上馨、西乡从道、大山岩、桂太郎、西园寺公望等9位元老。当时，原外相井上馨因病后休养，未参加元老会议，但他让秘书送去了书面意见："这场战争对日本国运拓展有利，乃大正年代之天佑。"曾担任首相的山县有朋也强调："必须在今日之局势中创造亚细亚之未来和对华政策之基础。"

1914年8月9日，英国政府收到了日本政府关于参战的备忘录，见其中写道："一旦成为交战国，则日本之行动即不能仅限于击沉敌国之伪装巡洋舰。"英国外相格雷马上认清了日本的真实意图，当天下午即向日本政府表示，希望日本暂停军事行动。但日本外相加藤高明强调，日本内阁已经做出决定，出尔反尔将"招至重大政治危机"，"对日英同盟产生极其恶劣的影响"。英国政府无奈答应，但要求日本声明不攻击德占区以外的中国地区，不在中国南海及太平洋采取战斗行动。但是，加藤高明拒绝发表此类声明。

8月15日，日本军政要员举行御前会议，正式决定参战，并向德国发出最后通牒，限8月23日正午予以答复：（1）德国舰队必须立即撤离日本及"中国海"方面，否则将被立即解除武装；(2)在9月15日之前将胶州湾租借地无代价、无条件地移交给日本政府，由日本归还中国。在发出最后通牒的当天，加藤高明还向驻日本的美、法、俄、荷大使或公使通报了最后通牒的内容，并强调日本"绝无领土野心"。但当时中国的《京津时报》和美国的《纽约时报》等报刊，均指出了日本参战的真正动机。

在日本限定的8月23日，德国对日本的最后通牒未给予答复，日本迅疾对德军开战，在11月7日攻占青岛。1915年1月18日，日本向袁世凯政府提出了试图成为中国宗主国的"二十一条"。1914年12月7日，中国政府向日本表示，中国境内的战事已经结束，日军应立即撤出胶济路沿线，日本置若罔闻。1915年1月7日，中华民国政府声明取消山东战区。日本认为此事未同日方协商，依旧我行我素，强占中国领土并实行"军事管制"。

1915年1月18日晚，根据外相加藤高明的训令，日本驻华公使日置益越过中华民国外交部，直接跑到中南海怀仁堂面见袁世凯，对他说："日本政府对大总统表示诚意，愿将多年悬案和衷解决，以达亲善目的。兹奉政府训令，面递条款，愿大总统迅速商议解决，'并守秘密'。"说完，他将"二十一条"放在桌子上就走了。当时，袁世凯一言未发。但最后迫于日方压力，只能屈从。2月2日，中日两国就"二十一条"开始进行谈判，历时105天。1915年5月7日下午3时，日置益向中国外交部递交了最后通牒，"期望中国政府在5月9日前给予满意答复，否则帝国将采取认为必要之手段"。同时，日本政府派兵至青岛、沈阳等地进行武力示威。5月9日上午11时，陆征祥、曹汝霖、施履本前往日本使馆告知结果。三人一路心境凄凉，"似有亲递降表之感"。5月25日,陆征祥和日置益分别代表本国政府,正式签署了实际只有"十二条"的所谓"二十一条"。由于该条约签署于民国四年,故又称《民四条约》。

2. 对"华盛顿体系"的隐忍

信夫清三郎在《日本外交史》中写道:"在华盛顿会议上,美国对日本取得胜利。由1922年2月3日签订的《裁军条约》《九国公约》等诸条约所构成的华盛顿体系,否定了大战期间日本以武力威胁为背景在中国所获得的特权地位。"①但我们必须明确,"美国对日本取得胜利"的重要原因,是日本统治者采取了"韬光养晦"的"隐忍"策略。

西方有一种比喻,称华盛顿会议好比"一驾马车":"英国人是赶车的车夫,美国人是拉车的马。"这么说形象而符合史实。英国虽然是战胜国,但经济遭到重创,大英帝国皇家海军"世界第一"的地位也被美国海军取代。战后的英国百废待兴,经济捉襟见肘,连军舰的维修保养都因为缺乏经费而在1920年废弃了3艘,1921年废弃了5艘,哪有财力扩军?于是,英国首相劳合·乔治便想利用第一次世界大战后人们普遍希望维护和平的心理,呼吁裁减海军军备。但是,如果英国呼吁"裁军",未免被认为"英国没钱造军舰,也不让别国造军舰",面子上挂不住。于是,英国政府决定,请美国出面呼吁召开国际裁军会议。

那么,美国为什么愿意接受英国的提议呢?概括而言,主要有三方面考虑:一是日本在远东特别是中国不断扩张势力范围。这种势头

---

① [日]信夫清三郎编:《日本外交史》(下),商务印书馆,1980,第479页。

当予以遏制；二是日英同盟即将期满，当设法拆散；三是战后的经济状况不佳，有裁军的必要。1916年2月，美国总统威尔逊在密苏里州圣路易斯发表演说时宣称，"美国要建立世界上最强大的海军"，表示将投入5.8亿美元，在3年内建造156艘军舰，包括战列舰10艘、巡洋舰6艘。但是，战后美国民众普遍认为："战争已经结束，为什么还要建造那么多军舰？能不能先设法改善我们的生活？"1920年11月哈定当选总统后，为了解决失业和经济复兴问题，不得不考虑削减建设海军的预算。他在众议院演说时表示，"为了促进世界和平，有必要就裁军问题和各国进行协调"。

通过裁军限制日本海军的发展并拆解英日同盟，掌控太平洋的主导权，一石二鸟，何乐不为？于是，美国接受了英国的提议。1921年5月25日，美国参议院通过了"召开国际裁军会议决议案"。

对美国的呼吁，日本舆论颇为反感。《朝日新闻》以《远东问题总决算日——困境下的日本》为题写道，"可以毫不夸张地说，华盛顿会议将使日本在日俄战争后首次陷入困境"。"远东和太平洋的各项问题"，"将使日本站上被告席"。但是，日本首相原敬最终决定响应美国的呼吁，参加裁军会议。原敬之所以做此决定，是想"一石三鸟"，在外交方面走对美英协调路线。1921年8月23日，原敬内阁正式答复美国政府，将参加华盛顿会议，由加藤友三郎任首席全权代表，驻美大使币原喜重郎和贵族院议长德川家达任全权代表（币原喜重郎在会议期间患病，由外务次官埴原正直接替）。日本参加华盛顿会议的名单公布后，被称为"日本议会政治之父"的尾崎行雄即冷嘲热讽："让本身就是军人的海军大臣加藤友三郎参加裁军会议，如同一个人穿着结婚礼服去参加葬礼。让将军的后代德川家达参加这个会议，是想告诉世人,封建思想在日本依然得到尊重？真是荒唐可笑!"但原敬是个铁腕人物,他力排众议,坚持己见并最终使这一决定获得议会通过。

1921年10月15日,全权代表团一行乘坐"鹿岛"号客轮离开横滨驶向美国。原敬在和加藤友三郎握别时对他说:"国内的事交给我,华盛顿谈判的事就拜托你了。你根据自己的判断做决定吧。"代表团刚到达美国,原敬首相便在东京车站被年仅18岁的扳道工中冈良一刺杀。大藏大臣高桥是清在继任首相后明确表示,"外交方针保持不变"。

华盛顿会议于11月12日正式开幕。与会的主要有美、英、日、法、意、荷、比、葡、中9个国家。美国众参两院议员等2 000多人列席旁听。加藤友三郎进入会场后,喜欢调侃的美国记者马上给他起了个外号"日本海军部的扑克脸"。因为加藤友三郎表情冷峻,不苟言笑。但时隔不久,美国媒体记者即对加藤友三郎刮目相看。《朝日新闻》特派记者,后来担任该报主编的绪方竹虎在报道中写道:"加藤友三郎很受我的外国同行好评,认为他是位政治家。"

华盛顿会议开幕后,担任会议主席的美国国务卿休斯,在基调演讲中直奔主题。他在演讲中建议,各国在10年内停止建造主力舰,将正在建造中的主力舰全部废弃。同时规定美、英、日的主力舰总吨位数的比例为10∶10∶6,超出这一比例的军舰均予以废弃。巡洋舰、驱逐舰的辅助舰艇,也根据同样比例进行削减。他表示,"根据这一原则,美国将废弃正在建造中的15艘主力舰和15艘舰龄较长的主力舰"。话音一落,与会者纷纷起立热烈鼓掌。随后,休斯要求英国废弃23艘主力舰、日本废弃17艘主力舰。协议达成10年后,美、英和日本主力舰总吨位将限制为50万吨和30万吨。《朝日新闻》记者绪方竹虎在报道中这样写道:"当时全场肃静。有关各国将做何回应?这时,仅允许拥有美、英35%主力舰吨位的法国全权代表站起身大声表示'赞同'。全场顿时响起如雷般的喝彩声——'好!没有战争了!和平了!'。"美国的报纸对这一发言的评论是:"休斯的一次演说所击沉的军舰,比世界上任何一个海军舰队的司令都多。"休斯的基调演讲,因此被称为"休斯炸弹"。

休斯的发言令日本全权代表团始料未及。当天,加藤友三郎对币原喜重郎表示:"如果我们表示反对,那么日本将处在与列国对立的尴尬地位。"他让代表团成员、海军大佐野村吉三郎和外相内田康哉同海军省次官井出谦治联系,让他汇报日本政府,"对美方的提案,代表团原则上表示赞同"。

会议第二天的议程是各国全权代表发表演说。首先发言的英国全权代表贝尔福表示,"英国无条件接受"。英国能够保持和美国平起平坐的"一等海军强国"地位,如此表态不出人们预料。第二个发言的日本全权代表加藤友三郎在肃静的气氛中走上讲坛,用低沉的声音表示,"日本原则上表示接受,并决定根据协议大幅削减海军军备"。当加藤的话被译成英语、会场上传出"We agree in principle"的声音后,全体起立热烈鼓掌。

实际上,加藤做上述表态时,高桥是清内阁尚未对他"原则上表示赞同"的意见给予回复,而且他的表态也不是参加会议的日本代表团成员的共识。在第三天举行的海军裁军问题专门委员会会议上,海军裁军问题专门委员会日方委员加藤宽治中将一开始即表示,"如果美国和日本海军主力舰总吨位数不是10∶7,日本代表团将退出会议,马上回国"。见加藤宽治的表态和加藤友三郎的表态明显不同,媒体记者便涌向日本驻美国大使馆,向加藤友三郎求证。加藤友三郎当即表示,"那是加藤宽治个人的想法,日本代表团从来没有考虑过要退出会议回国"。

晚上,加藤友三郎将加藤宽治叫到自己房间,对他大声训斥:"你知道我们到这里来的任务是什么?如果日本代表团退出会议,不仅必须承担破坏会议的责任,而且将被认为是破坏和平的军国主义者。你是专门委员,我是首席全权代表。没有经过我的允许,你有什么资格擅自发表那样的言论?你已经是海军中将了,怎么连这么简单的道理都不懂?今后如果再有这样的事情发生,我将命令你立即回国。"在加藤友三郎整个训话过程中,加藤宽治一直默默低着头,没有任何申辩。这不仅因为加藤友三郎是首席全权代表,更因为加藤宽治在海军兵学校和海军炮术学校学习时,加藤友三郎当时是大尉教官。他不敢"顶撞"。

作为首席全权代表,加藤友三郎之所以当即表态,主要理由在他发给日本政府的电报中阐述得相当明确:"如果日本坚持日美海军主力舰的吨位数必须是7∶10,那么不仅已趋于沉寂的美国民众的反日情绪又会高扬,而且裁军会议失败的责任将由日本承担,日本将在国际上陷于孤立。"为了取得日本政府特别是海军同僚的理解,1921年12月27日,加藤友三郎口述了一份《加藤全权要说的话》,让堀悌吉中佐笔录并赶回日本,交给海军次官井出谦治。《加藤全权要说的话》清晰地表达了他的想法,其中特别指出,国防不能仅仅依靠军人,战争不是仅仅依靠军人就能进行的。如果要进行战争,必须进行国家总动员,必须通过提高工业水平和对外贸易充实国力。因为,战争的要素是钱。即便日本的军力能够和美国抗衡,可一旦发生战争,除了美国,哪个国家会购买日本的外债？如果与美国为敌，那么获取资金的渠道就会堵塞，还能从哪里借到钱？国防必须与国力相适应，增强国力是巩固国防最核心的要素。为了增强国力，必须通过外交避免战争的发生，营造增强国力的环境。美国的综合国力远远超过日本，若和美国展开军备竞赛，双方的差距不会缩小，只会扩大。因此，以6∶10的比例限制日美双方的军备增长，是明智和必要的。海军大佬东乡平八郎最终也对加藤友三郎的决定表示赞同。他表示，"军备虽然有限制，但训练是没有限制的"，强调通过加强训练，提升日本海军的战斗力。

12月23日，五国海军主力舰总吨位数达成协议的消息公布后，日本海军和陆军中的对外强硬派以及很多民众表示强烈不满。他们认为，日本在日俄战争中取得了日本海海战胜利，向全世界展现了日本海军的强大实力，为什么甘愿使自己处在"二流海军强国"的地位？按照他们的看法，《限制海军军备协定》是屈从美英的"丧权辱国条约"。日本各大报纸的评论也大都认为，这项协定是日本屈从美、英压力的无奈选择。加藤宽治对协定的签署始终不满。回国后，作为海军大学校长的加藤宽治立即召集学员训话。他几度哽咽地表达了心中的愤懑，激起了充满"热血"的青年学员的强烈反响。

由于日本只被允许拥有10艘主力舰，必须处理掉14艘军舰，因此"萨摩"号、"安艺"号被"长门"号、"陆奥"号16寸大炮击沉于相模湾。日本海海战时的日本联合舰队旗舰"三笠"号，因为有"历史的荣光"，经美、英允许得以留存作为"纪念"；建造中的巡洋舰"赤城"号和战列舰"加贺"号被改造成航空母舰；"土佐"号、"尾张"号等6艘军舰被停建。与之相应，海军人员被大幅削减。大批造船厂工人被解雇，仅吴海军工厂就解雇了1.4万人。但是，"因为美国，日本在国际上遭受了不公正待遇"的说法，自此引起很多人共鸣。由于裁军，很多学员被转入预备役，从而在海军内部形成了"条约派"和"舰队派"的对立，为日本走上军国主义道路埋下了隐患。

华盛顿海军裁军会议由于法国坚决反对，只限定了主力舰吨位，未限定辅助舰吨位。因此，有关各国在1930年在伦敦再次召开了裁军会议。10月7日，英国外相亚瑟·亨德森向美、日、法、意四国发出在伦敦召开裁军会议的邀请函。受到邀请后，日本很快组成了全权代表团，由前首相若槻礼次郎任首席全权代表，海军大臣财部彪大将、日本驻英国大使松平恒雄、日本驻比利时大使永井松三任全权大使。但是，以海军军令部部长加藤宽治为首的强硬派，坚决反对妥协。虽然最后由天皇宸裁，日本代表团签署了《限制和裁减海军军备的国际条约》，但和美国的矛盾日益尖锐。1930年5月20日夜晚，参加裁军谈判的海军军令部参谋草刈英治，在东海道线列车的卧铺车厢内切腹自杀。他在遗书中写道："为忠诚神国日本而死，死得其所。古有和气清麿、楠木正成二神，草刈英治就是第三位神。"草刈英治死后，青年军官和社会右翼纷纷表示，"草刈英治的死，是对裁军协定愤怒的抗议"。"不能让草刈英治白白死去。"日美矛盾遂日益尖锐，为太平洋战争埋下了伏笔。

3. "兵营国家"的构建

在日本国内，海军裁减之后，要求裁减陆军的呼声日益强烈。理由：首先，如果战争爆发，军舰无法马上建造，但陆军兵力可以通过战时动员而迅速扩大。其次，陆军士兵可以经过短期集训立即扛枪上战场,农民不可能马上驾驶军舰驶入太平洋。最后,俄国罗曼诺夫王朝已经被二月革命推翻,"俄国威胁"明显减弱。1922年2月7日,即华盛顿会议结束的第一天,在野党国民党就向众议院递交了《关于缩小军备的决议案》。国民党总裁、后成为日本首相的犬养毅还提出了"新军备改革论",提出为了做好"总体战"准备,应奉行"产业立国主义",增强国家工业生产能力,减少军费开支。执政党政友会也向第45次帝国会议提交了《陆军裁军建议案》。

陆军坚决反对裁军。参谋总长上原勇作强调,"在国家有事之际,陆军无论如何都必须发挥作为翼赞天皇中枢的作用,这是我数年来的深切体会。因此,领导天皇7 000万子民,使他们无论在平时还是在战时都同意合作的责任,早已注定由陆军承担"。但是,1922年2月1日,"现代日本陆军之父"山县有朋的死亡,使陆军的话语权明显减弱。3月25日,众议院以压倒多数通过了要求陆军裁减经费的议案。大势所趋,陆军大臣山梨半造不得不表示赞同。

1922年8月15日,陆军裁军计划付诸实施。这次裁军因由山梨半造负责,史称"山梨裁军"。具体内容是:保留21个师团的建制,将1个联队3个大队、1个大队4个中队的建制,缩减为1个大队3个中队,由此减少了220个中队约59 000人,包括2 100名军官。这么做的主要理由是,作为主要作战建制的师团数没有减少,兵营也依然存在。一旦战争爆发,可以立即组织动员、充实兵力。山梨半造在议会表示:"这次裁军,师团数虽然没有减少,但兵员数相当于减少了5个师团。"议会对此并不满意,认为这样的裁军"不彻底",因为军费开支减少的额度,距离议会要求有很大差距。议会要求减少4 000万元军费开支,实际只减少了2 300万元。而且海军裁减了22.7%,陆军却仅裁减了

6.5%。

尽管议会对陆军的裁减状况仍不满意,但裁军使日本进入了"军人失意的年代",这种冲击远胜于人数的减少。在电车中,青年工人会对军人说:"喂,能不能把披风脱了?"在街上,民众甚至骂军人是"偷税者"。一个师团长在给上原勇作的信中写道:"现在东洋已经没有战争了。没有了战争意味着军人难以建功立业,难以出人头地。"《中外商业新闻》(《日本经济新闻》前身)甚至刊登报道称,女性的择偶标准是"从事什么职业的男人都行,除了军人"。

1923年9月1日,日本发生关东大地震。这场震灾造成10.5万名死者和失踪者,受灾人数达到340万,财产损失超过45亿日元。为了赈灾和复兴经济,"裁军"的呼声再次高涨。面对这种舆情,加藤高明内阁的陆军大臣宇垣一成提出,将21个师团裁撤4个师团。日本朝野对宇垣一成的裁军主张大加赞赏。作为陆军大臣,宇垣一成为何愿意"割肉"?因为他认识到,第一次世界大战证明,战争不仅是军事实力的较量,更是综合国力的较量。宇垣一成的这种认识,也是"军制改革派"的共识。他们均认为,日本资源贫乏,工业比西方列强明显落后。为了做好总体战准备,与其保留大批常备军,不如将财力用于军事现代化改革,强化综合国力特别是工业生产能力,对国民进行军事基本技能训练。

1923年初,陆军省成立了军制改革调查委员会,由宇垣一成任委员长。当年8月,宇垣一成提交了《陆军裁军私案》。1924年7月13日,陆军军制调查委员会以宇垣一成的《陆军裁军私案》为基础,完成了一份调查报告。该报告作为《陆军军备整理计划》交付陆军最高审议机关"军事参议官会议"审议,最终以5∶4的表决结果获得通过。

"宇垣裁军"得以实施。

实际上,"宇垣裁军"的根本目的并不是削减兵力,节省军费开支,而是"为了改善国防,实现军民一致和融合,建立举国国防"。虽然裁军使兵员总数减少了 38 894 人,但新设了 1 个装甲中队,筹建了由 2 个飞行联队组成的陆军航空兵,组建了 1 个高射炮联队,创办了通讯学校、工兵学校、陆军科学研究所,为步兵装备轻机枪,等等。也就是说,"宇垣裁军"的根本目的是致力于实现军队现代化。同时,裁军后退役军官被派往中学和高等专科学校担任军事教官,对学生进行军事训练,增强学生的国防意识和军事素养,为战时建立国家总动员体制奠定基础。宇垣一成在日记中写道:"以往将国防的重点置于平时能接受军事训练的现役和预备役军人,以及平时准备好武器和军需物资。但是,世界大战的经历,使欧美各国开始将国防重点转向举全国之人力以及全部之资财进行战备。"1926 年 12 月,宇垣一成在题为《整顿军备的真正意义》的演讲中表示,"由于战争的大规模化和长期化趋向,国家要加强战争总动员的准备,要对国民的知识和能力进行统制,使之能运用于战争"。同时,"宇垣裁军"将一些因循守旧、思想保守的军人,如野尾实信大将、町田经宇大将、福田雅太郎大将,编入预备役,即限制了他们的话语权。之后,军制改革派转变为陆军中心势力——统制派,为以后影响日本历史走向的"统制派"和"皇道派"的激烈冲突埋下了火种。这一火种最终在 1936 年"2.26 事变"中被点燃。事变后,陆军被大换血。除了寺内寿一,其余大将均被转入预备役。陆军被包括东条英机在内的统制派完全控制。事变对日本的影响,无须赘言。

"宇垣裁军"最重要的变革,是改变了明治维新时期形成的兵役

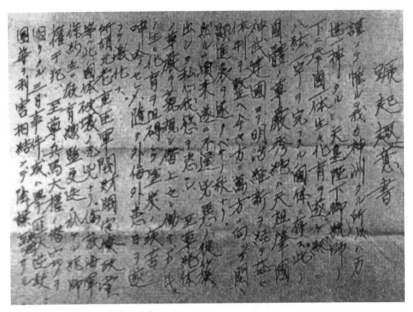

1936年"2.26事变"《蹶起趣意书》

制。1872年12月28日,明治政府颁布了《征兵告谕》,宣布取消武士垄断军人身份的特权,实行仿效西方的义务兵役制。翌年即颁布《征兵令》,规定"凡年满20岁之国民",皆可应征。然而,根据当时的《常备兵免役概则》,在省、府、县供职者,缴纳替代金270元者,可免服兵役。因此,躲避兵役而不是踊跃入伍,成为社会氛围。这一难题,长期困扰明治政府。1889年颁布的《大日本帝国宪法》第20条,就是为了解决这一难题。该条明确规定:"日本臣民依法律规定有服兵役之义务。"随后颁布的刑法规定,如果拒绝服兵役,处3年以下徒刑。虽然舆论宣传"一人服役,全家光荣",但20岁的强劳动力应征入伍,对一般家庭而言意味着经济来源减少。因此,不少适龄青年以各种手法逃避兵役。

十、日本对华扩张路线图

"宇垣裁军"的内容之一,就是通过相关政策,鼓励青年"踊跃参军"。1925年4月,即在裁军正式推行前夕,宇垣一成先行制订了《陆军现役军官配属令》,向各中学派遣了2 000名现役军官。这么做,不仅是为安置裁军后的退役军官做准备,而且保留了一旦战争发生,即可上阵指挥的少佐、大尉,即大队长、中队长一级的基层军官。对陆军省而言,这么做还有一个好处,就是作为学校的军事教官,他们的工资由文部省开支,无须列入军费开支。1926年4月,宇垣一成又在市、町、村,以及大型工厂、矿山、商店等企业,建立了"青年训练所",以16至20岁、只有小学文化程度的青年员工为对象,进行长达4年、共计800个学时的军事化训练,其中400个学时培训职业技能和学习文化知识,400个学时培训军事技能。合格者如果应征入伍,可以减少半年服役期。同年10月,陆军省设立了整备局。翌年11月,整备局制定了《常年筹措作战财政和物资计划纲要》,进一步使日本步入国家总动员轨道。"兵营国家"开始初具规模。

1927年4月,日本以《昭和二年兵役法》取代了1873年《征兵令》。《昭和二年兵役法》将日军分为现役、预备役、后备役、补充役、国民兵役5个役种;将应征服现役的年龄延长至27岁,即所有19岁至27岁男性均须接受服兵役体检。当时,日本平均每年约有60万左右的适龄男性,征兵检查将这些适龄男性分为5种:甲种合格者标准是身高150厘米以上,身体各项指标优良,服现役;乙种合格者身体素质尚可,服补充役;丙种合格者身体素质较差,服国民兵役;丁、戊种为不合格,无须服役。

《昭和二年兵役法》还规定,军训合格者如正式服役,服役期由2年减为1年半。服役后可申请成为服役期1年的后备役军官。有高等专门学校以上学历,则只需服役 10 个月,且退役后可拥有预备役少尉军衔。师范学校的学生只需服役 7 个月,军训合格者只需服役 5 个月。"优惠待遇"对青年学生具有相当大的诱惑,使他们主动积极接受军训。同时,服过兵役的教师被陆续派往小学,使军事教育一直向小学延伸。"宇垣裁军"的相关举措,尤其是在校学生和青年训练所军训制度,不仅使日本青少年被不断灌输以"加强国防思想"为幌子的军国主义思想,而且在军队和民众之间建立了包括利益关系在内的纽带,为日本储备了大量后备兵源,培养了大批预备役军官。

"宇垣裁军"的相关举措,还包括对退役军人进行组织化管理,为退役军人组织"在乡军人会"提供补助金,请"在乡军人会"成员担任"青年训练所"教官。当时,"在乡军人会"有 300 多万成员,是普及军国主义思想的骨干力量。报纸、杂志等媒体如果对军队进行批评,他们会立即展开抵制抗议活动,因而使军队因为不受舆论监督而更加恣意妄为。

必须强调,在《昭和二年兵役法》实施前,日本青年体检合格者中,只有约 30% 的人应征入伍。换言之,只有 30% 的人接受军事训练。《昭和二年兵役法》实施后,日本青少年自小学开始就普遍接受军事训练。这为日本"总动员体制"的建立,为日本 1930 年代后的军事扩张,奠定了重要的社会基础。"总动员体制"的积极推动者之一、统制派首领永田铁山在《关于国家总动员的意见》中,将国家总动员定义为,"临时地或永久地对国家权限所及范围内的一切资源、功能进行统一管理和配置,使之能最有效地用于战争"。他强调,应该采取的动员包括国民动员、产业动员、交通动员、财政动员、精神动员。1926 年,永田铁山又在《国家总动员准备设施和青少年训练》一文中强调,"虽然日俄战争时高唱举国一致,但这只是形而上的,在形而下的即物质及兵源的总动员方面,终不能和不久前的世界大战相比"。如果说陆军军务局长永田铁山只是从理论上指出了构建"兵营国家"的必要,那么陆军大臣宇垣一成大将推行的"宇垣裁军"则是将这种理论付诸实施。

4. 从"皇姑屯"到"卢沟桥"

1996 年,日本官方公布了天皇裕仁的战争回忆录《昭和天皇独白录》。回忆录由天皇裕仁口述、寺崎英成记录。《昭和天皇独白录》开篇就是张作霖被炸死的"皇姑屯事件"。东京审判追究战争责任的时间范围,也以"皇姑屯事件"为起点。审判中,原日军参谋本部军务局长田中隆吉,作为检方证人出庭做证,承认谋划"皇姑屯事件"的是关东军高级参谋、45 岁的河本大作大佐。具体执行者是 35 岁的独立工兵联队东宫铁男大尉。1955 年 8 月,河本大作病死于山西战犯管理所。临死前,他写了一本回忆录,题目是《我杀死了张作霖》。为什么张作霖的死如此不同寻常,必须将其作为日本历史上的一个"路标"?

1928 年 6 月 4 日 1 点 50 分,北京正阳门车站。张作霖乘上总共有 20 节车厢的特别列车,返回奉天(辽宁)。张作霖乘坐在第 8 节贵宾车厢,前后有机枪卫队守护,戒备森严。凌晨 5 点 20 分左右,副官对正在打麻将的张作霖说,"已经到皇姑屯,还有 10 多分钟就到沈阳了"。话音刚落,只听"轰"一声巨响,包括张作霖乘坐的车厢在内的三节车厢被炸。张作霖被炸出车厢,喉咙被铁皮划了一道深深的口子,因失血过多,不治身亡,终年 54 岁。张作霖一行共伤 53 人,亡 23 人。事后,奉系方面秘不发表,直到两周后的 6 月 19 日,才对外公布张作霖的死讯。

爆炸发生5小时后,日本陆军省接到了消息,并向各大报纸作了通报。这可是个大新闻!各大报纸迅疾以"陆军省来电"为题,进行报道,称"张作霖仅受了轻伤,并无大碍"。事实上,当时甚至田中义一也不知道张作霖已经被炸死。他还写信给"满铁"总裁山本条太郎,称"张作霖是幸运儿,很快就会痊愈的"。另据日本陆军省通报:"6月4日凌晨3时左右,日本卫兵在'满铁'线皇姑屯附近,发现了2个形迹可疑的中国人的尸体,从尸体上搜出2枚炸弹和蒋介石军队电讯稿残片。由此断定,此事件系蒋介石军队的便衣所为。"

由于蒋军和奉军是对阵双方,说"皇姑屯事件"系蒋军所为,很容易让人相信。但真相是关东军高级参谋河本大作用钱疏通了工藤铁三郎和安达隆成,由他俩弄了两个鸦片烟鬼并将俩人杀死,制造中国人"内斗"的假象,而且此事日本内阁成员也有参与。1928年7月13日,陆相白川义则写信给铁道相小川平吉,称:"今天上午,关于你打电话给我提到的那个事情,我总算筹措了3 000元。"7月30日,工藤铁三郎和安达隆成发电报给小川平吉:"承蒙厚意,非常感谢。钱已收取。"

凑巧的是,事件发生时,日本帝国议会的民政党议员松村谦三等6人,从济南前往奉天,正好碰上事件发生。6人在现场做了勘察后,又在当地逗留3天,查明了事件真相并收集了相关资料,回到东京后即向民政党总裁浜口雄幸汇报。因为,这个"猛料"是在野的民政党向执政的政友会田中内阁发难的绝好材料。对此事件,执政党方面自然不敢懈怠。为核准事实,田中义一命令外务省、陆军省、关东厅进行联合调查,并令陆相派宪兵司令峰幸松前往现场勘察,要求务必查明真相。

天皇裕仁对张作霖死于非命也非常重视。12月24日,在天皇的多次催促下,首相田中义一谒见天皇并做了禀报:"张作霖横死事件,似与帝国军人有关。目前正对此事进行严格调查,如若确系帝国军人所为,当严惩不贷。详细情况待调查结束后,由陆相奏上。"但是,真相查明后,所有阁僚、关东军和陆军中央高级将领均认为,如若曝光,对日本非常不利。于是,田中义一决定隐瞒真相,将这一事件定性为"责任事故",给予关东军司令村冈长太郎和河本大作行政处分。

1928年6月26日,田中内阁发表了正式调查报告:"对中国东北某重大事件进行了调查,没有证据证明此事与日本有关,但相关人员确实存在守备不严的责任。为此,拟将关东军司令官村冈长太郎中将转入预备役,河本大作大佐停职(后也转入预备役),给予关东军参谋长斋藤恒少将和独立守备队司令官水野竹三少将警告处分。"翌日,陆军大臣白川义则觐见天皇,禀报了陆军处理意见。听了他的禀报,天皇当即传唤田中义一。《昭和天皇独白录》对当时的情景有以下记述:"田中再次来到我这里,想将此事糊弄过去。因为他前后说法明显不同,所以我对他说,你这次和上次说的明显不同,递交辞呈吧。"天皇真的当面如此训斥首相?以前仅铁相小川平吉的《"满洲"问题秘录·秘》有此记载,所谓"孤证不立",此事曾长期存疑。现根据见证者内大臣牧野伸显日记、天皇侍从次长河井弘八日记、侍从武官长奈良武次日记对此事的记载,可以消除这一疑问。

1929年7月2日,田中义一内阁宣布总辞职。元老西园寺公望获知此事后,委婉地对天皇裕仁提出批评。他说,明治天皇从不当面指责首相,更不可能让首相递交辞呈。裕仁对此也有悔意。《昭和天皇独白录》中这样写道:"现在看来,让田中首相递上辞呈,使田中内阁总辞职,确实是因为当年我年轻气盛。据说,如果召开军法会议进行询问,那么河本将会使日本的谋略全部暴露,所以没有那么做。"也就是说,田中义一虽则"欺君",但也实属无奈。两个月后的9月29日,终日抑郁的田中义一死于心肌梗塞,也有说死于自杀。

皇姑屯事件和田中内阁倒台,产生了两个重要结果。第一,皇姑屯事件发生后不到一周,蒋介石率军进入北京,正式结束了北洋政府的统治。年底,张学良宣布效忠国民政府,"东北易帜"。中国局势发生重大变化。第二,田中倒台后,天皇裕仁或因为"自省",决定以后"君临而不统治"。《昭和天皇独白录》这样写道:"从那次事件以后,我决心对内阁上奏的事情,即便内心不赞同,也予以裁可。"这种统治方式的转变,进一步强化了军部在国家政治中的发言权。因为,根据《大日本帝国宪法》第11条规定,"天皇统帅陆海军"。但是,正如日本著名历史作家司马辽太郎所言,"根据明治宪法,天皇并不拥有统帅和国政的执行权。因此,实际行使统帅权的军部拥有了无限的权力"。如果内阁首相和其他国务大臣对军部的做法提出异议,就会被斥为"干涉侵犯(天皇)统帅权"。同时,根据"军部大臣现役武官制"的规定,陆海军大臣必须分别由陆海军推派而不是首相组阁时任命。如果陆海军不推派,则内阁无法组成。如果对政府的政策不满意,陆海军大臣可以辞职,从而导致内阁倒台。也就是说,军队可以左右内阁的组成和政策的走向。这是日本军国主义的一项要素。日本军国主义的另一项要素是"帷幄上奏权",即负责军政的陆海军大臣、负责军令的参谋总长和军令部总长直接对天皇负责,可以直接觐见天皇接受指示,内阁无权干预。

十、日本对华扩张路线图

田中义一死亡当年,即 1929 年 12 月,南京的《时事月报》刊登了一则报道,题目是《惊心动魄之"帝国对满蒙的积极根本政策"——田中义一上日皇之奏章》,同时附有田中义一请宫内大臣一木喜德郎转呈奏章的信函。这个约 4 万字的"奏章",日后被称为《田中奏折》。其中"欲征服支那,必先征服满蒙。欲征服世界,必先征服中国"一句,广为流传。《田中奏折》是否真实存在,迄今仍有争议。按照原日本外相重光葵在回忆录中的说法:"我在外务省供职多年,从未听说有这么一份文件。但是后来东亚发生的事态,和随之日本所采取的行动,恰似以田中奏折为教科书,按其所提示的步骤进行。"[①] 毋庸赘言,日本侵华就是从制造"九一八事变"(日本称"满洲事变")开始的。

1931 年 9 月 19 日凌晨 6 点 30 分,日本广播协会(NHK)根据陆军当局提供的信息,播报了"临时新闻第一号",宣称"中国军队炸毁了南满铁道在奉天(沈阳)柳条湖附近的一段铁轨。日本铁道守备队随即与中国军队展开激战"。各大报纸随后迅速跟进,并将"暴支膺惩"作为标题,大肆渲染。当天,大阪《朝日新闻·号外》还刊登了对日本奉天特务机关辅佐官花谷正少佐的访谈,题为《中国方面的挑衅是起因——花谷少佐谈话》,欺世惑众。直到 1956 年 12 月,花谷正在《别册知性》第五册《被隐藏的昭和史》中,发表回忆文章《"满洲事变"是如此谋划的》,真相才大白于天下:"岛本大队川岛中队的河本末守中尉以巡查铁路线为名,带领几个部下走向柳条湖。他们在观察了北大营兵营后,在兵营南面约 800 米的地方停下。河本亲自动手,将平时骑兵用的小型炸药装置安放在铁轨下并迅疾点火。随着'轰'的一声巨

[①] 重光葵:《日本侵华内幕》,解放军出版社,1987,第 20 页。

响,铁轨和枕木都被炸飞。时间刚过 22 点。"①随后,河本末守立即向他的上级、独立守备队第二大队大队长岛本正一报告:"铁道线被炸,我军遭突袭。"接到报告,岛本正一立即命令炮轰北大营。这一事变的具体策划者,是关东军主任作战参谋石原莞尔。之后,日本于 1932 年 3 月 1 日扶植建立了"满洲国"。这一公然侵略分裂中国的行为,遭到以英法为首的国际联盟反对。为表示"抗议",1933 年 3 月 27 日,日本宣布退出国联。战后形成的以华盛顿体系为主的一战后体系,因此遭到破坏。

在占领中国东北后,日本又开展了所谓"华北工作",试图使华北五省即河北、山东、山西、绥远、察哈尔脱离中央政府实现"自治",并于 1935 年 12 月 25 日建立了"冀东防共自治委员会",扶持殷汝耕出任首脑,意图使华北变成第二个"满洲国"。1936 年 1 月,日本陆军省制定了所谓《华北处理纲要》,将当地的驻屯军兵力从 1 570 人增至 5 774 人。日军为什么会驻守在中国京畿地区?前面写道,1900 年义和团事件爆发后,列强组织八国联军进行了镇压,并在翌年迫使清政府签署了《北京议定书》(通称《辛丑条约》)。条约第九款同意列强为了保护本国侨民,"酌定数处留兵驻守,以保京师至海通道无断绝之处"。日本为此组建了"北清驻屯军"。辛亥革命后,"北清驻屯军"改名"支那(中国)驻屯军",人数为 3 个大队 1 570 人。但是,中国政府只允许日军驻扎通州,并未允许驻扎丰台。对日军擅自改变驻守地,国民政府曾提出抗议:"日本扼住北京南大门,意欲何为?"但日军根本置若罔

---

① 花谷正:《"满洲事变"是这样策划的》,载《别册知性》第五册《被隐藏的昭和史》,1956 年 12 月,第 44 页。

十、日本对华扩张路线图

《辛丑条约》文本

闻。1937年7月7日进行军事演习并引发事端的日军,就是驻屯丰台的日军。石原莞尔也承认:"将通州驻军改为在丰台驻军,最终成为卢沟桥事件的直接动因。"

十一

太平洋战争的引爆

1. "别了国联,协作之路山穷水尽"

原《朝日新闻》总编绪方竹虎曾经发问:"'满洲事变'('九一八'事变)后,各大报纸如果能一致对军部的暴走发出警告,与他们的独断专横展开斗争,是否有可能防止太平洋战争的发生?"然而,所谓历史就是已经存在的事实。日本外务省缩微胶卷中有份《宪兵情报》,其中对《朝日新闻》的情况是如下汇报的。

1931年10月12日,即"九一八"事变发生不到1个月,《朝日新闻》大阪总部召开了董事会。会议进行了8个小时,确立了以后的报道方针:"以往我们一直强调要缩减军备,当此国家面临重大事变之际,理当呼吁日本国民支持军部,实现国家社会舆论的统一。今后绝不允许对军部及其军事行动提出批评,不仅如此,还要尽量表示支持。"

1931年10月16日,东京和大阪的《朝日新闻》总部都刊发了"募集慰问金"文告,呼吁读者捐献资金,"慰问在中国东北即将迎来严寒的中国东北驻屯军官兵"。《每日新闻》也紧随其后"募集慰问金",共为陆军省筹得458万日元。这在当年是一笔巨款。《朝日新闻》和《每日新闻》还举全社之力宣传"皇军的功绩",并多次举行战地特派记者战况报告会。

"九一八"事变后,国联成立了专门调查团,由曾代理印度总督的英国人李顿任团长,史称"李顿调查团"。然而,日本一意孤行。1932年3月1日,即李顿调查团到达中国的第二天,日本一手扶持的溥仪傀儡政权发表了以"五族协和,王道主义"为核心的所谓《"满洲国"建国宣言》,"即日宣告与中华民国脱离关系,创立'满洲国'"。是否承认"满洲国"？首相犬养毅召开内阁会议进行讨论。主张对欧美采取协调路线的犬养毅认为："如果日本承认'满洲国',将意味日本违反了华盛顿会议上签署的《九国公约》,不仅必然遭到国际社会谴责,而且涉及日本和国联的关系,导致日本在国际社会被孤立。"但是,陆军大臣荒木贞夫要求承认"满洲国"。他表示："自加入国际联盟后,各方面均受到束缚。此时决意退出国联,将能够开拓自由之天地。"

就在政府和军部意见相左时,海军士官生、陆军士官生、农民、民间法西斯分子,于1932年5月15日发动了刺杀首相犬养毅等多名政府要员的事变,史称"5.15事变"。事变后,由谁继任首相以避免军人愈演愈烈的"干政",令负责推荐首相人选的元老西园寺公望颇费踌躇。陆军希望由枢密院副议长、右翼团体"国本社"负责人平沼骐一郎继任首相,反对建立政党内阁。5月17日,日本各大报纸均以大字标题,刊登了显示陆军立场的报道："坚决反对政党内阁。"5月18日,日本陆军公开发表了推派陆军代表担任陆军大臣的条件：尊重军队统帅权,推行军部主张的政策。西园寺公望按照新首相不能是政党党首,能够继续推行与欧美协调路线,能够为各方所接受的标准,决定推荐两次担任海军大臣的斋藤实出任首相。一则海军长期由萨摩藩(鹿儿岛县)势力占主导,斋藤实虽然出身于岩手县,但娶了萨摩藩的海军长老仁礼景范中将的女儿仁礼春子;二则斋藤实在海军中享有很高声望,能够对陆军进行"平衡";三则斋藤实在欧美外交圈有良好口碑,曾担任美国驻日大使长达10年的约瑟夫·C.格鲁,在《使日十年》中称斋藤实"稳重、有魅力、举止彬彬有礼。在国粹主义高扬的年代,他始终坚持视野开阔的自由主义见解,是一个有智慧的人"。

斋藤实内阁的组成给政党内阁画上了句号。他根据凝聚各种政治势力的构想,请政友会的高桥是清留任大藏大臣,请民政党山本达雄出任内务大臣。根据陆军的意见,请荒木贞夫留任陆军大臣。外务大臣由"满铁"总裁内田康哉担任。1932年5月26日,超党派的"举国一致"内阁正式宣告成立。但是,原先支持"对英美协调"的内田康哉成了关东军的积极支持者,并公开声称,"基于日本的立场,目前不是如何处理'满洲国'问题,而是必须承认'满洲国'",并即刻推进承认"满洲国"的工作。日本在"满洲国"有四个机构:关东厅、领事馆、关东军、"满铁",被称为"四头政治"。内田康哉以"便于管治"为由,将"满洲国"的管辖权由外务省划归关东军,并设置了由陆军大臣任总裁的"满洲国事务局",由关东军司令官兼任日本驻"满洲国"特命全权大使和关东厅长官,形成了关东军掌握"满洲国"军事、行政、外交实权的"三位一体"体制。因此,当时外务省被戏称为"陆军省外务局"。

1932年6月14日,由政友会和民政党两大政党共同提案的"承认'满洲国'决议案",在众议院全体大会上全票获得通过。8月25日,内田康哉在国会答辩时表示,即使国家化为焦土也不会出让"满洲国"的权益。他所奉行的这种外交,被称为"焦土外交"。当天,日本向全世界宣布"承认'满洲国'"。9月15日,关东军司令官、关东州长官兼日本驻"满洲国"全权大使武藤信义和"满洲国总理"郑孝胥,签署了《日满议定书》,正式建立了所谓"外交关系"。《朝日新闻》为此发表社论称,此举"为世界史开创了一个新纪元"。

1932年10月2日,《国联调查团报告书》(通称《李顿调查团报告书》)在东京、南京和日内瓦同时发表。该报告书共由十章构成,正文200页,附加文件700页。该《报告书》认为,日本军队在"九一八事变"中采取的行动,不是自卫行动;"满洲国"并非自发的独立运动。同时,《报告书》也认可了日本方面的理由,即承认中国东北当地治安秩序的混乱和法治的缺失,是诱发纷争的原因。同时在承认日本权益的前提下,认为中国拥有奉天(辽宁)、吉林、黑龙江即东三省主权,建议成立东三省自治政府;中国东北由列国共同管理,聘请以日本人为主的外国顾问进行指导。但是,对这样一份混淆是非、"各打五十大板"的报告书,日本也不予接受,并随即以《帝国政府对国际联盟中国调查委员会报告书的意见》(简称《帝国意见书》)进行反驳。日本各界对李顿调查团报告书,几乎一边倒地表示应拒绝接受。关东军更是向政府递交了由诸多军官署名的请求书,强烈主张"退出国联"。有300万名成员的日本在乡军人会,在全国各地纷纷召开"批判报告书大会"。政党、以中小企业为主的企业组织日本商工会议所、各教育团体、宗教团体,也都纷纷组织集会。东京还成立了"国防妇人会"。日本各大报纸连篇累牍发表批判文章,对"报告书"进行口诛笔伐。《每日新闻》的前身《东京日日新闻》称,"这是一份痴人说梦的报告书,表现出非常明显的夸大妄想症"。外务省情报部部长、后被东京审判定为甲级战犯的白鸟敏夫,刻意歪曲、篡改报告书内容,煽动舆论,竭力强调报告书对日本的种种不利。那么,掌握宸裁权的天皇裕仁什么态度?据《昭和天

《皇独白录》记载，当时裕仁征询了内大臣牧野伸显和元老西园寺公望的意见。牧野伸显表示，应该接受国联的"报告书"。但西园寺公望认为，"既然内阁已经通过决议，不应表示反对"。裕仁接受了西园寺公望的意见。

以朝野形成一致意见为背景，日本政府任命松冈洋右为日本代表团团长，率领代表团前往国联，在为"满洲国问题"召开的临时大会上进行申辩。到达日内瓦以后，松冈洋右即刻会见了英国和法国代表，向他们表明了日本的强硬姿态："如果不承认'满洲国'，日本将退出国联。"1932年12月6日，国联召开大会，对李顿报告书进行审议。英法等国态度暧昧，捷克、爱尔兰等国则要求全面采纳。而松冈洋右则以《帝国意见书》为基础，竭力为侵略行径辩护。12月8日，松冈洋右在国联大会上作了题为《十字架上的日本》的演说："美国和欧洲试图将日本置于十字架上，但是在不到几年的时间里，世界舆论已经发生了变化。正如拿撒勒的耶稣最终得到世界理解那样，日本也将获得世界理解。"

1933年2月16日，英国向各国表示，将通过由19个国家组成的"和协委员会"，以李顿调查团报告书为基础，以"满洲国"主权属于中国为原则，以要求"满铁"附属地以外的日本军队撤出中国为基调，向日本提出"劝告书"。松冈洋右从日内瓦发回电报称，"事已至此，若不退出国联，将沦为笑柄"。收到这份电报，2月20日，斋藤实召开内阁会议并通过决议：如果"劝告书"在国联大会获得通过，即宣布日本退出国联。斋藤实随即向松冈洋右发去政府训令："如果国联大会通过'劝告书'，内阁决定退出国联。请你率领代表团立即退出会场。"

"对日劝告书"最终以赞成42票、反对1票（日本）、弃权1票（泰国)、缺席 12 票的表决结果获得通过。面对这一表决结果，松冈洋右站起身子用英语表示："我国无法认为'劝告'能确保远东地区的和平。我国对国联的决议表示遗憾，决定退出国联。"随后，他带领日本代表团离开了会场，在退场时用日语说了声"再见"。第二次世界大战期间担任日本驻苏联大使、战后担任日本参议院议长的佐藤尚武事后回忆道："满头白发、身材瘦削的比利时籍议长伊斯曼，神情沮丧地坐在议长席上，怔怔地看着我们离开会场。整个会场静寂无声。直到今天，当时的情景仍不时浮现在我眼前。"

《朝日新闻》在松冈洋右宣布日本退出国联后，迅即根据日内瓦特派员发回的急电刊登了报道，标题是"别了国联，协作之路山穷水尽。'劝告书'获国联大会通过，松冈代表堂堂正正退出会场"。其他报纸也称："独立自主的外交是我国久已期盼的，现在终于实现了。""日本外交 60 年的决算。""松冈是日本自主外交的旗手。"松冈洋右回到日本后，被视为"民族英雄"，得到热烈欢迎。在横滨码头，数万民众高呼"万岁"。从横滨乘车返回东京时，小学生挥舞"日之丸"夹道迎接。码头车站迎接松冈洋右的狂热场景，如同迎接一个在前线打了大胜仗凯旋的将军。日本陆军更是对退出国联表示高度赞赏，称"这是摆脱追随英美的外交，向独立自主外交的跃进"。日本舆论称，退出国联是"光荣孤立"。1933 年 3 月 22 日，日本枢密院投票表决，通过了内阁退出国联的决议。同一天，日本各媒体发表了退出国联的天皇诏书和政府声明。3 月 27 日，日本政府致函国联秘书长，正式通知他日本退出国联。日本此举不仅标志其进一步脱离了与欧美协调的路线，而且标志"华盛顿体系"正式解体。

2. "缔结日德意三国协定"

1936年11月25日,日本和德国签署了防共协定。虽然协定的秘密附属协定有如果受到苏联攻击,两国应为了共同利益即刻进行磋商的条文,但并没有形成攻守同盟。因为德国的目的是和日本联手对付英法美,而日本的目的是和德国共同对付苏联。德国曾一再催促日本尽快做出决定,但日本一直犹豫不决。1938年11月11日,近卫内阁举行由首相、外相、海相、陆相、藏相参加的"五相会议",决定"采取尽快缔结日德意三国协定的方针"。如果进展不顺,"则先缔结日德、日意平行的协定,待有机会将两个协定合并为日德意三国协定"。必须强调,站队德国、意大利,缔结"三国协定"是走向太平洋战争的关键一步。

但是,由于陷入对华战争泥淖等原因,1939年1月4日,近卫内阁宣布总辞职,日本随后组成平沼骐一郎内阁。1月6日,德国向日本和意大利提出了建立三国军事同盟的方案。平沼内阁先后召开70次由首相、外相、藏相、陆相、海相参加的"五相会议"进行研究,但主要由于陆海军的意见对立,始终达不成决议,以致民间戏称"昨天也是五升,今天也是五升,可就是凑不成一斗"(按:日语中"升"和"相"谐音)。

日本陆军主张结盟。参谋总长闲院宫呈昭和天皇的《大本营陆军部关于缔结日德意同盟的意见》,对结盟理由进行了较充分的说明,强调为了应对宿敌苏联的威胁,同时和英美对抗,必须借助德国和意大利的力量。

被称为"海军三羽乌"的海军大臣米内光政、海军省次官山本五十

六、海军军务局长井上成美,则主张继续贯彻对英美协调方针,反对缔结日德意同盟。山本五十六的反对立场尤其鲜明,他向主张对英美采取强硬路线的军官提出了四点疑问,要求他们回答:"第一,如果强化和德国、意大利的关系,是否有利于在中国问题上与英美交涉? 第二,如果日德意结盟,英美是否将在经济上制裁日本? 第三,如果日本和苏联开战,日本能否获得德国实质性的援助? 第四,如果和德国、意大利缔约,两国是否会要求分享在中国的权益?"由于山本五十六坚决反对缔结三国同盟条约,日本陆军一些激进分子对山本五十六非常痛恨,甚至对他发出死亡威胁。但是,山本五十六非常清楚,和德意两国结盟,无异于向美国叫板,实属自不量力。他在5月31日写下了题为《述志》的遗书,其中写道:"丹可磨而不可夺其色,兰可燔而不可灭其香。此身可灭,此志不可夺。"山本五十六当然不是和平主义者,但他知道缔结三国同盟无异于自不量力地向美国"叫板"。他的这一判断是正确的。美国国务卿赫尔在回忆录中写道:"我政府的立场非常明确。我们将日本视为希特勒和墨索里尼的同盟者,视为敌对同盟的签约国。"①

日本政府也知道与德国结盟存在这种"风险"。见日本如此磨磨蹭蹭,希特勒终于等得不耐烦了,于5月22日和意大利缔结了德意军事同盟条约,同时开始和苏联接近。苏联也显示出愿意同德国和好的姿态。5月底,莫洛托夫出任外交人民委员,取代被称为"亲英派"的李维诺夫。6月15日,苏联驻德大使阿斯塔科夫(Georgei Astakhov)明

---

① Cordell Hull, *The Memoirs of Cordell Hull*, vol. II, The Macmillian Company, New York, 1948.

确表示:"如果德国提出缔结德苏互不侵犯条约,苏联将会接受。"见苏联释放这样的信息,德国立马响应。1939年8月21日夜晚,德国外长里宾特洛甫通知日本驻德大使大岛浩:"由于存在苏联和英法接近的可能,对于德国早日缔结三国同盟的要求,日本沉默了半年。因此,德国只能做此选择。"什么选择? 就是两天后和苏联签署了《苏德互不侵犯条约》。该条约的签署,标志着日本此前的外交政策完全失败。为此,平沼内阁于8月25日宣布总辞职。阿部信行奉命出任首相并组成了新内阁。但是,甚至天皇裕仁也认为思维缜密并寄予厚望的阿部信行,执政仅4个半月就下台了,主要原因是在缔结日德意三国同盟问题上不给力,遭到陆军方面强烈不满。之后,由米内光政组阁。有官员提议,让曾经担任米内光政副手的海军省次官山本五十六出任海军大臣。但是,米内光政认为:"如果让山本出任海军大臣,他的生命很可能受到威胁。还是让他担任联合舰队司令长官,在太平洋上办公比较妥当、安全。"

1939年8月31日下午1时,山本五十六乘坐"海鸥"号特急列车离开东京赴任。在列车到达大阪时,他通过广播听到了希特勒在第一号命令书上签字,决定对波兰发动攻击的新闻。随后,德军发动了以3"S"即集中优势兵力(superiority)、出其不意(surprise)、快速推进(speed)为特征的"闪电战"(Blitzkrieg),迅速侵占了欧洲大片土地。德军的辉煌战果极大地刺激了日本好战分子的扩张野心,米内光政是反对缔结三国同盟条约的核心人物,因此执政不久也被迫下台,由主张缔结三国同盟的近卫文麿再次组阁。主张缔结同盟条约的及川古志郎出任海相。9月15日,海军大臣及川古志郎把山本五十六等海军高级将领召集到一起开会,对他们说:"如果海军坚持反对三国同盟,那么近卫内阁只能总辞职。海军不想承担使内阁倒台的责任,因此希望你们能够赞成缔结同盟条约。"海军军令部总长伏见宫表示:"事情到了这种地步,只能如此。"

闻听此言,山本五十六静静地站起来表示:"我完全服从海军大臣的领导。但是,有一个非常担心的问题恕我提出。如果缔结同盟条约,那么日本与美国发生冲突的危险将急剧增强。目前,我们的航空兵力不足,特别是战斗机和陆上攻击机必须增加一倍。如果缔结条约,那么我们必然无法从英美势力圈获得建造飞机所需要的物资材料。这些物资材料从哪里获得补充?如果这个问题不解决,我作为联合舰队司令长官,无法安心地执行任务。"但是,他的问题没有得到回答。

9月16日,近卫内阁决议赞同缔结三国同盟。近卫文麿将内阁决议向天皇裕仁做了禀报。当天,山本五十六前往面见了海军大臣及川古志郎,询问了海军省对未来局势的看法。及川表示:"也许存在为德国火中取栗的危险。但是我想,应该不会和美国开战吧?"随后,他又拜见了海军军令部总长伏见宫。伏见宫表示:"既然事情已经这样了,我们只能尽力而为。"

对海军省和军令总长的态度,山本五十六感到失望。他对一直将他送到东京车站的好友堀悌吉中将说:"内阁倒台不会亡国,但是战争会亡国。为了避免内阁倒台而甘冒战争风险,显然是颠倒了主次。"

9月27日,日本驻德大使来栖三郎、德国外长里宾特洛甫、意大利外长齐亚诺在柏林签署了《日德意三国同盟条约》。几乎与此同时,日本武力进驻了法属印度支那北部,从而进一步激化了和美国的矛盾。1940年10月,美国政府宣布全面禁止向日本出口铁屑。之后,美国对日本必然采取的经济制裁措施是禁止向日本输出石油。而日本的石油几乎完全依靠从美国进口。如果这样，那么日本的飞机军舰将变成一堆堆不会移动的钢铁。为了获取能源，日本政府和陆海军首领都非常清楚，必须占领南方资源地带。如果采取这一行动，那么必然和美英开战。

然而，当时日本还不想对美国开战。1940年11月，日本政府任命海军预备役大将野村吉三郎出任驻美大使。野村被告知，"海军方面将加紧备战，但如能将危局平安处理，当属上策。今日本已疲惫之至，我们不希望因为遵守了条约而使海军付出徒劳的牺牲"。也就是说，称"日本与美国和谈是释放烟幕麻痹美国，以便偷袭"之类的说法，并不符合史实。同样，美国与日本和谈也不是释放烟幕。罗斯福政府之所以愿意和日本和谈，主要基于两个目的。第一，奉行"先大西洋，后太平洋"的原则。当时美国已开始为英国提供援助，事实上已加入反法西斯阵营，需要避免两线作战。第二，根据美国掌握的情报，苏德战争一触即发。若苏德开战，日本外交将陷入自相矛盾的尴尬境地：根据《日德意三国同盟条约》，苏德开战，日本必须帮德国对付苏联；但根据《日苏中立条约》，日本又不能这么做。

1940年7月27日，日本大本营政府联络（席）会议，提出了《顺应世界形势变化之时局处理纲要》，强调"利用时局的变化把握良好的机遇，推进对南方行使武力的方针"。自此，日本开始正式推进"南进"战略。8月1日，日本外相松冈洋右在会见记者时，发表了日本的《基本国策纲要》，明确宣布要"确立以日满华为其一环的大东亚共荣圈"。这是"大东亚共荣圈"这一名词首次公开"亮相"。不过，日本小心翼翼地避免得罪美国。1940年9月16日，大本营政府联络（席）会议提出，

"对美国尽量采取和平手段",并将属于美国势力范围的菲律宾置于"大东亚共荣圈"之外。

山本五十六坚决反对缔结日德意三国同盟条约,但他并不是反对战争的和平主义者。因为他曾长期在美国学习和工作,非常清楚美国和日本在经济和军事实力方面的显著差距,更清楚如果"站队"德国一边,那么和美国交战只是时间问题。随着日美矛盾的逐渐激化,山本五十六认识到,日美既然必须一战,作为军人要考虑的就是如何打赢。1941年1月6日,山本五十六向海军大臣及川古志郎提出了代号为"Z作战"的突袭珍珠港的作战构想。之后,经过再度研讨,8月,山本五十六又正式向军令部提出了突袭珍珠港的作战方案,并于10月被正式采用。这一构想的要点是:开战之初,以第一航空舰队司令长官率领的6艘航空母舰为主力,组成机动部队,对停泊在夏威夷基地的美国主力舰队进行空袭。山本五十六就这一作战构想写道:"在日美战争中,我首先应遂行之要领,是在开战之初即对敌主力舰队进行毁灭性猛烈袭击,这种袭击当达到使美国海军和美国国民一蹶不振的程度,使之志气沮丧。唯其如此,方能占据东亚之要障,立于不败之境地,方能建设并维持东亚共荣圈。"[①]

山本五十六之所以提出这种构想,主要有几方面原因。(1)山本嗜赌如命,有孤注一掷的赌徒心理。(2)1925年,英国媒体人和海战专家拜沃特写了一本书,题为《太平洋大战:1931至1932年美日战争史》,描述了夏威夷美军基地遭到日军袭击的情景。这本书被译成日

[①] 防卫厅防卫研修所战史室著:《战史丛书》第10卷《夏威夷作战》,朝云新闻社,1967,第84页。

语,作为海军大学参考书,给山本五十六提供了启示。出任联合舰队司令长官后,他规定该书为海军军官必读书。(3)1928年,草鹿龙之介少校参谋曾向山本提出,如果日美开战,必须攻击夏威夷。(4)甲午战争和日俄战争关键的两场海战,即刘公岛海战和日本海海战,奠定了胜局。因此,山本五十六认为,一场关键战役的胜利对整个战局有决定性影响。

3. 日美和谈的破裂

不少论著甚至教科书,称日本同美国谈判是"施放烟雾",但原始资料显示这种说法不符合史实。虽然太平洋战争开始于日本偷袭珍珠港,在偷袭成功后特遣舰队发回告知偷袭成功的暗号"虎!虎!虎!";但是,日本知道美国是"真老虎",素来希望"以强者为师,与强者为伍"的日本,最初并不敢摸"老虎屁股"。

1941年6月6日,即日美开战前半年,日本驻德大使大岛浩发回电文:"德苏即将开战的消息基本属实。"6月21日,预判苏德必将开战的美国国务卿赫尔,向野村提出了和谈条件:日本停止武力南进;在美国参战时,日本不得遵循《三国同盟条约》;从中国撤军。6月22日,苏德战争爆发,外相松冈洋右上奏天皇,提出"在德苏已经开战的今天,日本应与德意协力攻打苏联。为此,南方应暂时缓一缓"。但是,7月2日日本御前会议通过《适应形势变化的帝国国策纲要》,决定不介入苏德战争。同时提出,为避免日美开战,须继续同美国谈判。

7月18日,近卫重新组阁。第三届内阁的人事变动,最受关注的是主张推进日美谈判的海军大将丰田贞次郎,取代松冈洋右出任外相。近卫文麿在他的回忆录中写道:"我推荐丰田海军大将为外相,是希望使日美谈判得以实现的明确信号。"但美国对此变动似乎并不在意。因为美国通过新研制的译码机"魔术",破译了日本外交电文,知道日本基本国策是"南进",日美矛盾难以缓和。

丰田外相上任后,即刻发表了内阁的外交方针,并电告日本驻外使节:坚持三国同盟的国策不变;同时电告驻德大使大岛浩,日本将致力于南进,这将是对英美的打击,并可能是对德国的支援。1941年7月28日,日军开始进驻法属印度支那南部。8月1日,美国政府宣布全面禁止对日本的石油输出,这简直是掐日本的喉咙。内大臣木户幸一在8月7日的日记中写道:"据说如果发生战争,海军的储油只够用一年半,陆军只够用一年。就结论而言,如果这一情况属实,那么将很难战胜美国。"连内大臣都如此没有信心,冒战争风险是否必要?因此,日本仍不得不继续避战求和,与美国谈判,并提出了以"松冈(洋右)三原则"为核心的《日美谅解方案》:(1)日美和约不与日德意三国同盟相抵触;(2)承认中国现状,奉劝蒋介石采取对日和平政策;(3)美国为日本"南进"提供经济援助。这些条件,美国怎么可能接受?果不其然,美国国务卿赫尔针锋相对地提出了"赫尔四原则":(1)尊重一切国家的领土完整和主权;(2)维护不干涉别国内政的原则;(3)维护包括通商机会均等在内的各项均等原则;(4)除以和平手段改变现状外,不破坏太平洋地区的现状。

8月初,近卫文麿向美国提交了一个"谅解"方案。但是,野村吉三郎将此方案转交赫尔后,始终没有获得答复。为什么?赫尔明确回答:除非日本放弃扩张政策,否则美日谈判不可能有实质性成果。眼见战云密布,近卫认为,只有直接面见罗斯福弥合分歧,日美战争才有可能避免。8月8日,野村吉三郎将近卫的要求转告了赫尔,但赫尔当即表示,罗斯福总统是否愿意邀请近卫首相访美难以确定。近卫不知道,当时罗斯福和丘吉尔正在美国重巡洋舰"奥古斯塔"号上会晤,三天后,他俩发表了诞生于大西洋军舰上的反法西斯联合宣言——《大西洋宪章》。罗斯福回到美国后约见了野村吉三郎,交给他两份文件。第一份文件强调:如果日本为了对邻国施行军事统治而采取进一步行动,美国将采取一切必要行动。第二份文件强调:如果日本停止扩张行动,遵循美国提出的原则,提出并采取致力于恢复太平洋地区和平的行动,美国有意继续和日本进行谈判。

8月26日,日本大本营政府联络(席)会议决定,就美方文件做如下答复:批判美国对其所谓原则和信念的自以为是,但对两国首脑进行建设性会晤表示欢迎。会议还通过了近卫首相致罗斯福总统的信,大致内容是:因时局变化,以往的原则当作调整。为此,首先应实现两国首脑会晤,着眼大局,就整个太平洋地区的重要问题进行磋商,缓和紧张局势。具体问题可在首脑会晤后由事务承担者交涉。8月28日,野村吉三郎将上述答复和文件交给了罗斯福,得到了罗斯福的认可。当天夜里,赫尔会见了野村,正式同意了日方实现首脑会谈的要求。接到野村的报告后,近卫文麿即和侧近井川忠雄、松本重治、牛场友彦、西园寺公一等制定了首脑会晤方案,并让野村吉三郎转交罗斯福。

但与此同时,日本国内"交涉无用论""对美开战论"甚嚣尘上,各种作战方案也纷纷出笼。8月26日陆海军局部长举行会议,陆海军分别提出了自己的方案。最后经过对两个方案的综合,制定了《帝国国策遂行纲要》,主要内容:(1)以10月下旬为限,备战和外交同时并进;(2)至10月中旬,如果外交解决无望,则诉诸武力。9月3日,日本大

十一、太平洋战争的引爆

本营政府联络(席)会议通过了《帝国国策遂行纲要》，但对时间节点再次做了修改："若我要求至10月上旬仍无得到贯彻之可能，即决意对美(英)开战。"

9月6日上午10点，日本举行御前会议。席间，枢密院议长原嘉道首先提出质疑："《日美谅解方案》给我的印象是，重点没有放在外交上，而是放在战争上。我想知道内阁和统帅部究竟是如何考虑的？"对此质疑，内阁海军大臣及川古志郎代表内阁做了回答，但军令部(统帅部)总长缄默不语。这时，裕仁开口了："朕以为刚才原嘉道枢密院议长的质疑是有道理的。统帅部对此未做任何答复，令朕深感遗憾。"会议室鸦雀无声。沉默片刻，军令部总长永野修身起身发言："陛下对统帅部的指责，令我们惶恐不安。实际上，刚才海军大臣的回答代表了内阁、统帅部双方的意见，所以我们没有发言。统帅部事实上如海军大臣所回答的那样，主张以外交为主，万不得已才诉诸战争，这个基本精神从未改变。"御前会议在前所未有的紧张气氛中结束。

御前会议后，近卫秘密会晤了美国驻日大使格鲁，为实现首脑会谈做最后努力。但是，由于以陆相东条英机为首的陆军坚持对美开战，海相及川古志郎则表示"一切服从首相决断"。10月16日，在外交交涉期限已过，日美仍无"谅解"可能的情况下，近卫宣布内阁总辞职，并提议由皇室成员东久迩宫稔彦继任首相。但是，内大臣木户幸一表示反对。他提出，日美战争一触即发，若由亲王出任首相，则皇室必须承担战争责任，成为国民怨府。在重臣会议上，木户幸一举荐陆军大臣东条英机奉命组阁，并陈述了理由："我认为让充分了解此事态之经过、对困难有切身之感受的东条组阁，同时让他实现陆海军的真正协调、重新研讨御前会议决定，是最实际的收拾时局的方法。"前首相若槻礼次郎明确表示反对："如果推荐陆军大臣出任首相，恐使美国产生日本决意开战之误解，这是当今最需注意的。"前首相冈田启介也表示："我对降大任于代表陆军的陆相，表示担忧。"最后，木户幸一表示："诸位的意见，我已明了。我将详细上奏，请圣上宸裁。"但会议结束后，木户仍按照自己的意见禀报天皇，推荐东条英机并获得天皇裕仁首肯。随后，裕仁召见了东条英机，对他说："命卿组织内阁。望遵守宪法条规，在时局出现重大事态之际，特别加强陆海军的合作。"木户幸一随后也对东条说："我拜察陛下刚才谈到了陆海军协作。但就关乎国策之大本而言，我认为不应拘泥于9月6日御前会议之决定，而应对内外情势进一步做广泛、深刻的检讨并采取慎重决定。"

　　1941年10月18日，东条英机组阁，东乡茂德出任外相。11月1日，东条英机召集大本营政府联络（席）会议，提出了对美关系三个备选方案：(1)卧薪尝胆，暂不开战；(2)立即开战，通过战争解决问题；(3)在决意开战的前提下，备战和外交并行，对外交是否能取得成果再做尝试。经反复研讨和争论，会议最后决定，以第三个方案为基础，制定《帝国国策遂行要领》，要点是：(1)定发动武力之时机为12月初，此前陆海军完成作战准备；(2)对美交涉根据另行制定的方案施行；(3)努力强化与德意之提携；(4)武力发动前与泰国建立紧密军事关系。(5)如在12月1日零点前谈判成功，中止武力发动。当天下午5时，东条将上述决定奏告了天皇。

　　11月14日，野村吉三郎给外相东乡茂德发去电报，陈述了对形势的分析和对日美交涉的意见，提出"美国政府太平洋政策是阻止日本继续南进和北进。在以经济压迫之手段到达其目的的同时，也在进行切实的战争准备"。"与其争一两个月之早晚，毋宁再稍作忍耐，待能够判明世界局势时再行定夺。"但是，由于时间节点是御前会议的决定，因此东乡茂德电示野村必须在11月底之前了断。11月15日，来栖三郎作为"和平特使"到达华盛顿，协助野村同美国交涉。11月22日，东乡茂德再次致电野村，要求抓紧时间同美国交涉。

然而，美国非常清楚，双方矛盾难以调和。11月26日，赫尔向野村和来栖递交了无异于"最后通牒"的"赫尔照会"，主要内容：日、美、英、苏、中、荷、泰缔结多边互不侵犯条约；日本从中国和法属印支撤出所有军队；承认重庆蒋介石政权为中国唯一合法政权；否定三国同盟。日本政府收到"赫尔照会"后，用木户幸一在日记中的言辞表述，感到已"无计可施"。12月1日，日本御前会议做出了没有异议的最终决定："基于11月5日确定的《帝国国策遂行要领》，与美国进行了交涉，但未能奏效。帝国决定对美英荷开战。"

4. "攀登新高山·1208"

正如日本政府对和谈代表野村所说的，"海军方面将加紧备战，然如能将危局平安处理，当属上策"。谈判的同时，日本也在加紧备战。1941年8月15日，联合舰队司令长官山本五十六向整个舰队全体官兵发出命令："迅速完成战争准备，应对时局突变。"11月13日，山本五十六在岩国召集各舰舰长和参谋长等军官，举行了太平洋战争前的最后一次作战会议。山本五十六告知各级军官："12月X日将对美英开战。现在预定X日为12月8日。如果此前在华盛顿与美国的交涉取得成功，将在前一天的午夜1点向攻击部队发出返航命令。"

听了这番话，联合舰队副司令南云忠一中将首先表示反对："不行。面对眼前的敌人不打反而打道回府,将会影响士气。"几个军官也表示赞同,有个军官甚至说:"撒尿撒了一半,能中止吗?"面对反对声,山本五十六呵斥道:"如果哪位指挥官不服从命令,我现在就禁止他出动,并要求他将辞职书交给我!"

1941年11月15日,根据御前会议决定,军令部总长永野修身向联合舰队司令长官山本五十六发出了实施战斗准备的"大海令第一号"。11月26日上午6时,由联合舰队副司令南云忠一中将率领的特遣舰队,驶离日本"北方四岛"之一的择捉岛单冠湾,向夏威夷进发。特遣舰队由30艘舰艇组成:赤城、加贺、苍龙、飞龙、瑞鹤、翔鹤6艘航空母舰,重巡洋舰2艘,驱逐舰9艘,另有轻型巡洋舰1艘(负责警戒),战舰2艘(负责支援),特务舰7艘(负责补给),潜水艇3艘(负责观察)。

1941年12月1日,特遣舰队刚刚驶过东经180°国际日期变更线,旗舰"赤城"号航母上的南云忠一中将接到了山本五十六发给他的作战指令"攀登新高山·1208"。这是事先约定的作战指令,即谈判破裂,12月8日发动攻击。为了保持隐蔽,特遣舰队当即关闭所有无线电通信设备,实施无线电静默,从当时所在位置中途岛和阿留申群岛之间的海域,加速向目的地进发,于12月7日(夏威夷当地时间12月6日)夜抵达夏威夷北部海面。

当地时间12月7日凌晨6时和7时15分,6艘航母上的353架飞机分两批起飞,对珍珠港美国太平洋海军基地发动了突然袭击,"赤城"号航母上的飞行队长渊田美津雄,带领97式舰上攻击机进行了第1波攻击,并向联合舰队司令部发去了著名的呼号"虎!虎!虎!",意为突袭成功!虽然当时美军"企业"号、"列克星敦"号两艘航母恰好出海执行任务,躲过一劫,但美军仍遭受了前所未有的损失:8艘战舰、188架飞机被击毁,死伤3500余人;而日军仅损失29架飞机和5艘特殊潜航艇。12月26日,军衔仅为海军中佐的渊田美津雄,破格被昭和裕仁天皇召见,当面汇报突袭珍珠港的情况。

本来,日本试图掩饰"偷袭"行为,在攻击前半小时向美方发出"最后通告"。12月6日晚8时56分,外务省给野村吉三郎和来栖三郎发去电报,要求他们在华盛顿时间12月7日下午1时,将一份重要文件送到美国国务院。日本驻美国大使馆翻译兼野村吉三郎秘书的烟石学,打电话通知美方:"下午1点将送交来自本国政府的文件。"为了赶时间,烟石学帮着校对一等秘书奥村胜藏打印的电信稿,由于一再打错,只能重打,所以时间被耽误。事实究竟如何? 日本著名纪实作家保阪正康采访了烟石学。据他回忆:"我记得那天是星期日。最初我想,美国国务院岂不是不会有人? 我怀着忐忑不安的心情往那里打了个电话。由于奥村一等秘书的打字实在赶不上,因此我想,从日本大使馆到美国国务院开车要10分钟到15分钟时间,便将这个时间计算在内,打电话要求改在下午2点左右。"①烟石学哪里知道,那份电信稿实际就是给美国的"宣战书"。大约下午2时20分(夏威夷时间上午9时20分),野村吉三郎和来栖三郎匆匆赶到美国国务院,递交了文件。赫尔拿到文件后冷冷地说:"在50年公职生涯中,我还从未见过如此充满虚伪的文件。"因为在此之前,日军已经在珍珠港展开攻击。

偷袭珍珠港取得成功后,12月8日子夜1时半,由前首相寺内正毅的长子、南方军总司令寺内寿一大将率领,以11个师团和两个飞机

---

① 保阪正康著,冯玮、陆旭译:《昭和时代见证录》,东方出版中心,2008,第35页。

集群为主力的 25 万日军，开始对东南亚发起全面攻击，其作战目标是："覆灭亚洲的美国、英国、荷兰的主要根据地，确保占领南方的重要地区。"

1941 年 12 月，山下奉文率领的日军第 25 集团军集中 200 辆坦克，在马来半岛的丛林中，发动了一场猛烈的装甲攻势。仅一个月时间，就横扫大半个马来半岛，突破了仕林河防线。然而，由于进军迅速，日军发生油料短缺，许多坦克得不到维修，日军的装甲攻势不得不被迫停顿。山下奉文苦无良策，焦急中漫步到自行车联队，只见一个士兵骑着剥去车轮外胎的自行车，金属钢圈轧在路上，发出"咯啦、咯啦"的响声。原来，马来半岛灼热的路面令自行车车胎很容易发生爆裂，日军士兵干脆剥去橡胶胎，只用钢圈骑行。山下发现，自行车钢圈轧在地面的声响和坦克履带轧在地面的声音很相似，顿时心生一计，命令把军中所有自行车外胎统统剥掉，让士兵骑着只有钢圈没有轮胎的自行车，乘夜发动一场"装甲"攻势。入夜，随着炮火的轰鸣，英军阵前响起一片骇人的声响。惊慌失措的英军士兵一边大呼"坦克"，一边蜂拥撤逃。日军轻易地攻占了马来半岛。1942 年 2 月，"南方作战"告一段落。

但是，日军的胜利是暂时的。1942 年 5 月 4 日至 5 月 8 日，美日航空母舰编队展开"珊瑚海海战"。这场战役，双方军舰没有开炮或发射鱼雷，而是相距上百海里以外，用舰载机交战。这在世界海战史上是首次。在战损比上，双方基本打平；但是在战略上，珊瑚海海战对美国赢得最后胜利具有重要意义。因为美军成功挫败了日本南下控制珊瑚海和澳大利亚海上通道的战略计划，打破了日本海军不可战胜的神话，对日军官兵心理构成沉重打击。

十一、太平洋战争的引爆

1942年5月5日,日本大本营决定将美军航母和其他舰艇从中途岛诱出、击灭。5月27日,由南云忠一中将率领的特遣舰队(4艘航母、17艘其他战舰)、联合舰队司令长官山本五十六率领的主力舰队、近藤信竹率领的攻略舰队,陆续启航,实施第二次世界大战中日军最大规模的一次战略进攻。但是,通过破译日军密电,美军对日军此次军事行动已了如指掌。由美军太平洋舰队司令尼米兹率领的包括"企业""大黄蜂""约克顿"3艘航母在内的庞大舰队严阵以待。6月5日,由南云忠一率领的特遣舰队开始对中途岛进行空袭,但早有准备的美军舰载飞机随即向日军航母发起攻击。击退一波美军飞机后,美军紧接着又来一波飞机,日舰疲于招架。更致命的是,由于日军航母舰甲板上停有多架满载炸弹和鱼雷的舰载轰炸机,遭受突袭未及起飞即自行引爆,使"赤城""苍龙""加贺"3艘重型航母陷入一片火海。最初幸免于难的"飞龙"放出攻击队对美航母"约克顿"实施猛攻,但未及将其击沉也被爆起火。至此,日军4艘航母全部丧失了战斗力。最后,"加贺""苍龙"5日沉没,"赤城"和"飞龙"6日沉没,重型巡洋舰"三隈"7日沉没;而美军仅损失航母1艘——"约克顿"在6月7日遭日军潜水艇"伊168"攻击后,于翌日沉没,另损失驱逐舰1艘。中途岛海战以日军惨败告终。中途岛海战后,日军丧失了制海权,战局急转直下。

中途岛海战获胜后,美军参谋长联席会议于1942年7月4日决定实施攻占太平洋诸岛的作战,由太平洋舰队司令尼米兹和西南太平洋军司令道格拉斯·麦克阿瑟分别指挥。日美双方在六个月的时间里进行过大小海战三十余次。9月和10月,美军在瓜达尔卡纳尔岛附近的海空大战中获胜,并在翌年2月9日占领了瓜岛。瓜岛战役后,美军开始转入全面战略反攻,日军节节败退。

1943年4月8日,新西兰海军"基威"号驱逐舰,从日军沉没的潜艇中获取了密码本,从而使美军对日本海军的计划和绝密信息,包括联合舰队司令官山本五十六的行踪了如指掌。1943年4月14日,美军情报部门截获并破译了包含山本行程详细信息的电文,了解到1943年4月18日上午,山本五十六将由6架零式战斗机护航,从拉包尔起飞,前往所罗门群岛附近的一个野战机场。美国总统富兰克林·罗斯福命令海军部长弗兰克·诺克斯"干掉山本"。诺克斯命令切斯特·尼米兹海军上将执行罗斯福的命令。当时有军官提出,"如果将山本五十六的座机击落,但由比山本五十六更强的人出任联合舰队司令长官,岂不麻烦?还不如把山本五十六留着"。于是,尼米兹上将找来情报参谋莱顿中校,问他对这种议论怎么看?莱顿的回答是:"日本海军失去山本五十六,如同美国海军失去您尼米兹上将,将是非常重大的损失。"听了这一回答,尼米兹笑了笑,说:"好,如果那样的话,就把他干掉。"美军一个P-38闪电式战斗机中队负责执行拦截任务,因为只有这种飞机才有足够的航程。18位从三支不同部队精选出来的飞行员被告知他们即将拦截一名"重要的高级军官",但并未得知具体姓名。

4月18日早晨,山本五十六搭乘三菱一式陆上快速运输机,在6架零式战斗机护航下,从拉包尔起飞。几乎与此同时,美军18架P-38式战斗机从瓜岛机场起飞。东京时间9点43分,双方编队遭遇。6架护航的零式战斗机立刻与美机缠斗。列克斯·巴伯中尉对舷号T1-323的三菱一陆运输机发起攻击。事后证明,那正是山本五十六的座机。指挥这次伏击任务的威廉·哈尔西上将为拦截成功欣喜地发去贺电:"向攻击队员表示祝贺。据说猎获的一袋野鸭中,夹杂着一只孔雀。"为什么这么说？为了不让日本知道,美军已能破译日军密电。

　　山本座机的坠落地点,位于澳大利亚海岸巡逻队在布因岛的据点以北。第二天,日军工兵中尉滨砂带领的一支日军搜救小队,找到了山本的遗体。滨砂中尉回忆,山本的遗体位于飞机残骸之外的一棵树下,他仍坐在座椅之上,戴着白手套的双手拄着军刀。事实证明,这纯属谎言。解剖报告显示,一发子弹自身后穿透山本的左肩,另一发子弹从山本的下颌左后方射入,从他的右眼上方穿出。如此伤情,怎么可能端坐拄刀？事后,这支日军搜救小队的队员均被派往战斗最激烈的前线去当了炮灰。

十二

从"新高山"跌入太平洋

1. "七生报国,效忠天皇"

日本"攀登新高山"偷袭珍珠港后,一度攻城略地,进展顺利,似乎真的攀上了"新高山"。但是以中途岛海战为转折点,日军开始从"新高山"跌落。

1944年6月,7万美军包围了日本海军司令部所在地塞班岛,三周内在这个仅有120平方公里的岛上投下50万枚炸弹,使塞班岛成为汪洋中的火海。经过三个星期的激战,日军弹尽粮绝,最终失守。作为"绝对国防圈"之命脉的塞班岛被攻陷,使日本本土进入了B-29轰炸机的攻击范围。前首相冈田启介和若槻礼次郎等提出,为了扭转战局,必须更换掌握军政和军令大权的东条英机。为此,必须首先更换对东条英机唯命是从的海相岛田繁太郎。冈田启介在海军部内向一些军官表达了这一想法。东条英机觉察到了这一动向,将冈田启介叫到官邸,威胁他道:"做这样的事对你可没有好处。"但是,除了强硬主张继续进行战争的人以外,甚至陆军参谋本部的青年军官中也出现了暗杀东条英机的动向,津野田知重少佐就曾计划暗杀东条英机。

1944年7月17日,重臣会议在平沼骐一郎私邸举行。多数重臣要求更换东条内阁。18日,木户幸一以"欲摆脱此危局,必须实现人心一新"为主旨,将重臣会议的意见禀报天皇。同一天,自知大势已去的东条英机递交了辞呈。当天,重臣会议讨论由谁出任内阁首班,最后基于"强化国土防卫体系"考虑,认为后任首班"必须出自陆军",决定从小矶国昭、寺内寿一、畑俊六三人中挑选,最后决定由前朝鲜总督小矶国昭组阁。7月19日,近卫文麿和平沼骐一郎向木户幸一建议:"为使此届内阁成为真正的举国一致内阁,似可成立小矶(国昭)·米内(光政)联合内阁。"木户表示赞同并上奏天皇。20日,东条英机宣布内阁总辞职。同一天,天皇召见小矶国昭和米内光政,对他俩说:"望卿等组织协力内阁。"

7月22日,小矶国昭和米内光政完成组阁,由小矶国昭任首相、米内光政任副首相兼海相、重光葵任外相兼大东亚相,东条英机转入预备役。同时撤销大本营政府联络(席)会议,建立由首相、外相、陆相、海相、参谋总长、军令部总长组成的最高战争指导会议。8月19日,最高战争指导会议制定了《今后应采取的战争指导大纲》,提出了"一击媾和论"或"决战媾和论"的构想:"帝国当彻底集结现有战力以及至本年度末能够战力化之国力,通过破敌,摧毁其继续作战之企图","帝国期待依靠彻底的对外施策实现世界政局之好转"。①

1944年10月莱特湾海战前,日本开始有组织地实施"特攻作战"。

---

① 防卫厅防卫研修所战史室著:《战史丛书》第9卷《大本营陆军部》,朝云新闻社,1967,第91页。

"特攻作战"是渐次成型的。1941年12月8日偷袭珍珠港时,日本海军航空兵板田房太郎中尉驾机撞向美军机场机库,被视为"特攻"雏形。1944年5月比阿克岛登陆战时,日本陆军航空兵第5飞行战斗队队长高田胜重少佐率4架飞机撞沉美舰,是首次集体"特攻"先导。但是,有组织地展开"特攻作战",是在莱特湾海战前由被称为"特攻之父"的日本第一航空舰队司令、海军中将大西泷治郎首创。由于美军发动此战是为了切断日本的运输线,因此日军方面认为必须挫败美军计划。鉴于当时驻菲的日本第一航空队受命支持参战海军时仅有40架军机,根本无法完成任务,因此司令长官大西泷治郎中将在10月19日的军事会议上提出了实施"驾机撞艇"的"特攻作战"的设想。10月21日,大西泷治郎在马尼拉附近的克拉克海军基地,将刚从航校毕业、平均年龄只有17岁的23名飞行员组成第一支"特攻队"。"特攻队"组建后,大西泷治郎询问海军航空兵中尉关行男是否愿意带领这支"特攻队"?当时年仅23岁、刚刚结婚4个月的关行男闭起双眼,低头沉思了10多秒后,轻轻说了一句:"请让我去带领他们。"于是,关行男便成了第一支"特攻队"的队长,最终未及与新婚的妻子诀别便在自杀式的"特攻作战"中丧命。

"特攻队"组成后,大西泷治郎进行了训示:"日本正濒临危机,能使日本脱离危机的,不是重臣,不是大臣,不是军令部总长,当然更不是像我这样的长官,而是像你们这样纯真并充满活力的年轻人。因此,我代表一亿国民拜托你们,为你们的成功祈祷。你们已经成神,或已无世俗欲望,若还有世俗欲望,那就是想知道自己的英勇行为是否取得成功?或许,因为你们将永世长眠,不会知道这些,我们也无法将结果告知你们。我将始终目送你们做出最后努力,并将禀报天皇。对此,你们尽可以放心。衷心拜托!"

这支特攻队被命名为"神风特攻队"。"神风"之名,源于元世祖忽必烈1274年和1281年两次挥师东征日本,因遭遇台风船大多被掀翻而未果。日本认为,这是日本第15代天皇应神天皇之魂掀起的"神风"击退了元军。大西泷治郎根据他的参谋猪口力平的建议,为"特攻队"冠名"神风特攻队",意在再蒙"神佑"。神风特攻队队员出征前都要宣誓:"我们七生报国,效忠天皇,宁为玉碎,不为瓦全……""七生报国,效忠天皇",语出1336年凑川合战时楠木正成和弟弟楠木正季的对话。这句誓词,也是将国家利益置于至高地位的极端民族主义的体现,而极端民族主义是日本走向军国主义的意识形态基础。顺提一笔,今天东京皇居前广场的武士雕像,就是楠木正成的雕像。他是忠君楷模,是天皇的保护神。

大西泷治郎之所以提出"特攻作战"设想,不仅是因为日军实力不济,也不仅是想"以少博多",还因为日军发现美军在作战时,总是慎重考虑官兵的生命安全。如果实施"特攻",不仅能造成美方大量伤亡,而且能更好地显示日军拼死抵抗之决心。这种战法经由美国媒体揭露,在美国本土将引起恐慌和厌战情绪,使美国国民反对攻击日本本土,从而使处于不利战局的日本有通过谈判取得"体面媾和"的希望。不能不提的是,日本军人的这种作战方式确实令美国当局感到棘手,并在1944年委托本尼迪克特进行研究。本尼迪克特据此要求撰写了一份长篇报告,题为《论日本人的行动方式》,其中第一句话就直言不讳地道出了写这篇报告的目的:"在当前这场战争中,日本采取了一种宁可自杀也不当俘虏的立场,这究竟是最近新的想法,还是深深扎根于日本历史，具有传统文化背景的想法，我们有必要进行调查。"①

第一支"神风特攻队"因在莱特湾海战中击沉美军航母而一举成名。"神风特攻队"也因此成为"特攻队"的代名词。实际上，"特攻队"不等于"神风特攻队"。陆军不仅有"富岳特攻队"和"万朵特攻队"，而且也于1944年10月21日组建。日本改变"保存自己、消灭敌人"这一战争常规的"特攻作战"，也不仅是"驾机撞舰"，还包括以装甲车进行的"陆上特攻"、驾驶"回天鱼雷"和小型摩托艇的"水上特攻"等等。

1945年1月20日，面对战局的持续恶化，特别是本土不断遭受空袭和菲律宾决战的败北，日本最高战争指导会议制定了新的《帝国陆海军作战计划大纲》，以"摧毁主要敌人美军的进攻为指向"，开始施行以"本土决战"实现"一击媾和"的战略。

2月19日，美军对日本"东大门"——小笠原群岛的第二大岛硫黄岛正式发起攻击。最初，美军指挥官斯普鲁恩斯和尼米兹都认为攻占这样一个弹丸小岛，不会费多大力气，但看了对硫黄岛的空中侦察所拍摄的航空照片后，才知道在这个岛上极可能存在不同寻常的防御系统。史密斯中将仔细研究了飞机拍摄的照片后表示，这将是最难攻占的岛屿，并预计要付出2万人的伤亡。事实证明，他们的判断和估计非常正确。

3月7日，美军对硫黄岛发起总攻，在伤亡惨重的情况下，3月10日美军陆战四师师长克利夫顿·凯兹少将向日守军总指挥栗林忠道和硫黄岛日军中战斗力最强的第一四五联队队长池田大佐发出劝降

---

① ［美］本尼迪克特著，［日］福井七子译：《日本人的行动方式》，日本放送出版协会，1997，第193页。

十二、从"新高山"跌入太平洋

信,信中首先向他们的无畏精神和英勇作战表示了尊敬,接着说明了日军目前无法取胜的处境,最后要求他们命令所属部队停止抵抗,美军将保证投降日军根据《日内瓦公约》受到人道待遇。但劝降信如石沉大海。

3月16日,美军歼灭了硫黄岛东北部的800余日军,宣布占领硫黄岛。但事实上栗林忠道指挥日军仍进行顽强抵抗,战斗还相当激烈。此时,美军陆战三师师长厄金斯少将找到两名日军战俘,给了他们很多干粮,还为他们配备了一部最新式的步话机,让他们给栗林忠道和池田大佐带去劝降信。这两名战俘将劝降信设法交给了池田大佐的传令兵。但是至规定的时间期限,日军仍未投降,而这两名战俘竟留在日军防线里,通过步话机为美军炮火指引目标,直至18日才返回美军战线。这一史实似可为本尼迪克特的论述佐证:"他们比模范战俘还要好。有些老兵和多年的极端国家主义者给我们指出弹药库的位置,仔细说明日军兵力的配置,为我军写宣传品,与我军飞行员同乘轰炸机指点军事目标。"

3月26日,5天前刚被天皇晋升为陆军大将的栗林忠道负伤后切腹自杀。最终,美军以阵亡6 821人(其中陆战队阵亡5 324人)、伤21 865人的惨重代价攻占了硫黄岛,而日军阵亡22 305人、被俘1 083人。美军进驻硫黄岛后,其作战半径覆盖了日本本土,能有效掩护轰炸机对日本本土的战略轰炸,因此对日轰炸愈加频繁和激烈,并将轰炸效果提高了1倍以上。硫黄岛上应急备降机场至战争结束,累计共有2.4万架次受伤或耗尽燃料的B-29在此紧急降落,从而挽救了这些飞机上2.7万名空勤人员。更重要的是,攻占硫黄岛不仅使美军获得了轰炸日本本土的重要基地,而且打开了直接攻击日本本土的通道。

占领硫黄岛后，为掌握制海权和制空权，建立进攻日本本土的基地，美军决定攻占日本的"南大门"冲绳。因此，美军又称冲绳登陆战为"破门之战"。冲绳战役从3月18日美军航母编队袭击九州开始，至6月23日冲绳全岛被美军占领，共历时96天，其中在冲绳本岛上的激烈战斗达82天之久。4月1日，美军在冲绳本岛的嘉手纳海岸登陆，占领了两个飞机场。大本营严令冲绳守军、第32军司令官牛岛满中将必须夺回两个机场。牛岛满随即指挥日军实施反攻，但遭遇失败。4月6日至6月22日，日军实施了代号"菊水作战"的10次"特攻"，投入了2 000架"特攻机"。在开始实施"空中特攻"的同一天即4月6日，以"大和"号为旗舰的水上特攻部队也开始出击，但翌日下午即被美军击溃，包括"大和"号战列舰在内的16艘水面舰艇和8艘潜艇被击沉，约4 200架飞机被击落击毁，冲绳岛上约10万守军有9万余人阵亡（包括集体自杀）。日军最高指挥官牛岛满也切腹自杀。美军也损失惨重。美军最高指挥官、第10集团军司令巴纳克被流弹击中身亡。

3月26日美军在冲绳登陆后，位于日本本州岛最南端、距离冲绳最近的南九州市"知览陆军航空兵基地"，成为陆军特攻基地。陆军航空兵组织了"振武队""诚飞行队""义烈空挺队""芙蓉队"等特攻部队，进行自杀式攻击，但终未能改变颓势。日本战败，已是时间问题。

2. "小男孩"和"胖子"

日美冲绳血战正酣之际，日本政局发生了重大变化。1945年4月

5日,小矶国昭宣布内阁总辞职。当天夜里,铃木贯太郎奉命组阁。铃木内阁一方面扬言"本土决战",另一方面积极谋划"体面媾和"。

7月26日,《中美英三国促令日本投降之波茨坦公告》颁布。翌日,日本外相东乡茂德在他的《外交手记》中记述了他收到公告的直感:"我通读了由美国播送的本公告。由于公告写道'以下为吾人之条件',因此十分显然,盟国并没有要求日本无条件投降。"他还记述了当天最高战争指导会议讨论,如何回应《波茨坦公告》的情况:

> 7月27日上午拜谒天皇,禀报了与"莫斯科"交涉的经过和英国大选的结果,并对《波茨坦公告》做了详细解释。我同时提出,我方对此公告的回应须非常慎重,特别是若做出有拒绝之意的表示,有可能产生严重后果。关于终战问题,由于和苏联的交涉尚未断绝,所以我建议待有了结果再采取措置。在当天的最高战争指导会议上,我陈述了以上禀报天皇的想法。席间,军令部总长(丰田副武)提出,该公告已传播于世,若对公告不做任何回应,将对士气造成影响。当公开发布大号令,称此公告不合适。总理和我对此表示反对。最终,与会者达成共识,待苏联有了明确态度后再做处理。当天下午,内阁举行会议,我详细汇报了委托广田(弘毅)前首相与苏联交涉的情况,以及最近国际关系的基本情况,同时对《波茨坦公告》做了解释,强调至少应待苏联的态度明了后再对公告做出明确回应。对此,没有人表示异议,诸位谨对回应公告的方式及程度进行了一些议论。最终决定,政府对公告不表明任何意见,由情报局指导报纸等媒体尽量以不醒目的方式

刊出,低调处理,并由事务当局对公告进行删节后发表。①

7月30日,首相铃木贯太郎在记者会上表示:"我认为三国公告重申了开罗会议精神。政府并不认为它有什么价值,因此予以'默杀'(英语被译为 ignore,即'无视')。我们将朝着继续进行这场战争的方向迈进。"

既然日本内阁决议对公告"低调处理",为何时隔两天铃木贯太郎首相在会见记者时态度如此高调、强硬?东乡茂德在他的《外交手记》中有详尽说明。

由于第二天上午的报纸报道政府决定对公告置之不理,我立即向内阁提出,这一报道与此前的内阁决议不符,表示抗议。为什么会出现这种情况?因为前一天在宫中有政府和统帅部之间的信息交流会。这是每周一次的例会,并无特别意义,而我正好有重要事情处理,没有出席。结果在会上,因军部有人提出拒绝接受《波茨坦公告》的意见,首相、陆海军大臣、两总长当即在别的房间会晤进行协商。铃木首相最终为强硬派意见所左右,之后在会见记者时称,政府决定对公告置之不理,因此而被大肆渲染。②

见日本"无视"《波茨坦公告》,美国决定按照既定方针使用原子弹,彻底摧毁日本的抵抗意志。

---

① 《东乡茂德外交手记》,原书房,1967,第354页。
② 《东乡茂德外交手记》,原书房,1967,第355页。

原子弹是在 1945 年 7 月初研制成功的。参与这项计划的美国物理学家罗伯特·赛伯分别给 3 颗原子弹取名"胖子""瘦子""小男孩",因为罗伯特·赛伯很喜欢美国著名侦探小说家达希尔·哈米特的作品。给形状圆鼓鼓的原子弹取名"胖子",是因为达希尔·哈米特的《马耳他之鹰》中的男主角萨姆·斯佩德,绰号叫"胖子"。达希尔·哈米特另一部小说的名字就叫《瘦子》。叫"小男孩",是因为那颗原子弹只有 3.5 米,比 5.5 米长的"瘦子"短很多。

1945 年 7 月 16 日 5 时 29 分 45 秒,一个蘑菇状的大圆球升向空中,研制原子弹计划——"曼哈顿计划"首席科学家奥本海默面对眼前的景观,吟诵了一首印度古诗:"如果一千个太阳在天空一起放光,人类就会灭亡。我似乎成为死神,毁灭世界万物!"计划负责人格罗夫斯少将立即给在波茨坦的杜鲁门总统发去电报:"今天上午做了手术。诊断书尚未写出,但结果似乎令人满意并超出预料。"

早在原子弹试爆成功之前的 1945 年 4 月,美国已组成目标选定委员会,决定按照两项标准进行遴选:一是目标城市区域直径以在 4.5 公里左右为宜;二是目标城市没有遭到大规模战略轰炸破坏。最初选定了 17 个城市,之后进一步缩小为 3 个城市,依次为京都、横滨、广岛。但是,因为原子弹的研制是绝密的,只有极个别人知道。5 月,美国陆军航空兵出动 500 多架 B-29 轰炸机,向横滨投了 2 500 多吨炸弹,摧毁了横滨市区 40% 以上的建筑物。横滨首先被剔除。之后,因为陆军部长史汀生坚决反对轰炸京都,他表示,如果在京都投原子弹,将遭遇日本举国上下殊死抵抗,给战后管理带来极大困难,而且炸毁日本千年古都将使美国背上破坏世界文化遗产的骂名。最终,杜鲁门支持史汀生的意见。于是,广岛成了第一目标。之后经过反复研究,决定将九州东北部的小仓列为第二目标,长崎为备选目标。但是,由于轰炸当天小仓气候情况不好,逃过灭顶之灾。

8月6日上午8时15分,由30岁的空军上校保罗·蒂贝茨任机长、以他母亲名字命名的B-29型轰炸机"艾诺拉·盖伊"号,在广岛上空约10 000米处投下了代号为"小男孩"的铀原子弹。"小男孩"在距地面约600米处的"岛医院"上空爆炸。爆炸中心区域及附近区域立即被摄氏7 000度的高温吞没,巨大的冲击波将大片房屋夷为平地,造成约14万人死亡(正负误差1万人)。

当天夜晚,美国总统杜鲁门发表了"投弹声明"。

16小时之前,美国一架飞机在日本陆军重要基地广岛投下了一颗炸弹。这颗炸弹具有TNT炸药2万吨以上的威力,是迄今为止在战争史上使用过的炸弹中最大型的炸弹……那是一颗原子弹,是利用存在于宇宙的基本能量制作的。我们将作为太阳之能源的这种能量,射向给远东带来战争的那些人……7月26日在波茨坦发出的最后通告,是为了拯救日本国民使之免遭灭顶之灾。但是,他们的领导者却断然拒绝接受这一通告。如果他们不接受我们现在提出的要求,那他们必须意识到空中将落下令他们遭受无法生存的弹雨,那种弹雨将是在这个大地上前所未有的。在空中攻击之后,我们的海军和陆军将以日本领导者未曾领教过的强大兵力和他们已经领教过的战斗技术,发起攻击。①

---

① 山际晃、立花诚一编:《资料曼哈顿计划》,大月书店,1993,第605—607页。

8月7日，《朝日新闻》刊发了一则寥寥数语的报道："6日7时55分左右，两架B-29轰炸机侵入广岛市，用'燃烧弹爆弹'进行了攻击，使该市附近遭受一定程度损害。"

核物理学家仁科芳雄奉命当即赴现场检测，随后确认确实是原子弹。几近疯狂的日本军方将有关专家召集到大本营，告诉他们："一旦美军登陆，日本军队和民兵将不惜任何代价坚持6个月。如果你们能在这期间研制出原子弹，我们就可以把美军赶下大海。"仁科芳雄唉声叹气地说："不要说6个月，就是6年也不够。我们既无铀，又没电，什么也干不成。"

8日上午，日本各报在头条位置刊登了7日15时30分"大本营发表"的相关报道。所谓"大本营发表"是日本统治者为了控制舆论，对战况的统一发布。从开战至战败，日本"大本营发表"总计852次，一味夸大战果，淡化损失，隐瞒真相。例如，1942年6月11日，大本营发表的中途岛海战"辉煌战果"称："我军猛烈袭击东太平洋敌根据地，在中途岛海战中击沉美军2艘航母，击落敌机约120架。我军损失1艘航母、损伤航母和巡洋舰各1艘，未返航战机35架。此战役奠定了我军在太平洋的胜局"。但事实是美军被击沉1艘航母和1艘驱逐舰，损失飞机150架，而日本海军则损失4艘航母（赤城、加贺、苍龙、飞龙）和1艘重巡洋舰、320架飞机。残存的舰队回到位于广岛的吴军港后，所有人员被禁止上岸，以防日本国民了解真相。这次"大本营发表"关于原子弹的报道，使用了"新型炸弹""相当大损害"等措辞："一、8月6日广岛市因遭敌B-29轰炸机攻击而蒙受相当大损害；二、敌对广岛进行攻击时似使用了新型炸弹。详细情况目前尚在调查。"

日本政府在广岛遭受原子弹攻击后,即禁止媒体使用"原子弹"一词。而陆军省则认为,"美国虽声称使用了原子弹,但目前尚难以定论。此事事关国民士气,要防止敌人欺诈"。作为妥协案,情报局表示,称:"敌人声称投放了原子弹。"

8日,原子物理学第一人、理化学研究所的仁科芳雄等人在前往广岛进行了现场调查后,向政府提交报告:"确实是原子弹。"外相东乡茂德向天皇禀报了遭原子弹攻击后的受害情况。尽管如此,日本政府依然禁止报纸使用"原子弹"一词,以不让民众了解真相。

美国投放原子弹主要有三个目的:减少盟军士兵伤亡,尽快结束战争,不让苏联瓜分战果,实际检测原子弹威力。苏联当然不傻,8月8日,苏联外交人民委员莫洛托夫召见日本驻苏联大使佐藤尚武,递交了事实上的"宣战书"。8月9日,苏联红军华西列夫斯基元帅率领远东百万苏联红军,从三个方面向日本关东军发起代号"八月风暴"的攻击。当天上午11时左右,美军向长崎投下了代号为"胖子"的钚原子弹,造成7万人死亡(正负误差1万人)。翌日,日本西部军管区司令部发表公告:"一、8月9日上午11时左右,敌两架大型飞机侵入长崎市,似使用了新型炸弹;二、详细情况目前正在进行调查,但损害似相对较小。"当天的头条新闻是,苏联对日宣战以及大本营发表的"开始向'满洲国'进攻"。

原子弹和苏联出兵,加速了战争的进程。8月15日天皇"玉音放送"《大东亚战争终结之诏书》(简称《终战诏书》),宣布日本接受《波茨坦公告》。

3. "天皇地位未定"

战至日本无条件投降,曾是盟国对日作战基本原则。1943年1月7日,美国总统罗斯福在参谋长联席会议上宣布了这项原则,并于同月24日在摩洛哥的卡萨布兰卡会议上公开宣布:"消灭德国、日本和意大利的战争力量,就是要德国、日本和意大利无条件投降。"12月1日,中美英三国首脑发布的《开罗宣言》明确提出"三大盟国将继续坚忍进行其重大而长期之战斗,以获得日本无条件投降"。但值得注意的是,中美英三国1945年7月26日发表的《波茨坦公告》的措辞和《开罗宣言》相比有微妙变化。《波茨坦公告》共13条,其中第5条是:"以下为吾人之条件,吾人决不更改,亦无其他另一方式。犹豫迁延,更为吾人所不容许。"第13条是:"吾人通告日本政府立即宣布所有日本武装部队无条件投降,并对此种行动诚意实行予以适当之各项保证,除此一途,日本即将迅速完全毁灭。"

《开罗宣言》是"日本无条件投降",《波茨坦公告》是"日本武装部队无条件投降"。这种表述上的差异,反映了美国统治阶层有关处置天皇和天皇制的政策,发生了不容忽略的变化。

1942年8月,美国国务院特别调查部设立了以克拉克大学乔治·布拉克斯理博士和哥伦比亚大学胡格·博顿博士等远东问题专家为中心的研究班子,着手研究战后对日政策问题。据博顿回忆,研究的课题是:"应不应该保留天皇制?如应该保留,那么是否应限制天皇的权力?如应限制,又应限制到何种程度?"

1943年5月25日,美国国务院战后外交政策咨询委员会委员科威尔,递交了一份题为《日本天皇的地位》的报告,提出"天皇制是极为有用的财富,不但是促进国内稳定的利用对象,而且是导致盟国对日政策能取得预期变化的利用对象"。但是,另一种观点认为,应该废黜天皇制。7月30日,在美国国务院政治研究司领土问题委员会第53次会议上,主张保留天皇制的"稳健派"和主张废黜天皇制的"强硬派"展开了激烈交锋。同年10月22日,在该委员会第54次会议上,两派意见依然尖锐对立。

1944年1月,由于对日战争胜利的曙光已经出现,废止天皇制、给予日本严厉打击的"强硬派"获得越来越多的人支持。但是,胡格·博顿等"稳健派"坚持认为天皇制有助于日本的和平化和民主化。按照博顿的说法:"尽管天皇似乎没有实力,但对国民而言,他仍是一种无形的力量。"3月4日,胡格·博顿主持制定了题为《天皇制》的文件,主张保留天皇制。该文件于同年5月9日成为美国国家安全委员会PWC－116d号文件。

同年5月,原美国驻日大使约瑟夫·格鲁取代胡格·博顿出任远东司司长。老奸巨猾的格鲁提出了既不明言保留也不明言废黜的"天皇地位未定论",并获得前国务卿赫尔的支持。他们认为,提出"天皇未定论"有三大裨益:第一,能缓和美国内部主张废黜天皇制的"强硬派"和主张保留天皇制的"稳健派"的矛盾;第二,能令日本政府感到"国体"能否"护持"尚无定论,并使日本左右两种政治势力同时对美国寄予期望;第三,能使美国根据日本战后的政局,采取灵活的政策和策略。11月,美国设立了国务院、陆军部、海军部三院部协调委员会(SWNCC),对日本的投降和占领进行研究。

1945年2月27日,三院部协调委员会通过了题为《日本的无条件投降》的文件,主要内容如下:第一,日本天皇公开宣布向盟国无条件投降,并将他的全部权力移交盟军总司令;第二,日本天皇和日本帝国统帅部向盟军总司令无条件投降。格鲁在一份备忘录中写道:"天皇的存在会令人信服地拯救成千上万的美国人的生命。至少,天皇的声音是日本人民,也可能是日军有可能服从的唯一声音。"按照上述意图,三院部协调委员会太平洋远东分委员会(SFE)在远东问题专家的参与下,对日本的投降形式进行了研究,提出了以借助天皇的权威使日本的投降和对日本的占领顺利进行为轴心的方案。同年6月,三院部协调委员会根据这一方案,拟定了作为战后对日政策之基础的SWNCC-150号文件《(日本)投降后初期美国对日方针》。总的原则是:使日本不再成为对美国和世界和平的威胁,建立对美国负责的政府。①

7月2日,陆军部长史汀生组织拟定了一份关于战后处理日本的草案,通称"史汀生备忘录",建议保留天皇制,其原话是"可以容纳一个现王朝统治下的君主立宪制"。这份备忘录成为美国提出的《波茨坦公告》草案。但是,"公告"草案遭到国务院和主张废黜天皇制的军方"强硬派"激烈反对。7月6日,助理国务卿麦克利什向刚刚就任国务卿的詹姆斯·F·贝尔纳斯提交了一份备忘录,强调:"无论天皇现在对我们多么有用,他都可能是今后一代人最大的危险源。"7月14日,参谋长联席会议联合战略评估委员会也建议删除"公告"草案中关于保留天皇制的内容。

---

① *Foreign Relations of the United States*,Washington,D.C.,vol. 6,1945,pp. 549-554.

7月16日原子弹爆炸成功，为"强硬派"增添了一个重要砝码。迫于"强硬派"压力，7月17日，国务卿贝尔纳斯建议删除"公告"草案中保留天皇制的内容并获得杜鲁门总统的同意。7月18日，参谋长联席会议根据总统杜鲁门的意见，建议将保留天皇制的内容改为"日本国之最终政治形态，由日本国国民自由表明之意愿决定"，这样既把"天皇地位未定论"修饰得冠冕堂皇，又可以免遭强硬派的激烈反对。这一内容后成为《波茨坦公告》第12条。值得注意的是，原先明言"保留天皇制"被改为"天皇地位未定"："日本国之最终政治形态，由日本国国民自由表明之意愿决定。"

日本当时也通过各种途径试探盟国方面的政策底线。例如，7月7日，美国驻瑞典公使致电国务卿贝尔纳斯，称日本驻瑞典使馆武官小野寺信少将，向瑞典亲王伯纳多特表示，保留天皇制是日本唯一投降条件。

8月9日上午，在最高战争指导会议上，铃木贯太郎首相表明了接受《波茨坦公告》的意向。与会者均表示原则上赞同。但是东乡茂德外相表示接受"公告"当附上"护持国体"这一条件，而阿南惟几陆相、梅津美治郎参谋总长、丰田副武军令部总长则认为，除此之外还应附上对占领不予保障、自主撤兵和复员、自主处罚战犯3项条件。最终，铃木贯太郎要求"仰圣上根据圣虑做出决断，并以之作为会议决定"。于是，天皇裕仁做了"第一次圣断"："关于对盟国的答复，朕同外相的意见一致。朕以为，如果皇室、人民和国土能够保存，则国家生存之根基尚存。如果继续进行无望的战争，则有丧我根基，亡我子民之虞。察彼我之物力、内外诸般之形势，可知我等没有胜算。"事后，裕仁在《昭和天皇独白录》里这样写道："当时我下此决心的理由，第一是这样

十二、从"新高山"跌入太平洋

下去日本民族将会灭亡,我保护不了天下赤子。第二是为了护持国体。在这方面,木户也持完全相同的意见。假如敌人从伊势湾附近登陆的话,那么伊势、热田两神宫将立即被置于敌人的控制之下,这样就来不及转移神器,无法指望保护它们。果真如此的话,护持国体将会更加艰难。因而此时此刻,我觉得哪怕牺牲我自己,也要媾和。"

裕仁天皇做出"第一次圣断"后,凌晨3时,内阁举行会议,通过了接受《波茨坦公告》的决议。上午10时,东乡茂德外相向美、英、苏、中四国发出了拟接受《波茨坦公告》的电文:"帝国政府注意到,昭和20年(1945年)7月26日美英中三国首脑共同决定并发表、尔后苏联政府签署的对我国的公告所列举的条款中,不包含变更天皇统治国家之大权的要求。基于这一理解,帝国政府接受上述公告。帝国政府相信,上述理解正确无误。切望即刻对此表示明确意向。"

也就是说,日本愿意接受《波茨坦公告》,但前提是天皇制必须保留。

8月12日下午6时,日本收到了美国国务卿贝尔纳斯代表盟国的答复,要点有三:(1)"为实施投降条款,采取必要措施。自降伏之时起,天皇及日本国政府统治国家之权限当受制于(subject to)盟军最高司令官。"(2)"根据《波茨坦宣言》,日本国之最终政治形态,当根据日本国国民自由表明之意愿决定。"(3)"盟军在《波茨坦宣言》所提出的各项目的完遂之前,留驻日本国内。"复电的基调是"天皇地位未定"。但是,复电中的"subject to"一词,外务省译为"受……限制",而陆军省则将"subject to"译为"隶属于"。于是,参谋总长梅津美治郎、军令部总长丰田副武上奏天皇,要求拒绝接受《波茨坦公告》。枢密院议长平沼骐一郎和陆相阿南惟几还对公告其他内容表示异议。最终,铃木贯太郎再次上奏天皇："敬禀今日之阁议未有结果,再次仰仗圣断。"

8月14日上午10点50分,日本最高当局再次举行御前会议,最终由天皇宸裁,接受了《波茨坦公告》,即做出了"第二次圣断"。随后,内阁书记官长迫水久常请川田瑞穗和安冈正笃两位汉学家当顾问,以"第一次圣断"的内容为基调草拟诏书。在提交阁僚会议审议并获通过后,由全体阁僚署名上奏天皇裁决。当天,《大东亚战争终结之诏书》(简称《终战诏书》)在《官报》上以"号外"的形式发表。8月14日11时20分,天皇在宫城内录下了《终战诏书》。

就在这时,近卫师团即"御林军"的一些青年军官,以中佐井田正孝、椎崎二郎、竹中正彦和少佐畑中健二、古贺秀正(东条英机的女婿)为中心,试图让近卫师团团长森纠和东部军司令官田中静一发动"兵谏",在遭到森纠拒绝后,畑中健二开枪打死了森纠。随后,他们试图夺取录有天皇宣读终战诏书的"玉音盘",但未能成功。最后这场史称"宫城事件"的兵变被田中静一粉碎。

"玉音放送"后,陆相阿南惟几大将、"特攻之父"大西泷治郎中将等切腹自杀。本土防卫总司令杉山元和田中静一开枪自杀,联合舰队第五航空舰队司令宇垣缠则驾机进行了"特攻作战"。总共有37名将军在"玉音放送"后自杀。

4. 墓碑上的"战争总结"

三根山,日本爱知县蒲郡市三河湾国立公园一座海拔306米的山,山顶上有一个"殉国七士墓",墓碑上的碑文很值得关注:

十二、从"新高山"跌入太平洋

由于美国使用原子弹、苏联背弃互不侵犯条约，以及物资不足等原因，日本无奈地战败。英、美、中、苏、澳、加、法、荷、印、菲、新西兰11个国家建立远东国际军事法庭，以事后法对战败国日本的行为进行审判。根据判决，昭和二十三年（1948年）12月23日子夜，土肥原贤二、松井石根、东条英机、武藤章、板垣征四郎、广田弘毅、木村兵太郎七士被执行绞刑。自久保山火葬场获得遗骨并安置于热海市伊豆山的三文字正平律师，承蒙幡豆町好意，将遗骨埋葬于三根山顶，并经遗属同意和清濑一郎、菅原裕两律师等许多有志之士的赞同，立此墓碑。

所谓"七士"是在"东京审判"被判处绞刑的7名甲级战犯。碑文"总结"了日本战败原因，谴责了东京审判"程序不正义"，叙述了这个墓地的由来。美国投原子弹，前面已经谈过。如何理解"苏联背弃互不侵犯条约"？因为1941年4月13日，苏联外交人民委员莫洛托夫和日本外相松冈洋右，在莫斯科签署了《日苏中立条约》，同年4月25日生效，有效期5年。1945年2月，苏联和美英在雅尔塔会议上签署了《雅尔塔秘密协定》，其中包括苏联对日参战条件，但日本对此一无所知。1945年4月5日，苏联宣布废除《日苏中立条约》，日本当局不死心，仍指望通过苏联的斡旋实现"体面媾和"。5月中旬，日本"最高战争指导会议"连日举行会议，基于"在将来苏联和美国对抗时，搞好日苏关系有利于保持日本国际地位"，决定"不仅为了防止苏联参战，同时也为了进而获得苏联友好的中立，成为在终结战争时进行于我有利的斡旋之目的，立即开始日苏两国间的磋商"。

6月18日，"最高战争指导会议"达成共识：若美英要求日本无条件投降,将继续战斗,但在尚拥有相当兵力时由苏联斡旋,实现以"护持国体"(即保留天皇制)为最基本条件的和平。6月22日,在御前会议上,天皇首先要求对终结战争进行研讨。东乡茂德提出:"虽然有相当的危险,但是除了通过苏联斡旋,别无他途。"与会者对他的意见基本表示赞同。6月24日,广田弘毅根据御前会议精神会晤了马立克,并根据马立克的要求提交了具体方案。但是马立克一直称病,对日方要求置之不理。由于广田弘毅和马立克的会谈无果,7月10日,日本最高当局决定由近卫文麿担任特使前往苏联,请苏联为终战斡旋。同一天,日本将此决定告知了苏联,并表示裕仁天皇希望以除无条件投降以外的方式,结束战争。日本为什么对苏联如此"低声下气"地恳求?裕仁在《天皇独白录》中是这么说的:"之所以选择'苏联'为中介,是因为其他国家皆势单力薄,即使从中调停,仍有遭到英美压制,从而导致无条件投降的虞患。若是苏联的话,既有实力,且与我有缔结中立条约之情谊。"但是,苏联以日本派遣特使的目的不明确为由,拒绝近卫访苏。日本政府遂指示日本驻苏联大使佐藤尚武继续进行交涉,直至7月26日《中美英三国促令日本投降之波茨坦公告》发表,交涉中断。日本对苏联的做法极为不满,故指责苏联"背弃互不侵犯条约"。

所谓"以事后法对战败国日本的行为进行审判",就是质疑东京审判是否"程序正义"。回答这个问题,必须对历史进行回顾。1899年5月至7月,中、美、英、法、俄等26个国家的代表,出席了在荷兰海牙举行的和平会议,签署了《陆战法规和惯例公约》(又称《海牙第二公约》)。1907年6月至10月,包括上述26个国家在内的44个国家举行了第二次海牙和平会议,修订了《陆战法规和惯例公约》(又称《海牙第四公约》),包含了战争法规的基本原则和具体规范,在认可战争作

十二、从"新高山"跌入太平洋

为解决国际纠纷最后手段的前提下,对交战资格、战场俘虏、害敌手段、特工间谍、军事使节、投降规定、占领权限等均做了明确规定,为以后战争法的编纂和发展奠定了基础,并对在战争中实行人道主义原则起了促进作用。虽然公约规定"只有在所有交战国都是缔约国时方能适用",但由于所包含的许多原则和规则是公认的国际惯例,因而适用于一切国家。

1928年,由法国外长白里安和美国国务卿凯洛格倡议,比、捷、法、德、日、意、波(兰)、英、澳、加、印(度)、爱(尔兰)、新(西兰)、美、南(非)等15个国家和地区的代表签署了《关于废弃战争作为国家政策工具的一般条约》(通称《非战公约》或《白里安-凯洛格公约》),将自卫和制裁以外的战争定义为侵略战争并予以禁止,同时规定应以和平手段解决国际纷争。这比认可将战争作为解决国际纷争最终手段的《陆战法规和惯例公约》,明显前进了一步。同时必须指出,日本发动侵略战争,就是公然违背自身也签署的这一条约。

第二次世界大战,向人类提出了新的问题:如何处置作为签约国却无视《非战公约》,悍然发动侵略战争的国家领导人及相关官员?为了解决这个问题,1945年8月8日,美国、英国、苏联、法国在伦敦签署了《关于控诉和惩处欧洲轴心国主要战犯的协定》(通称《伦敦协定》),后澳、比、波等19国加入了该协定。该协定的附件就是《欧洲国际军事法庭宪章》(通称《纽伦堡审判条例》)。1946年1月19日,盟军总司令部宣布设立远东国际军事法庭,并颁布了《远东国际军事法庭条例》(通称《东京审判条例》)。然而,这两个作为审判甲级战犯法律依据的条例,有一个显著差别:《纽伦堡审判条例》明确规定"反和平罪、战争罪和反人道罪,是国际法中的罪行,犯有此等罪行的人,包括国家领导人,不得享受'国家豁免权'的保护,必须为此承担个人责任",而《东京审判条例》没有这一条。为什么？在东京审判结束后的记者会上,澳大利亚籍审判长威廉·卫勃的表述就是答案:"天皇的权威在终结战争时已得到毋庸置疑的证明。同样,在发动战争时天皇所扮演的显著角色也为检方所阐明。但是,检方同时明确表示对天皇不予起诉。"①检方不起诉,法庭当然不能判。那么,完全由美国主导的检方为何不起诉天皇？美籍首席检察官季南一样挑明:"天皇没有和东条英机一起作为战犯嫌疑犯受到审判。这是因为各战胜国出于政治理由,在赋予天皇免罪特权方面取得了一致意见。"②也就是说,这不是天皇究竟有没有战争责任的法律问题。

驻日盟军总司令道格拉斯·麦克阿瑟坚决主张保留天皇制。他在"三院部协调委员会"讲话时强调:"如果委员会要做出将天皇作为战犯加以审判的决定,必须取得全体一致赞同,同时必须清楚,那样的决定将增加多少占领费用,需要延长多少占领时间,甚至很可能需要派百万军队无限期驻留日本。"麦克阿瑟坚持这一立场,是因为接受了他的军事秘书波纳·费勒斯准将的建议。波纳·费勒斯战前曾在日本留学,跟随日本惠泉女子大学校长河井道子学习"武士道的精神和天皇制",他向麦克阿瑟递交了两份意见书,强调:"如果将天皇作为战犯加以审判,日本政府将会瓦解,各地的暴动将会此起彼伏,并引起日本国民暴动。即便他们没有武装也难以避免发生流血惨案。为此,需要有大量占领军和数以千计的官员去应付,从而势必导致日本国民感

---

① 盐原时三郎:《东条札记》,手册社,1952,第24—25页。
② 盐原时三郎:《东条札记》,手册社,1952,第25—26页。

情的恶化。"正是基于降低占领成本、更有利于对日本进行占领和改造的考虑,美国不仅没有追究昭和天皇裕仁的战争责任,而且保留了天皇制。

甲级战犯听候宣判

那么,这座墓又是如何建起来的呢？1948年11月12日下午,远东国际军事法庭正式对日本甲级战犯做出宣判。东条英机、板垣征四郎、木村兵太郎、土肥原贤二、广田弘毅、松井石根、武藤章被判处绞刑。12月23日零点,根据抽签,东条英机、松井石根、土肥原贤二、武藤章在接受了佛僧花山信胜的祈祷后,首先被绞死。20分钟后,广田弘毅、板垣征四郎、木村兵太郎被按同样程序绞死。他们的尸体被运往横滨久保山火葬场火化。火葬场场长飞田美善和小矶国昭的辩护律师三文字正平、火葬场邻近的兴禅寺住持市川伊雄,趁12月24日平安夜美军戒备比较松弛,将已经被扔在公共弃骨场且混在一堆的7名甲级战犯的骨灰偷出,先安放于兴禅寺本堂,然后通知了他们的亲属。

1949年5月3日,4名甲级战犯的妻子东条胜子、松井文子、木村可缝、板垣喜久子,以及广田弘毅的二女儿广田美代子,在静冈县热海市松井石根私宅,举行了简单的慰灵仪式,然后将遗骨安置于热海市伊豆山麓的兴亚观音像边,由首相吉田茂题写了碑文:"七志士之碑。"碑的反面是7名罪犯在上绞刑架前的亲笔签名。1960年8月16日,主要由财团资助,在三根山顶为7名甲级战犯建了坟墓,遗骨被迁入,由甲级战犯桥本欣五郎的辩护律师林逸郎题写了上述碑文。

在距墓地约300米处,还建有"殉国七士庙",边上矗立着一块高约5米的石碑,碑石正面刻着"殉国七士庙"五个大字,背面刻着"第56、57届内阁总理大臣岸信介书"。在此,我们可以找到日本为何对侵略战争缺乏深刻反省的主要原因:甲级战犯或甲级战犯嫌疑犯,因朝鲜战争爆发,美国对日政策变压制为扶持,不仅获得赦免,有的还重新走上政治舞台中心。

在东京审判期间,印度法官拉达宾诺德·帕尔(Radhabinod Pal)提交了1 275页、洋洋百万言"判决意见书"(参与东京审判的每个审判官均必须提出自己的判决意见书),主张"全员无罪"。他的主要观点是:(1)东京审判是"戴着法庭这一假面具达到政治目的"。(2)在国际法中本没有战争是犯罪这种法律,"无法律之处当无刑罚"。(3)"在突袭珍珠港之前,美国政府向日本政府发出的通牒,如果发给其他国家,即便弱小如摩纳哥或卢森堡,也必然为了自卫而对美国诉诸武力。"(4)东京审判"战胜国审判战败国的审判团构成,本身就不公正"。

十二、从"新高山"跌入太平洋

东京审判结束后,帕尔写了60万言的《日本无罪论》,获得日本朝野热烈追捧。他的观点对否定战争侵略性的"东京审判史观",具有重要影响。1966年佐藤荣作出任首相后,邀请帕尔第三次访日,并授予帕尔一等瑞宝章,表彰其"为和平运动做出了贡献"。1967年1月10日,帕尔去世,佐藤荣作以日本首相名义发去唁电。1975年,日本著名旅游胜地箱根建立了帕尔纪念馆。2005年,靖国神社举行了"帕尔博士显彰碑"落成仪式。

十三

战前战后的"断裂"和"连续"

1. 天皇走下"神坛"

铲除日本军国主义赖以存在的基础,消除日本对美国和世界和平的威胁,是由美国主导的日本战后改革的重点。军国主义为什么高扬?美国经过反复研究得出结论:一是"一君万民"的极端民族主义,二是悬殊的贫富差距。

按照"民族主义研究之父"汉斯·科恩(Hans Kohn)的观点,民族主义分为两种,一种是强调"民族和国家认同"的传统民族主义,另一种是强调"民族和国家利益至上"的极端民族主义。日本极端民族主义的典型表现,就是神风特攻队员出征前的誓词的第一句:"我们七生报国,效忠天皇,宁为玉碎,不为瓦全。"战前的日本民众自小接受"皇国史观"教育,当时《寻常小学国史》的内容都是对历代天皇歌功颂德。既要破除"一君万民"体制,让天皇走下"神坛",又要保留天皇制,这个矛盾如何解决?对此,美国主要采取了两项措施。

第一,重新制定宪法,剥夺天皇的实际权力,使天皇仅仅作为象征性存在。1889年颁布的《大日本帝国宪法》第1条规定:"大日本帝国由万世一系的天皇统治。"这就是规定"主权在君"。由美国主导制定,

十三、战前战后的"断裂"和"连续"

1947年5月3日起实施的《日本国宪法》第1条规定"天皇是日本国的象征,是日本国民整体的象征,其地位以主权所在的全体日本国民的意志为依据",就是规定"主权在民"。第二章第9条规定,日本不发动战争、不采用武力威胁或诉诸武力解决国际争端。不保持陆海空军及其他战争力量,就是"和平主义",也是《日本国宪法》被称为《和平宪法》的根基。其他各条则主要规定公民的各项权利。因此,《日本国宪法》有"三根支柱":主权在民、和平主义、尊重基本人权。

第二,1945年12月15日,驻日盟军总司令部发出了以"神道和国家分离"为宗旨的所谓"神道指令",让天皇否定自己是"神"。根据美国的指令,1946年1月1日,天皇裕仁根据盟军总司令部的指令,在官报《号外》发表了《国运振兴之诏书》,开篇即是"兹迎新年。忆往昔,明治天皇明治之初,颁下五条御誓文以为国是"。"五条誓文"是明治天皇睦仁向其"祖先"天照大神宣"誓"之"文",是确立睦仁作为"现御神"地位的文件。以此开篇,显示了欲保留天皇"神性"的良苦用心。日本《文艺春秋》月刊1962年3月号,刊载了原文部大臣前田多闻的回忆录《"人间宣言"之内外》,对此"良苦用心"有明确披露。因为该诏书明确宣布"朕与尔等国民之纽带始终以相互信赖和敬爱而缔结,并非由单纯神话及传说而形成,亦不以天皇为现御神,本国国民是优越于他民族之民族,赋有支配世界之命运的虚构观念为基础",即天皇明确宣布他是"人"而不是"神",因而被称为"人间宣言"。

天皇走下了"神坛",但作为"人"的天皇,仍得到日本民众普遍爱戴。正如鲁思·本尼迪克特在《菊与刀》一书中所言:"纵然日本战败,所有的日本人仍会继续尊崇天皇。"1978年后,《朝日新闻》就"是否应该保留天皇制"进行过5次民意调查,有82%—84%的受访者表示,应保留天皇制。

　　1977年,日本成立"非官方"研究会,着手研究"时代更替"问题。研究会因假座东京赤坂王子饭店举行,通称"赤王会议"。天皇驾崩后如何举行国家仪式是"时代更替"的最大难点,因为这是以前从未碰到过的新问题。战前,《皇室丧仪令》和《登极令》等皇室令,对有关礼仪有详细规定。但是新宪法实施后,皇室令随之失效,与皇室相关的仅有1947年修改的《皇室典范》,其中仅有第25条是关于天皇驾崩时举行"大丧之礼"的、第24条是关于继承皇位时举行"即位之礼"的原则性规定,无任何具体规定。根据《日本国宪法》第20条"政教分离"原则,"大丧之礼"中的"殡宫拜礼"从国家仪式中分离,作为皇室祭祀单独举行。"即位之礼"中的"剑玺交付仪式","作为国事行为的国家仪式"。根据《皇室经济法》第7条,"三种神器""寓意于和皇位一起传承",无宗教性,并不与政教分离的原则相悖。1987年9月,因天皇被确诊罹患胰腺癌,"赤王会议"确定了几项基本原则:(1)遵循宪法基本原则;(2)参考大正天皇崩御先例;(3)与作为国家和国民统合之象征的天皇的地位相称;(4)具有现代特征。

　　1989年1月7日(周六)上午7时55分,日本政府正式发布了"天皇崩御"的公告,皇太子明仁亲王继承皇位,根据《史记·五帝本纪》的"内平外成",以及《尚书·大禹谟》的"地平天成",改元"平成"。明仁是鱼类研究专家,尤其是"虾虎鱼"研究权威。1967年迄今,明仁天皇在国内外学术刊物上发表了32篇专业论文,其中一篇于1992年发表于《科学》(Science),3篇分别于2000年、2008年、2016年发表于《基因》(Gene)。如今,平成谢幕,明仁天皇生前退位,这和江户时代光格天皇1817年退位相距200年。

十三、战前战后的"断裂"和"连续" | 319

明仁天皇登基

历史上,虽然表面上天皇"万世一系",但实质上各时代的权力结构一变再变。奈良时代(710—794年)日本宫廷内权斗不止,政情混迷,遑论集权专制。日本历史上有8个女天皇,3个在奈良时代。平安时代(794—1192年),"摄关政治"和"院政"轮流登场,天皇在政坛上成为"偶像"。何谓"摄关政治"?"摄关"是"摄政"和"关白"的略称。摄政是"奉敕命主理国政"。中国历史上也不乏摄政王,例如,清朝的多尔衮就是摄政王。关白是"通过'内览'辅佐天皇统理大政"。所谓"内览",通俗地说,就是臣属的奏折、皇帝的诏书敕令,都由关白先看过,然后由他决定是否递交或颁布。平安时代的"摄关政治",同时也是藤原氏外戚专权,即藤原氏通过和天皇联姻,在天皇亲政前摄政,天皇亲政后成为"关白"。最厉害的如藤原道长,是三代天皇的岳丈。所谓

"院政",按照《广辞苑》的解释,就是"由上皇或法皇在院厅主理国政"。院政始于1086年11月白河天皇时代。当时,白河天皇因不满藤原氏擅权,将皇位让于年仅8岁的堀河天皇,在皇居外建立院厅,使国政大权均归属院厅。

天皇退位称"太上天皇",简称"上皇",如果皈依佛门,称"法皇"。"院政"理论上持续至1817年光格天皇让位,实际上在镰仓幕府建立后,院厅已无实权。直至1868年德川庆喜"大政奉还"后,明治天皇宣布"王政复古"。特别是1889年2月11日《大日本帝国宪法》(通称《明治宪法》)颁布后,天皇权力有了明显变化,并非真的"王政复古"。因为此前天皇主要拥有三项权力:(1)赐姓权。需要说明的是,"姓"是一种世袭的尊号,类似于"爵位",有臣、连、君、早、直、首等30个姓,由天皇赐予。"氏"类似于中国的"姓"。日本古代有平氏、源氏、藤(原)氏、橘氏"4大氏"。后羽柴秀吉获天皇恩准改"丰臣秀吉"后,有了"5大氏"。松平元康改为"德川家康"后,德川家康成了松平家的第8代、德川家的第1代。(2)叙位权。日本位阶制始于7世纪初圣德太子辅弼推古天皇,建立"冠位十二阶",以冠(官帽)的颜色分为"大德、小德、大仁、小仁、大义、小义、大礼、小礼、大智、小智、大信、小信"12个等级。近代位阶制始于明治初年,定为"正一位、从一位"等八位十六阶,主要授予皇族以外的日本人。如原首相大隈重信就是"从一位"。1875年以授"旭日章"为开端,又设立了勋等制。授勋也是天皇的权力。(3)颁布诏书、敕令权。律令国家统治阶级在做出重大决定时,其整体意志必须通过由天皇颁布"敕令""诏书"等形式来体现,即便那仅仅是一种形式。天皇颁布诏书主要是:(1)外交事务;(2)册立皇太子、皇后;(3)任命右大臣以上官员,授予5位以上冠位、与朝廷相关的重大事项。

但是,明治天皇远不止上述权力,而引起权力从地方向中央的集权和从集体向个人的极权这种双重变化的是中英鸦片战争。这场战争令日本人震惊:同样是岛国,本土面积还没有日本大,为何能战胜"大清帝国"?日本精英得出结论:英国富强之根本,在于君民同治的立宪制。于是,日本展开了一场如何变革政体的争论。以福泽谕吉、小野梓为代表的"英学派"认为,应该仿效英国,"君民同治",建立君主立宪制。以中江兆民、植木枝盛为代表的"法学派"认为,应该"万民共治",学习法国,建立共和制。以井上毅、加藤弘之为代表的"德学派"认为,应该学习德国,"主权归一",建立以天皇为核心的中央集权制。最后,统治者采纳了"德学派"意见,建立了一切权力归属天皇和中央集权的宪政体制。必须强调的是,在日本人看来,没有什么是不可改变的,除了"以强者为师,与强者为伍"这一基本原则。

1889年2月11日颁布的《大日本帝国宪法》第1条明确规定:"大日本帝国由万世一系的天皇统治。"同时具体规定天皇拥有下述权力:法律裁决权(第6条),紧急敕令制定权(第8条),独立命令颁布权(第9条),官制制定、官吏任免权(第10条),军队统帅权(第11条),宣战、媾和条约缔结权(第13条),戒严宣布权(第14条),恩赦权(第16条),荣誉授予权(第15条)。特别是规定"天皇统率陆海军",即"统帅权独立"并归属天皇,这是军国主义高扬的重要原因。因为实际统帅陆海军的是陆军参谋总长和海军军令部总长,他们有直接面见天皇请示汇报的"帷幄上奏权"。因此,军部可借天皇名义独断专行,如果谁包括首相提出异议,则斥之为"干涉侵犯统帅权"。从明治到第二次世界大战结束,重大事项均由"御前会议"决定。日本在"15年战争"期间共举行了 15 次御前会议。这也是美国要重新制定《日本国宪法》的根本原因。同时必须强调的是，在《明治宪法》颁布翌年即 1890 年 10 月 3 日，明治天皇颁布了《关于教育的敕语》（简称《教育敕语》），要求"臣民克忠克孝，亿兆一心"，即强调"忠君爱国"。

1889 年 2 月 9 日，伊藤博文向明治天皇提交了《皇室制度改革案》，由此催生作为皇室制度基本法典、同《明治宪法》同格的《皇室典范》。战后，《皇室典范》也被重新制定，不再有和宪法同格的地位。新版《皇室典范》同样规定，"只有男性皇嗣有皇统、皇位继承权"。2006 年皇孙悠仁亲王的出生，皇室没有男丁的"危机"已经解除。明仁天皇退位、德仁皇太子继位后，按顺位第一皇位继承人是文仁，再后是悠仁。万世一系的天皇制当不会"改朝"，但将继续"换代"。自 642 年至 1770 年，日本曾出现推古、皇极、持统、元明、元正、孝谦、明正、后樱町共 8 位女天皇。目前德仁和雅子的千金爱子内亲王还没有"继承权"，日本还看不到会再现女天皇的迹象。

2.《永田町权力的兴亡》

东京港区永田町，是日本的权力中枢。2013 年 12 月 22 日，日本广播协会（NHK）电视台播出了专题纪录片《永田町权力的兴亡》，叙述了近年政党政治的基本变化，包括安倍晋三在内的政界"大老"均接受了采访。用此纪录片名称作为本节标题，主要因为本节内容与这个名称相当符合。

让我将视角首先转向 1932 年的 5·15 政变。因为正是这场政变，引起了日本政坛的重大变革。

十三、战前战后的"断裂"和"连续"

1932年5月15日,11名海军士官生冲进首相官邸。见他们闯入,首相犬养毅说:"请听我说几句,那样你们会明白的。""不必啰唆!开枪!"枪声在官邸回响,犬养毅肚子和头部各中一枪,送医不治而身亡。

这是"5·15事变"的一个场景。就在两个月前,大藏大臣井上准之助和三井财团董事长团琢磨先后被刺杀。但是,以往袭击官邸的恐怖事件从未发生,直接剑指首相府的5·15事变,意味着恐怖主义的矛头伸进了日本政治中枢,因而成为日本历史特别是政党政治史的重大转折点。此后,军部势力急剧膨胀,政党政治迅速衰微。

所谓政党政治是指某政党在议会中占据多数席位,上台组织内阁的一种政治制度,是近代以后民主政治的典型形式。日本最先成立的政党,是1881年以板垣退助为首成立的自由党,该党声称致力于扩大自由、保障权利、建立立宪政体。翌年,以大隈重信为首的立宪改进党宣告成立。该党主张建立英国式的立宪君主制。《明治宪法》颁布后形成的日本政治体制,史称"超然主义体制"。"超然主义"一词,由当时的首相黑田清隆提出,其含义是不使内阁倾向于某个政党,"超然地置身于政党之外",做到"至公至正,不偏不党"。但是,根据《大日本帝国宪法》建立的两院制帝国议会,无论在众议院还是在贵族院,坚持"超然主义"、拒绝"营党营私",还是反对"藩阀揽权",强调"党要参政",都是议会斗争的重要内容。之后,又有一些党派宣告成立,政党和藩阀的对立,态势明显。1892年8月8日,第二届伊藤博文内阁成立后,自由党开始接近内阁,获得了"准执政党"地位。1895年,一些政党人士提出了内阁应对议会负责的"责任内阁论"。之后,自由党重要人物河野广中提出:"使藩阀同化于政党,将元勋引入政党,开启两大政党对立之端,无有比今日更好之时机。"

1898年，日本最先成立的两个政党自由党和立宪改进党，合并组成宪政党（1927改称立宪民政党），由大隈重信任党首。同年，大隈重信首次组阁。这个内阁是日本第一个政党内阁。但根据诏敕，前内阁的陆、海军大臣依然留任，大隈内阁对军部无法产生影响。1900年9月，伊藤博文创立立宪政友会，10月成立以政友会骨干为班底的"政友会内阁"。这届伊藤内阁也属于政党内阁，而且日本政坛出现了"选举的政府"众议院和政党内阁，与"非选举的政府"元老院、枢密院、军部对峙的"双重政治结构"。

1918年，政友会总裁原敬组成内阁。虽然按照惯例，原敬内阁没有任用政党党员担任外相、陆相、海相，但是包括他本人在内，有6名阁僚是政党党员，因而被视为"日本宪政史上第一个真正的政党内阁"。关键是，原敬不仅成功地采取了分裂贵族院的政策和操纵军部的策略，而且有强硬的政治手腕。7月8日，宪政会议员永井柳太郎在众议院发表演说时，对原敬有如下评价："今日世界仍是主张阶级专制主义的世界，西有激进派政府的列宁，东有我们总理大臣原敬。""西有列宁，东有原敬"，遂成为流行一时的名言。

1924年6月11日，宪政会在众议院总选举中获胜，宪政会总裁加藤高明出任首相并组阁。自此，众议院第一大党首脑组阁成为"宪政之常道"。1927年以后，立宪民政党和立宪政友会轮流执政。1932年"5·15事变"、首相犬养毅被杀后，唯一的元老西园寺公望征求了军方的意见后，于5月22日奏请天皇敕令前朝鲜总督、海军大将斋藤实出任首相获准。斋藤实随后建立了超党派的"举国一致"内阁，历时9年的"政党内阁时期"宣告中断。尽管如此，立宪政友会依然拥有301个议席，立宪民政党拥有144个议席，众议院9成以上议席为政党所有，政党的势力并未骤然消退。但斋藤实的内政外交,却和政党政治及国际社会渐行渐远。内政方面,国家社会主义急剧高扬,相关政党组织纷纷建立。外交方面,扶持建立"满洲国",无视国联警告,1933年3月正式退出国联,脱离了"与欧美协调的路线"。1936年"2·26事变",更是开启了以陆军进入政治中枢为特征的军人政治时代,并以1937年七七事变为起点,全面走向战争。

1940年6月后,各政党先后解散。8月8日,解散了的政党成员建立了"新体制促进同志会"。10月12日,新体制的"核心""大政翼赞会"宣告成立,由首相近卫文麿任总裁。1942年"大政翼赞会"改名"翼赞政治会",由前首相阿部信行任总裁。众议院466名议员,该会成员占458名。1945年3月"翼赞政治会"被"大日本政治会"取代,拥有349名众议院议员。另两个御用政治团体"护国同志会"和"翼赞议员同志会"各有30名议员和22名议员。无所属议员仅27名。

战后,1945年11月至12月,新老政党纷纷建立或恢复活动,其中1945年11月2日成立的社会党是日本战后最早成立的政党。1946年4月,战后首次大选,临时取代被解除公职的鸠山一郎任自由党总裁的吉田茂联合进步党,组成战后第一届政党内阁——吉田茂内阁。

1947年根据新宪法举行的首次大选,社会党成为国会第一大党。1947年5月社会党、民主党、国民协同党建立了三党联合政权,社会党委员长片山哲任首相。盟军总司令麦克阿瑟发表了支持片山哲担任首相的声明。为了联合两个保守政党,社会党提出三项保证:(1)坚持反对极左和极右立场;(2)不泄露国家机密;(3)不采取一切有可能引起社会不安的行动。但由于未能兑现竞选时的各项诺言,一些重要经济政策遭到反对,加之社会党内部抗争加剧,1948年2月片山哲被迫辞职,民主党总裁芦田均继任,也因为无法承担恢复经济的重任、执政各党之间和各党内部矛盾重重、美国对日政策转变而更加短命。尽管如此,它为战后形成竞争性政党政治,特别是在野党监督执政党机制,构建了重要基础。1951年,围绕《旧金山和约》及《日美安保条约》,社会党发生分裂。

1955年10月12日,日本社会党重新实现了统一,选举铃木茂三郎为委员长,浅沼稻次郎为书记长,并发表了"宣言":"在内外注目和期待中,我们实现了日本社会党的统一大业,以实现日本的和平、独立、社会主义革命为历史使命的日本社会党,今天发出了如新生儿问世的响亮的声音。"同时,大会还发表了《日本社会党党纲》,宣布"作为以工人阶级为核心的广大劳动者阶级的联合体,社会党将获取政权并巩固政权。没有这种政治变革——没有革命,将无法实现社会主义。我们将不以暴力和武力,而是以民主主义的方式,通过在议会中获得绝对多数议席,完成这场革命"①。

同年11月15日,自由党和民主党正式合并,成立自由民主党(简称"自民党"),由首相鸠山一郎担任总裁并颁布了党的纲领:"(1)我党以民主主义理念为基础,以革新和改善各项制度和机构、建立文化的民主主义国家为目标。(2)我党立足于希求和平与自由的人类普遍的正义,期望改善、调整国际关系,实现自由独立。(3)我党以公共福利为准绳,规划实施以个人的创意和企业的自由为基础的综合计划经

---

① 日本社会党政策审议会编:《日本社会党政策资料集成》,日本社会党中央本部机关报局,1990,第79—86页。

十三、战前战后的"断裂"和"连续" | 327

日本社会党统一大会

济,期待民生的安定和福利国家的形成。"同时强调,自民党是:"(1)国民政党;(2)和平主义政党;(3)真正的民主主义政党;(4)议会主义政党;(5)进步的政党。"①

随着社会党的统一和自民党的建立,以细川护熙为首相的7党1派联合政权建立。在38年时间里,自民党长期执政,社会党长期与之抗衡,成为日本政党政治的基本构图。日本政治学者升味准之辅在《思想》1964年4月号的论文《1955年的政治体制》中,将这种"保革对峙"基本构图称为"55年体制"。不过,所谓"党外有党,党内有派"。自1950年代末岸信介内阁时期,自民党内被戏称为"8个师团"的派系趋于固定,开始确立党和政府运作主要通过派系间斡旋的独特机制。这8个派系经过代代传承,今天依然活跃。

日本两党竞争的政治格局,对日本经济的发展和民生的改善具有非常重要的推动作用,主要体现在4个方面:(1)社会党的挑战以及社会党领导的国民运动,迫使执政的自民党从"政治重点主义"转向"经济重点主义"。特别是1960年池田勇人内阁成立后,在政治上贯彻"宽容与忍让"精神,与在野党对话,以协商态度进行国会活动,提出"国民收入倍增计划",将政策目标完全从政治转向经济。(2)在社会党的压力下,自民党注意完善社会保障制度及福利制度,随着经济的发展和生活条件的改善,大多数国民将关心的重点从政治转向自身的利益和权利,以大众斗争为标志的"战后型民主主义"转变为"私生活型民主主义"。(3)为了应对社会党的抗衡,自民党不断采取措施,尽可能将工人运动纳入体制,从政治体制的高度促进劳资和解。主张

---

① 自由民主党编:《自由民主党党史资料编》,1987,第8—10页。

"劳资一体化"的工会组织的影响力增大,社会党的基础不断被削弱。(4)在野党的监督在很大程度上抑制了"金权政治"。

1966年,社会党发表宣言《在日本走向社会主义道路》,但是在1967年的众议院选举中,自民党获280席,社会党获141席,1964年11月成立的公明党获25席,1960年初成立的民主社会党获30席,共产党获5席,其他人士获5席。以"一党独大,多党参政"为特征的"战后政治体制"最终得以确立。1978年后,社会党内围绕该"宣言"的争论趋于激烈。1986年1月,社会党大会通过了具有划时代意义的《1986年宣言》,强调社会党的性质不是"阶级政党",而是"代表所有国民并向所有人开放的国民政党",放弃了过去一贯坚持的"科学社会主义",指出"以人类解放为目标的社会主义不变的根本理念,是对人的尊重"。1990年,日本社会党召开了第55届全国大会,决定从党纲中删除"和平、民主地实现社会主义"等字句,改为"选择社会主义最民主的方针——社会民主主义"。

1993年6月7日,社会党发表《对政权的挑战——93年宣言》,提出"社会党是以新社会民主主义为基础的国民政党",将"与保守自由阶层共同携手,以创造性地发展宪法为基础,建立联合政权"。① 这表明社会党的性质和路线方针有了根本转变。1994年9月,社会党召开临时代表大会,通过了《我党对当前政局的基本态度》的决议,宣布:"冷战结构和1955年体制已经崩溃,社会党已经变成支撑首相的负有责任的政党。"1996年1月19日,社会党在第64届大会上将"日本社会党"改名为"社会民主党"(简称社民党),并决定了新的党纲。战后

---

① 《对政权的挑战——93年宣言》,载《社会党月刊》1993年第7期。

"保革对峙"的政党政治历史剧,因此谢幕。

3. 经济大国"遗传密码"

战后改革是日本成为经济大国的起点。1945年11月1日,美军参谋长联席会议向麦克阿瑟提交了《(日本)投降后初期致盟军最高司令官关于占领及管理日本的基本指令》(简称《初期的基本指令》)。以"初期的指令"为"指针",在"盟总"主导下,日本开始进行战后经济民主化三项改革:农地改革、劳动改革、解散财阀。

美国推进这三项改革的主要原因是,美国经过研究发现,日本之所以具有侵略性,有下述原因:(1)财富为财阀和地主所垄断,工人和农民收入甚少。因贫富差距极大而造成的社会不安定,强化了日本对外扩张的冲动。(2)对财富和所得的独占,阻碍了能够与军国主义对抗的民主主义势力的发达。(3)日本国民收入的低水准造成了国内市场狭窄,使日本必须通过武力获取国外市场。

1946年10月,根据"盟总"要求,第一届吉田茂内阁颁布了《修改农地调整法》《创设自耕农特别措置法》,进行农地改革。通过改革,地主制被解体,大多数农民成了自耕农,并于1946年2月建立了日本农民组合(简称"日农"),于1947年建立了延续至今的农业协同组合(简称"农协")。

劳动改革的重要标志是建立工会。"鼓励建立工会"是1945年10月11日麦克阿瑟指令日本首相币原喜重郎进行的"五大改革"之一。同年12月,美国政府制定了《关于如何对待日本工人组织问题》,明确要求日本政府采取保障工会发展的措施。12月22日,日本当局颁布了《工会法》，宣布于翌年3月1日实施，基本内容是：(1)保障工人的团结权和争议权；(2)资方不得歧视工会会员和阻止工人加入工会；(3)工人正当的争议行为不承担刑事和民事责任，即以法律形式承认工人享有"劳动三权"，即团结权、团体交涉权、团体争议权。由于获得法律保障，工会迅速发展。至1945年底，企业工会数已达800多，工会会员数大大超过战前最高水准的42万人。1946年8月2日和8月3日，日本两大工会组织"全日本产业别劳动组合会议"（简称"产别"）和"日本劳动组合总同盟"（简称"总同盟"）先后宣告成立。"产别"会员数达155.9万人，约占全国工会会员数的41%，干部中共产党员较多；"总同盟"会员单位达1 699个，会员总数约85.5万人，约占全国工会会员总数的22%，奉行"集合以社会党为中心的民主主义势力"的方针，具有明确的反资本主义色彩。1950年7月，"劳动组合总评议会"（简称"总评"）成立后，"总同盟"并入"总评"，从而形成"产别"和"总评"两大工人组织。1946年10月13日，日本开始实施《劳动关系调整法》（简称《劳调法》），使劳资关系调整也获得了法律依据。1947年4月7日，与《工会法》《劳调法》一起被统称为"劳动三法"的《劳动基准法》颁布实施。《劳动基准法》的颁布，标志战后日本劳动法规基本完善。

解散财阀，以1945年11月"盟总"发布的"股份公司解体指令"为正式开端。自1946年至1947年，被责令解散的财阀范围逐渐扩大。最初被责令解体的是四大财阀（三井、三菱、住友、安田）本社，之后扩大至与"四大财阀"并称"十大财阀"的鲇川、浅野、古河、大仓、中岛、野村六大财阀。但解散财阀不仅仅是解散组织，而且包括禁止垄断。1947年4月颁布的《禁止垄断法》、1947年12月颁布的《排除经济力量过度集中法》，就是"解散财阀"政策的集中体现。前者主要为了"防"

垄断组织的形成，后者则是为了"治"已经形成的垄断组织。

战前，日本工人和企业的争议、佃农和地主的争议频发，阶级对立明显。战后，经过农地改革和劳动改革，农村问题和劳动问题得到很大程度解决，地主制基本被废除，自耕农在全部农家中的比例从约30%增加到约60%，加上佃耕土地的农民，有90%以上的农民经营着以自耕地为中心的农业。劳动改革由于逐渐确立了在法律框架内处理劳资对立的规则，因而使劳资关系趋向稳定。总之，战后经济民主化改革，极大改变了明治以后分配不均的趋向，使日本成为发达国家中的"平等社会"。"富人"和"穷人"差距显著缩小，缓和了两者之间的矛盾，显著提高了社会的稳定性。今天日本的工薪阶层，收入差距很小，整个社会衡量贫富差距的基尼系数相当合理。

除了"战后经济民主化三大支柱"的树立，在对日政策变"抑制"为"扶持"后，美国在复兴日本经济方面，特别是"稳定经济九原则"的提出，以及朝鲜战争的爆发造成的"特需景气"，均具有重要意义，但是经济体制和产业政策是使日本战后经济迅速恢复和发展的更重要因素。

现代日本经济体制有在战前就已形成的四大特征：(1)政府和企业相互依存。连接企业和政府关系的是，被称为"财界总理府"的经营团体联盟(简称"经团联")、地方和中小企业联合体"日本商工会议所"(简称"日商")、企业家私人俱乐部的"经济同友会"(简称"同友会")。(2)企业内部，有"日本式经营"的"三大神器"，即长期雇用、年功序列(工资随工龄递增)、企业工会(工会按企业而不是按行业组成)；(3)企业和金融业关系，由与企业存在固定业务关系的"主银行"维系。(4)企业与企业关系，存在大企业和中小企业通过"承包"互相依存，系列企业内部、企业和金融机构相互控股。

对日本经济恢复和发展产生重要作用的产业政策，主要有三项：一是中山伊智郎提出的"贸易立国"；二是有泽广巳提出的"倾斜生产方式"，即"增强煤炭生产，拉动钢铁生产，推动工业生产，将国民经济引上良性循环轨道"；三是"产业合理化"，即重点关注产业结构、国际价格、企业环境、技术推广。

1956年7月17日，日本政府发表了《昭和三十一年度年次经济报告》(通称《经济白皮书》)，开篇即宣称："战后日本经济恢复之迅速，实出乎万人之预料。那是因日本国民的勤奋努力培植，因世界形势之良好而育成的。确实，由于日本贫乏之故，和世界其他国家相比，消费和投资的潜在需求尚在高涨，但与战后一段时期相比，其欲望之炽烈已显著减弱。现在已不是'战后'。我们正面临与以往不同的事态。"[①]报告中"现在已不是战后"这句话，作为结束战后时期的宣言而闻名。1968年，即明治维新100周年之际，日本国民生产总值达到了1 419亿美元，超过1 322亿美元的联邦德国，成为仅次于美国的第二经济大国。

舆论普遍认为，日本存在"失去的20年"。但这种说法其实是值得商榷的。因为在所谓"失去的20年"里，日本经济虽然停滞，但日本在科技发展、产业结构转型、教育方面重视创新能力培养方面，均取得了明显成绩，而战后推动日本经济持续发展的关键因素也是对科技和教育的重视。第二次世界大战后，日本最初的科技立国以引进、吸收、利用为主，自1990年代开始转向以基础科学推动为主，实现科学技术的全面进步。1995年11月，日本明确提出了"科学技术创造立国"的

---

① [日]经济企划厅:《昭和三十一年度年次经济报告》,1956,第42—43页。

国家战略,出台了《科学技术基本法》。该法由总则、科学技术基本计划、研究开发推进、国际交流推进、科学技术相关的振兴学习5个部分共19条组成。翌年,日本又根据这个法规制定了《科学技术基本计划》,确定了今后5年的科技政策,包括基本方向和经费支持,基本理念是获得日本社会和国民对国家最新科技体制的支持,努力转化研究成果,确立日本政府对科技事业的投资目标。

进入新世纪,日本文部科学省制定了"21世纪教育新生计划",把培养顶尖高科技人才、振兴科学研究、建立世界一流研究基地作为新世纪教育改革的主要目标,所推出的举措包括打造世界顶级水平大学、培养新一代世界顶级人才、强化大学教育研究功能、改善大学入学选拔方法、实施21世纪国家卓越研究基地——"21世纪卓越中心计划"(Center Of Excellence 缩写 COE),促进具有独创性的、世界最尖端的科学研究,尽早形成具有世界顶尖水平的国家重点学科研究基地。

2011年8月,日本政府推出了第四期《科学技术基本计划》,提出"要让科技创新作为一种国家文化",该计划提醒日本国民要从科学技术投资是"为未来投资"的高度,重新审视科学技术的发展,要求全体国民支持科学技术的推进,并持续加大科研经费的投入。2007年,日本科研经费占GDP的比例为3.67%,在世界上首屈一指。

重视教育,自江户时代以后即是日本的传统。战后,日本对理科教育日趋重视。1953年8月8日年日本就制定了《理科教育振兴法》,将理科教育纳入法制化轨道。2012年,在全日本小学和初中学力测试中,首次将理科列为考查科目。为把创新教育贯穿在中小学理科课程学习中,日本提出:强调体验式学习和问题解决式学习,通过观察、实验和项目研究来学习科学;利用大学、科研机构和博物馆的资源,设计有趣的课程,培养学生对科学的兴趣;在学生的生涯规划过程中,利用顶尖科学家和工程师的魅力,吸引学生对科学树立终身志向。

2010年以来,日本理科教学时间增加了16%,理科教材页码增幅超过30%。日本教师的理科教学,通常从呈现一个问题开始,创造情境让学生探究和解释现象。日本通过对日本多位诺贝尔奖得主的调查了解发现,他们除了善于自我反省和忘我工作之外,大多从小就喜欢亲近自然、探索自然。2002年获得诺贝尔物理学奖的小柴昌俊在《我不是好学生》一书中写道,他上小学时班主任金子英夫送他一本书——爱因斯坦写的《物理学是怎样产生的》,使他对物理产生极大兴趣,并最终走上物理研究之路。2008年诺贝尔化学奖获得者下村修在谈到自己为何走上科学之路时说:"我做研究不是为了应用或其他任何利益,只是想弄明白水母为什么会发光。"可以认为,对大自然和周围世界保持一颗好奇心,是引领诺贝尔奖获得者从小走进科研世界的直接原因。

为推进中小学创新教育,培养科研后备人才,日本文部科学省不仅要求各大学和研究机构为中小学学生提供观察与实验的机会,而且要求中小学活用校外人才,充分利用研究生、大学或研究机构的退休人员,以"大手牵小手"的形式指导中小学开展科技教育。

4. 日本外交的"主轴"

正如我前面已经写到的,2015年4月29日,日本首相安倍在美国众参两院联席会议发表了演讲,题为《迈向希望的同盟》。他在演讲时称,"曾经以死相搏的敌人,现在成了心灵相通的友人"。不管日本和美国是否真的"心灵相通",但战前战后的美日关系存在明显"断裂",是不争的事实。

1945年9月22日,美国媒体报道了《(日本)投降后初期美国的对日方针》(简称《初期的方针》),提出了对日政策两项原则:(1)"保证日本不再成为对美国或世界和平与安全的威胁";(2)"最终建立起一个尊重其他国家的权利,支持反映于联合国宪章的理想和原则之中、符合美国的目标的和平与负责任的政府。"但是,随着"冷战"的形成,美国的对日政策发生了由"抑制"为"扶持"的根本转变。1948年1月6日,美国陆军部长罗亚尔(Kenneth C. Royall)在旧金山"公共福利俱乐部"发表演说,称:"我们力求在日本确立稳定而强有力的自主的民主主义,使之独立,并由此而在阻止远东可能发生下一次极权主义战争中发挥作用。"这是美方发出改善对日政策的最初信号。

1947年5月5日,美国国务院设立了由原驻苏联大使乔治·凯南(George F. Kennan)为主任的政策规划设计室。同年8月25日,该研究室提出了对日媾和后日本的安全保障方式:(1)日本外部安全由美国提供保障,但日本必须设立和扩充以军事基地为主的必要设施。媾和后,日美须缔结双边条约予以确认。(2)媾和后,日本当拥有能够维持国内治安而非抵御外来入侵的保安队、海岸警备队和警察。

1948年10月7日,美国国家安全委员会拟定了NSC13-2号文件,题目是《国家安全保障会议关于美国对日政策的建议之报告》。这份作为美国转变对日政策标志的绝密文件,由"媾和条约""安全保障""占领政策"三大部分构成,共20项,要点是:(1)美国暂不就缔结和约施加压力;(2)和约本身应尽可能简洁和非惩罚性;(3)占领军应留驻日本,直至和约正式签署。此前,美国不应就缔约后日本军事安全问题形成最终立场;(4)美国应永久保留其在冲绳的设施,长期驻军冲绳;(5)加强日本警察力量。文件特别注明,"与这些政策有摩擦、抵牾之原有政策无效"。

1951年9月4日,对日和会在美国旧金山召开,包括日本在内的55个国家受到邀请,但是南斯拉夫、缅甸、印度拒绝出席。9月8日,《与日本的和平条约》(通称《旧金山和约》)签署。苏联、捷克、波兰拒绝在和约上签字,因此最终签约的是49个国家。日本自此在法律上获得独立。

《旧金山和约》签署几个小时后,美国和日本根据"和约"第5条和第6条在日驻军等规定,签署了《日本国和美利坚合众国之间的安全保障条约》(简称《日美安保条约》),开篇即是"和平条约承认了日本国作为主权国家、拥有缔结集体安全保障条约之权利。同时根据联合国宪章,承认一切国家拥有进行个别及集体自卫之固有权利。作为行使这些权利之体现,日本国作为暂定防卫措施,希望美利坚合众国在日本国内及附近派驻军队,以防止对日本国的武力攻击"[①]。1952年2月28日,日本和美国又签署了作为安保条约具体实施办法的《日美行政协定》,与上述两个条约同时在1952年4月28日生效。日美关系因而形成了以两个条约、一个协定为基础的"旧金山体制"。

"旧金山体制"遗留了对日本外交构成重大影响的3个问题。(1)对领土问题的模糊处理,留下了与周边国家领土主权的争议。(2)对战争责任问题的"宽大处理",使日本在《旧金山和约》签署后,即制定了《关于援助保护战伤病者以及战殁者家属等的办法》(简称《援

---

① 外务省条约局编:《主要条约集》,大藏省印刷局,1990,第169—194页。

护法》)、修订了《军人恩给法》(简称《恩给法》)，对战犯和普通战殁者"一视同仁"，实际否定了战犯的存在，留下了政要参拜靖国神社等历史问题。(3)由于中国和苏联等主要对日参战国没有签署《旧金山和约》，因此日本的安全保障不是以多边的《旧金山和约》，而是以双边的《日美安保条约》为基础的，其具体实施细则则由《日美行政协定》确立。这使亚太地区的和平及集体安全缺乏明确法律规定，更使日本高度依赖日美关系。

1954年，日本建立了防卫厅和陆海空自卫队。1955年8月，鸠山内阁外相重光葵访美，要求修订《安保条约》，遭到拒绝。1957年6月，首相岸信介访美，美国对日本的修约要求态度消极，但已不明确反对。1958年9月，岸信介内阁外相藤山爱一郎访美，再次要求修约，美国给予了积极回应。美国之所以改变态度，主要是为了使日本建立起自卫体系，贯彻"以亚洲人对付亚洲人"的策略。

但是，日本社会反对修改《安保条约》的声音非常强烈。1959年3月28日，日本社会党、日本劳动组合总评议会、全日本农民组合联合会等13个政党和团体，建立了"阻止修改安保国民会议"，组织开展了声势浩大、绵延持久的反对修改《安保条约》的斗争。自民党内，吉田茂等也表示反对。但是，岸信介力排众议，坚决主张修约。1960年1月19日，《日本国和美利坚合众国共同合作及安全保障条约》(通称《新安保条约》)签署，6月23日正式生效。之后，岸信介宣布辞职。《新安保条约》和原《安保条约》相比，有三大差异：(1)删除了美军可参与平定日本"内乱"的条款；(2)增强了对等性，增加了具有军事同盟性质的条约。(3)为美国提供了"国际警察岗位"。《新安保条约》中被称为"远东条款"的第6条规定："为维护日本国的安全以及远东的国际和平与安全,美国的陆海空军获准使用日本国内的设施及区域。"

1969年3月,中苏在珍宝岛爆发武装冲突。以此为背景,美国总统尼克松采纳国家安全事务助理基辛格提出的国际战略,"以欧洲为重点,以中东为咽喉,以亚洲为侧翼",于当年7月25日在关岛发表讲话,阐述了有三方面内容的"新亚洲政策":(1)强调美国将"恪守条约义务",但各国也要更好承担起自身的防卫义务;(2)从越南撤军;(3)改善和中国的关系。1972年2月,尼克松访问中国,中美关系获得重大改善。当年9月25日,田中角荣访华,双方随后发表《中日关于恢复邦交正常化的联合声明》。从时间上即不难判断,中日关系和中美关系"如影随形"。1978年8月12日,《中日和平友好条约》签署,10月23日正式生效。需要强调的是,1972年9月《中日联合声明》宣布,"同意进行以缔结和平友好条约为目的的谈判",但由于中国要求明确写入"反霸权条款",而日本顾忌苏联的强烈反应,同时由于中日两国均发生了不利于和约签署的事态,谈判陷入僵局。之后,由于美国总统卡特、国务卿万斯对写入"反霸权条款"明确表示支持,中国也从"文革"转向改革开放,和约才得以签署。

1978年11月28日,以苏联为假想敌的《日美防卫合作指针》(简称《指针》)签署。《指针》主要有三方面内容构成:(1)构建防侵略于未然的态势;(2)日本遭受武力攻击时的对应行动;(3)日本以外的远东发生事态并对日本的安全产生重要影响时,日美间的合作。之后,在1997年9月、2013年1月、2013年10月、2014年10月进行了4次修订。另一方面,2013年日本《防卫白皮书》首次提出要"独立强军"。2015年9月17日,日本国会正式通过了以解禁"集体自卫权"为核心的"新安保法",意味日本防卫政策出现重大转变。何谓"集体自卫权"？按照《联合国宪章》第51条规定，主权国家可以行使集体自卫权和个别自卫权。例如，根据这项规定，如果北约某成员遭到攻击，任何成员均可进行回击。但是，日本此前根据宪法解释不能行使集体自卫权。简而言之，如果美国遭到攻击，日本不能主动出击，行使"集体自卫权"，只有本身遭到攻击，才能行使"个别自卫权"。新安保体系的建立，不仅突破了"专守防卫"规定，而且使日本在日美同盟中的地位又有提升。

战后日美关系的另一个方面是经贸。这方面，纺织品、钢铁、家用电器、汽车，摩擦不断，日本一再遭受美国打压。特别是1985年9月，美、英、法、德、日5国财长在纽约广场饭店达成的"广场协议"，引诱日元升值、美元贬值，使日本出口遭到打击。但是，日本经济此后仍不断增长，直至泡沫经济崩溃。不过，尽管如此，贸易摩擦并不影响日美关系的本质，即日美是军事盟国。

战后中日关系明显受到美国影响。例如，1949年5月，中华人民共和国成立前夕，日本先后成立了"日中贸易促进会"和"日中贸易促进议员联盟"等团体。1950年4月29日，日本参议院通过了《关于促进日中贸易的决议》。对此，美国军方和中央情报局（CIA）认为，抑制中日贸易有助于加速共产党政权的崩溃。而美国国务院和驻日盟军总司令部则认为，如果强行压制中日贸易，日本很可能因为经济难以提振而长期成为美国的财政包袱。最终，后者的意见占据上风。1950年3月，美国对日本和中国大陆的贸易开始持"宽容"态度。6月25日朝鲜战争爆发后，日本对华贸易被美国列入"禁运"范畴。1953年7月29日，即《朝鲜停战协定》签署两天后，日本众议院通过了《促进日中贸易决议》，双方又开展了"民间贸易"。再例如，2006年9月安倍初次执

十三、战前战后的"断裂"和"连续"

政后,首先访问了中国,改变了因小泉纯一郎连续6年参拜靖国神社而陷入"冰点"的中日关系,史称"破冰之旅"。但是,2012年12月安政再次执政后,却因为美国重返亚太、实施再平衡战略而"处处和中国对着干"。

  日本之所以注重日美同盟,主要有两方面原因。(1)历史教训。日本认为,作为海洋国家,应该和海上强国结盟。第二次世界大战时日本同时"对美英荷开战",犯了国家战略的严重错误。(2)地缘条件。日本处于中苏(俄)两国之间,两国与日本既有历史恩怨又有领土争端,除了强化美日同盟获取安全保障,日本别无选择。美国之所以重视日美同盟,主要是因为美国想充当"世界警察",而日本是最给力的"协警"。因此,虽然日美之间存在矛盾,时而发生"口角",但是在可以预见的将来,日美同盟将依然稳固,不会发生质变。至于不可预见的将来,日本外交的主轴是否会"断裂",谁能断言?